KB259847

땅따로? 집따로?
함께 보는 부동산투자

땅따로? 집따로?
함께 보는 부동산투자

이완기 지음

중앙경제평론사

**머리말

우리는 *재산증식*을 위해 본업 외에 여러 가지 유형의 투자에 관심을 기울인다. 그 중에서 가장 일반적인 것은 주식투자와 부동산투자(토지, 건물, 아파트 등)라고 할 수 있다.

그런데 주식의 경우 소자본을 투자하는 일반인들이 큰 수익을 올릴 가능성이 적은데다 오히려 투자원금마저 날릴 수 있는 위험이 도사리고 있다. 반면 부동산투자는 그보다는 안정적이며 수익의 폭도 크다고 할 수 있다.

건축을 전공한 필자는 오랜 기간 건설현장에서 실무자로 일하면서 부동산투자를 제대로 하려면 공급자이든 수요자이든 토지, 건축, 개발, 허가, 분양 등 부동산에 관한 제반사항을 하나로 묶어서 파악할 필요가 있다는 것을 알게 되었다.

대부분의 투자자들이 부동산투자를 할 때 한 분야에만 집착하는 경향을 보이는 것은 단지 부동산에 대한 전문적인 지식 부족 때문이라기보다는 낯선 분야에 대한 두려움이 더 크게 작용했기 때문일 것이다. 땅을 사서 팔고, 건물을 지어서 파는 과정에서 나타나는 문제점들을 중개, 세무, 회계, 법무, 분양 등 각각의 영역을 통합하여 자료화할 수 있다면 공인중개사나 건설기술자, 일반

투자자들이 유용한 자료로 활용할 수 있을 것이다.

부동산투자를 성공적으로 하기 위해서는 이론적인 내용에 대한 이해도 중요하겠지만 그에 못지않게 각종 법규와 관행, 현실 단가 등 현장에서 실제로 적용되는 사항들을 명확히 파악하고 그에 대응하는 방법을 강구하는 등 현실감을 더할 필요가 있다.

이 책에서 언급하는 각종 단가, 법규 등은 지역, 시점 등에 따라 변동될 수 있으므로 이해를 위한 방법적인 차원에서 접근해야 한다는 것을 먼저 상기시키고 싶다. 시장경제원리가 적용되는 토지 가격의 예측, 매매시점, 이윤폭 등을 수치화하는 것은 부적절할 수 있지만 필자는 독자들의 이해를 돕기 위해 가능한 범위 내에서 이 부분들도 충실히 기술하고자 했다.

아무쪼록 이 책이 부동산 관련 종사자들과 재산증식에 관심 있는 일반투자자들에게 유용하게 활용될 수 있기를 간절히 바란다. 아울러 이 책에서 언급되는 정보들 외에 부동산투자에 대해 좀더 자세한 사항을 알고 싶은 분들을 위해 별도의 동영상(유료) 강의를 준비했음을 알려드린다.

끝으로 이 책이 나오기까지 도움을 주신 많은 분들께 감사의 말씀을 드린다.

2장 집을 지어서 팔면 얼마나 남는가

3장 개발사업은 어떻게 하는가

Contents

Contents

Contents

Contents

1장

좋은 땅을 사려면

토지개발의 의의

한때 월드컵 본선에서 우리나라 팀의 성적이 저조하자 많은 비판이 일었으며, 우리나라는 축구를 못 할 수밖에 없는 신체구조를 지녔다고 주장하는 사람들도 있었다. 아프리카 같은 곳에서는 그 넓은 땅을 맨발로 뛰어다니며 사냥도 하고 생활수단을 구하므로 신체적인 발육이 진보되었다는 것이다.

그들은 발가락도 한개 한개가 독립적으로 움직일 정도로 신체발육 조건이 좋아 개인기가 뛰어나지만, 우리나라는 손바닥만한 땅덩어리에 앉아서 밭 메고 일하는 좌식 구조이기에 신체발육이 늦다는 웃지 못할 이야기도 있었다.

비행기를 타고 우리나라를 내려다보면 좁은 땅덩어리 중에서도 대부분이 산이고, 실제 사람이 사는 면적은 인구비율로 볼 때 극히 적기 때문에 땅 욕심이 다른 나라에 비해서 상대적으로 강할 수밖에 없다.

전국의 토지가 약 3,500만(등기된 필지 약 3,100만) 필지로 인구 5,000만 명을 기준으로 할 때 1인당 1필지도 되지 못한다.

국토의 계획 및 이용에 관한 법률을 보면 용도지역 중 도시지역이 전 국토의 약 15%, 필요에 따라 개발할 수 있는 관리지역이 약 27%, 보전가치에 비중을 둔 농림지역이 약 51%, 자연환경 보전지역이 7% 정도 된다.

1. 토지에 따라 왜 가격이 다른가

이런 토지들을 국토의 계획 및 이용에 관한 법률은 각 용도별로 건축제한을 두어 규제하고 있는데, 그 규제가 심한 곳은 땅의 가치가 하락하고 규제가 상대적으로 완화된 곳은 땅의 가치가 상승하게 된다.

규제의 종류 중에는 대표적인 것이 건축제한과 용적률, 건폐율, 업종제한 등으로 나타난다. 법률에 의한 규정은 국토를 크게 4개의 지역으로 구분한다. 도시지역, 관리지역(구 준도시지역, 준농림지역), 농림지역, 자연환경 보전지역으로 나누고, 대통령령이 정하는 기준에 의해 지역별로 세분화하여 건축제한을 하는데 이것이 땅의 가치형성에 영향을 미친다.

세부규정은 다음 표를 참고하기 바란다.

이용가치란 여러 용도의 건물을 지을 수 있는 곳, 크게 지을 수 있는 곳, 다양한 업종이 들어올 수 있는 곳 등이 가격형성의 기초가 될 것이다.

용도지역				건폐율	용적률
도시 지역	주거 지역	전용 주거지역	제1종 전용주거지역	50% 이하	50% 이상 100% 이하
			제2종 전용주거지역	50% 이하	100% 이상 150% 이하
		일반 주거지역	제1종 일반주거지역	60% 이하	100% 이상 200% 이하
			제2종 일반주거지역	60% 이하	150% 이상 250% 이하
			제3종 일반주거지역	50% 이하	200% 이상 300% 이하
		준주거지역		70% 이하	200% 이상 500% 이하
	상업 지역	중심상업지역		90% 이하	400% 이상 1,500% 이하
		일반상업지역		80% 이하	300% 이상 1,300% 이하
		근린상업지역		70% 이하	200% 이상 900% 이하
		유통상업지역		80% 이하	200% 이상 1,100% 이하
	공업 지역	전용공업지역		70% 이하	150% 이상 300% 이하
		일반공업지역		70% 이하	200% 이상 350% 이하
		준공업지역		70% 이하	200% 이상 400% 이하
	녹지 지역	보전녹지지역		20% 이하	50% 이상 80% 이하
		생산녹지지역		20% 이하	50% 이상 100% 이하
		자연녹지지역		20% 이하	50% 이상 100% 이하
관리 지역		보전관리지역		20% 이하	50% 이상 80% 이하
		생산관리지역		20% 이하	50% 이상 80% 이하
		계획관리지역		40% 이하	50% 이상 100% 이하
농림지역				20% 이하	50% 이상 80% 이하
자연환경 보전지역				20% 이하	50% 이상 80% 이하

용적률이 높고 다양한 업종이 들어올 수 있는 상업지역, 준공업지역, 주거지역 등은 가격이 비싸고, 개발이 비교적 쉬운 계획관리지역, 자연녹지지역 등이 그 다음일 것이고, 특별한 건물 이외에는 개발이 비교적 어려운 보전녹지, 보전관리지역, 생산관리지역, 농림지역, 자연환경 보전지역 등은 상대적으로 가격이 낮

게 형성된다고 보면 무방할 것이다.

2. 고객들이 가장 알고 싶은 것은 무엇인가

이런 토지 중에 우리가 가장 알고 싶어하는 부분은 어떤 토지를 사면 돈이 되는지, 언제 팔면 가장 많은 이익을 창출할 수 있는지, 기타 법적인 제재사항은 무엇인지에 초점이 맞추어질 것이다. 한 단계 더 나아간다면 토지의 단순 매매차익이 아닌, 토지에 건물을 지어서 팔면 토지매매보다 몇 배의 이익을 창출할 수도 있다는데 어떻게 하면 되는지, 과연 나도 할 수 있는지, 이런 사항을 가장 궁금해할 것이다.

이 책에서는 토지를 고르는 방법, 건물을 짓는 방법, 관리하는 방법 등을 패키지로 묶어서 정리할 것이다. 이것이 바로 부동산 컨설팅이고, 건설에서는 CM(건설사업 관리)이며, 부동산 투자자들에게는 재테크 실무가 될 것이다.

1장은 토지에 대한 투자 부분으로, 투자할 수 있는 토지의 유형과 가격의 변화시점, 적정 투자시기 등에 초점을 맞춰 설명할 것이다. 2장에서는 이런 토지에 건물을 지어서 팔면 어느 정도의 개발이익이 발생하는지에 관해 기술할 것이다.

3장에서는 모델을 선정해 실제 개발사업이 진행되는 과정을 세부적으로 기술하여 비전문가도 컨설팅을 할 수 있도록 할 것이다.

　먼저 토지에 대한 부분은 일반인들이 가장 많이 투자하는 영역을 3부분으로 나누어, 택지개발지역 내의 토지에 대한 투자방법과 개발지 주위의 토지에 대한 투자방법, 기타 전국에 널려 있는 토지에 대한 투자방법을 나열할 것이다.

택지개발

1. 토지수용

땅에 투자할 때는 개발지역 내의 땅과 인근의 땅에 투자하는 것이 효과적일 것이다. 개발과정은 도시개발법과 도시관리계획의 적용을 받고 도시관리계획 수립시 기초조사, 입안, 의견수렴, 수립, 협의, 심의, 승인, 공람 등의 과정을 거쳐 도시관리계획이 이루어진다.

개발사업 유형으로는 택지 개발사업, 산업단지 개발사업, 유통단지 개발사업, 과학연구단지 개발사업, 토지구획 정리사업, 시가지 조성사업, 도심 재개발사업, 관광단지 조성사업, 공공시설용지 개발사업, 기타 등으로 나누어볼 수 있다.

개발에 소요되는 토지는 크게 수용방식, 환지방식, 혼용방식으로 조달한다. 토지수용과 그에 대한 보상을 개략적으로 살펴보면 다음과 같다.

공용수용, 토지수용이란 공익사업 또는 기타 복리행정상 목적 달성을 위해 보상을 조건으로 법률의 힘에 의해 타인의 특정 재산권을 강제로 박탈하는 것을 말한다. 다만 민간사업자의 경우 사업대상 토지면적의 2/3 이상에 해당하는 토지를 매입하고, 토지 소유자 총수의 2/3 이상에 해당하는 자의 동의를 얻으면 수용이 가능하다.

수용시점은 실시설계 인가 고시일이 아니라 도시개발구역의 지정고시를 그 사업의 인정으로 보는데, 이는 수용시점을 앞당겨 기대이익 발생을 억제하여 원활한 수용을 촉진하기 위해서이다. 수용방식은 이익을 많이 창출할 수 있고 강제성으로 집행이 쉽기 때문에 시행자들이 선호하는 방식이다.

대지로서의 효용증진과 공공시설의 정비를 위하여 토지의 교환, 분합 등 기타 구획변경, 지목 또는 형질변경이나 공공시설 설치변경이 필요한 경우, 또는 도시개발사업을 시행하는 지역의 지가가 인근의 다른 지역에 비해 현저히 높아 수용 또는 사용방식으로 시행하기 어려운 경우에는 환지방식이 적용될 수 있다.

환지방식은 개발 후 현금보상이 아닌 토지를 받는 것으로, 면적은 줄어들지만 대지로 사용할 수 있는 지목으로 받기 때문에 토지 소유자들이 선호하는 방식이지만 최근에는 거의 시행되지 않고 있다.

2. 보상에는 어떤 것들이 있는가

공공사업에 필요한 토지 등을 협의 또는 수용에 의해 취득하거나 사용하는 데 있어 토지수용법과 공공용지 취득 및 손실보상에 관한 특례법으로 이원화되어 있었지만, 2003년 1월 1일부터 공익사업을 위한 토지 등의 취득 및 보상에 관한 법률로 통합해서 시행하고 있다.

여기서는 보상의 절차와 보상대상, 보상금 지급에 따르는 사항, 대체토지 구입시의 세제혜택 등을 검토할 것이다.

■ 보상절차

공익사업 계획이 결정되면 사업시행자는 사업의 개요, 토지조서 및 물건조서의 내용과 보상시기, 방법 등을 일간신문에 공고하며, 토지 소유자 및 관계인에게 통지하고 내용을 열람할 수 있도록 한다.

해당 지자체의 장은 필요할 때 보상계획 공고 후 30일 이내에 토지 소유자 및 관계인이 1/3 이상 포함된 보상협의회를 설치할 수 있다. 보상 대상자와 보상협의를 거쳐 보상이 이루어진다.

■ 보상금의 결정방법과 보상의 종류

1) 보상금 결정방법

보상가격의 산출은 공정성을 확보하기 위해 2인 이상의 감정평가업자가 평가한 평가액의 산출 평균치를 기준으로 산정한다. 보상가격 산출시점은 협의매수일 경우에는 계약 체결시점의 감정가액으로 하고, 수용일 경우에는 중앙토지수용위원회의 재결가액이 기준이 될 것이다.

만일 토지 소유자들이 감정평가업자를 선정하고자 한다면 보상계획 공고 열람 만료일의 30일 이내에 보상대상 토지면적의 1/2 이상의 해당 토지 소유자와 토지 소유자 과반수 이상의 동의서류를 첨부하여 사업시행자에게 요청할 경우 감정평가사 1인을 선정할 수도 있다.

2) 보상대상

토지 소유자들이 입은 경제적 손실이 보상대상이다. 토지, 그의 정착물, 농작물, 광업권, 어업권의 권리, 영업상의 손실 등이 포함되며, 정신적 피해손실은 고려하지 아니한다.

주요 대상물의 평가방법은 다음과 같다(개략적인 사항임).

① 토지

공시지가를 기준으로 공시 기준일로부터 가격시점까지 토지의 위치, 모양, 환경, 이용현황을 종합적으로 분석하여 보상액을 결정한다. 토지 소유자가 추후 토지를 어떻게 사용할 것이라는 주관적 가치는 배제하고 현재 이용사항에 따라 평가되며, 일시적인 이용사항은 고려하지 않는다.

토지에 지장물이 있을 때는 나대지 상태로 평가하고 지장물은 종류에 따라 별도 평가한다.

토지 등에 근저당권 및 제3의 권리가 설정되어 있는 경우에는 소유자와 근저당권자가 공동으로 사업시행자와 협의하여 보상을 받거나 소유자가 채무를 변제한 후 단독으로 보상받을 수 있다.

국가 또는 지방자치단체의 토지를 적법 절차에 따라 개간하고 그 용도로 사용하고 있다면 개간에 따른 비용을 보상한다. 즉 개간 후의 토지가격과 개간 전의 토지가격을 산정하여 차액을 보상한다.

② 건물 등의 보상

건물 등의 구조, 이용상태, 면적, 내구연한 등의 사항을 종합적으로 고려하여 산정한다.

무허가 건축물에 대해서는 1989년 1월 24일 당시 주거이전비, 건축물 등에 대해 적법한 것으로 보고 보상하고, 건축물 소유자는 이주대책 대상자에 포함된다. 하지만 1989년 1월 24일 이후의 무허가 건축물은 보상대상에서 제외되고 이주대상에서도 제외된다.

③ 과수 및 입목, 죽목의 이식 보상

수종, 수령, 수량, 식수된 면적, 관리상태 등을 고려하여 이식으로 인한 손실을 평가한 금액으로 보상한다.

④ 분묘에 대한 보상

분묘 이전비, 석물 이전비, 잡비, 이전보조비 등의 형태로 보상
할 수 있다.

⑤ 농기구 보상

농경지 2/3 이상이 보상지구로 편입될 경우, 농기구 매각 손실
액에 대해 보상한다. 하지만 낫, 호미 등 소모성 기구는 대상에서
제외된다.

⑥ 농업손실액 보상

편입 농지면적에 농가 경제조사 통계에 의하여 산출된 도별 연
간 농가 평균 단위 경작면적당 농작물 수입의 2년분을 곱하여 산
정한 금액을 영농손실액으로 보상한다.

지급대상자는 소유자 또는 실경작자이고, 농지가 아닌 땅과 일
시적으로 농경지로 활용하는 땅, 무단개간, 무단경작, 농민이 아
닌 자의 경작토지 등은 보상에서 제외된다.

⑦ 축산 보상

축산법에 의하여 등록 허가받은 부화업, 종축업, 기준 마리수
(닭 200마리, 토끼 · 오리 150마리, 돼지 · 염소 · 양 20마리, 사슴
15마리, 꿀벌 20군) 이상의 가축을 기르는 경우에는 휴업손실액,

시설이전비, 가축운반비 등의 항목으로 보상한다. 손실보상의 대
상이 아닌 경우에는 시설이전비와 가축운반비만 보상한다.

⑧ 영업 보상

관계법령에 의거해 허가 등록하고 영업하는 곳이 본 사업으로
인하여 휴업하는 경우 휴업기간 중의 영업손실액, 시설이전비 등
을 평가한 금액으로 보상한다. 무허가 건물에서 한 영업은 보상
에서 제외된다.

⑨ 휴직 보상

3개월 이상 근무한 자로서 본 사업으로 근무장소를 이전하여
일정 기간 휴직하게 된 경우 휴직 보상금을 지급한다. 휴직 보상
금은 휴직일수(90일 초과시 90일로 산정)에 근로기준법이 정한
평균 임금의 70%를 보상한다.

⑩ 이주정착금 등의 보상

이주대책 대상자로서 부득이한 사유로 이주대책을 수립할 수
없거나, 사업시행자가 제공하는 이주정착지가 아닌 다른 지역으
로 이전하는 자는 주거용 건축물 평가액의 30%(최저 500만 원
최고 1,000만 원)를 보상한다.

- 가옥 소유자에 대한 주거이전비

사업지구 내 주거용 건물 소유자나 실제 거주 후 사업으로 인

해 이주하는 자는 통계 작성기관이 작성하는 도시가계 조사통계의 근로자 가구의 가구원수별 월 평균 가계지출비의 2개월분을 보상받는다. 단 실제 거주하지 않는 자나 무허가 거주자는 보상에서 제외된다.

· 세입자에 대한 주거이전비

사업시행으로 이주하게 된 세입자는 도시가계 조사통계의 근로자 가구의 가구원수별 월 평균 가계지출비의 3개월분을 지급한다. 단 무허가 건물 세입자는 제외된다.

· 동산이전비

본 사업으로 인해 이주하는 자로서 가재도구 등 동산의 운반에 필요한 실비를 보상하되 주택건평(점유면적) 기준에 의해 노임, 차량운반, 포장비의 합계액으로 보상한다.

■ 보상금 수령

보상금액이 결정되면 토지를 제외한 보상금은 전액 현금으로 보상한다. 토지일 경우 현지인은 전액 현금, 외지인은 3,000만 원까지 현금보상 초과분은 용지보상용 채권으로 지급한다.

보상시기는 협의자의 경우 우선 지급하고, 협의가 성립되지 않을 경우에는 공탁 등으로 예치하고 협의 후 보상한다.

보상협의가 성립되지 않을 때는 토지 소유자 또는 관계인도 서면으로 재결을 신청할 수 있고, 사업시행자는 중앙토지수용위원회에 재결을 신청한다. 단 재결이 확정된 경우 협의에 의한 토지 등의 양도에 해당되지 않으므로 협의양도 택지의 공급대상에서 제외된다.

1) 보상금 수령시 구비서류

① 토지보상일 경우

토지의 경우에는 계약체결 후 토지 소유권 이전등기가 완료된 후 보상금을 지급받는다. 이때 등기이전에 따르는 각종 공부 및 본인임을 증명하는 서류를 제출해야 한다.

- 토지(임야)대장 2통
- 토지등기부 등본 1통
- 인감증명서(용도는 부동산 매도용, 매수인 인적사항 기재)
- 주민등록 등본 2통
- 등기원인 서류(등기필증 또는 등기권리증)
- 국세 · 지방세 완납필증
- 대리인이 계약하는 경우에는 대리인을 증명하는 서류

② 건물일 경우

- 건축물관리대장 1부
- 건물등기부 등본 1통
- 등기권리증
- 인감증명서 1통
- 주민등록 등본 1통

2) 토지수용 대상자에 대한 세제혜택

토지수용 등으로 인하여 대체토지를 취득하는 경우에는 보상금을 받은 마지막 날로부터 1년 이내에 대체부동산을 취득할 때 새로 취득한 부동산의 취득세와 등록세를 비과세해준다.

단 새로 취득한 부동산의 가액이 종전 부동산의 가액을 초과할 때는 초과분에 대해서만 과세대상이 된다.

택지개발지역의 토지구성

도로개설이나 산업단지 조성을 위한 토지수용일 경우에는 개발지역 내의 토지에 대한 개인의 계속적인 투자요인은 없지만 신도시 건설이나 대규모 택지개발의 경우에는 개발 후 건설업체나 개인에게 토지를 분양하므로 계속적인 투자요인이 발생한다.

그러므로 택지개발지 내의 토지에 대한 개발과정과 투자방법을 살펴보자.

1. 택지개발지는 어떻게 구성되는가

공공택지를 기준으로 어떤 용도로 분할하여 공급하는지, 공급가액은 어떻게 책정하는지, 실수요자들에게 어떤 방식으로 공급하는지를 파악하게 될 것이다.

택지개발지구에서의 토지공급은 보통 공공용지, 주택용지, 상업용지, 기타 용지로 구분할 수 있다. 공급비율을 개략적으로 보면 전체 면적 중 도로 등 공공시설 용지 50% 전후, 주택건설 용지 45% 전후, 상업용지 5% 전후로 나누어진다.

■ 공공용지

공공용지는 도로, 주차장, 공원, 녹지공간, 파출소, 학교, 종교시설, 하천 등으로 구성될 수 있다.

■ 주택용지

주택용지는 크게 아파트 용지와 연립·다세대 용지, 단독택지 등으로 구분할 수 있고, 수도권 및 부산권, 광역시권(부산·인천 제외), 기타 지역으로 나누어 다음과 같이 비율이 세분화될 수 있다.

구분	아파트 용지	연립·다세대 용지	단독택지	비고
수도권 및 부산권	60% 이상	20% 이하	20% 이하	승인권자는 지역여건에 따라 20% 범위 내에서 조절할 수 있다.
광역시권 (부산·인천 제외)	40% 이상	20% 이상	40% 이하	
기타	50% 이상	50% 이하		

또 공동주택 용지는 다음과 같이 세분하여 주택규모별로 배분할 수 있다(다만 60m² 이하 주택건설 용지는 승인권자가 당해 여

건을 고려하여 필요하다고 인정되는 경우에는 10% 내에서 배분
비율을 조절할 수 있다).

- 60m² 이하 주택건설 용지 : 수도권 및 광역시 30% 이상, 기
  타 지역 20% 이상
- 85m² 이하 주택건설 용지 : 60% 이상(60m² 이하 주택건설
  용지 포함)
- 85m² 초과 주택건설 용지 : 40% 미만

입주자 선정시 대규모 택지개발 면적에서는 당해 지역에 일정
기간 이상 거주하는 자에게 우선 공급할 수 있다. 이는 승인권자
가 판단하여 결정할 수 있고, 공급주택수의 30% 내에서 우선 공
급할 수 있다.

대규모 개발이란 면적 약 66만m²(서울특별시를 제외한 수도권
지역) 이상의 지역이다(20만 평).

■ 상업용지

상업용지는 입주민의 생활을 지원하는 생활 편익시설 차원에
서 공급하는 용지를 말한다. 상업용지는 위치 및 기능에 따라 중
심상업용지, 일반상업용지, 근린상업용지, 유통상업용지, 준주거
용지, 업무용지 등으로 구분될 수 있으며, 택지개발시 5% 내외
의 비율로 공급된다.

2. 택지의 공급가격 결정방법

조성용지의 공급가격 체계는 전체 개발면적의 45% 정도인 도로, 공원, 녹지 등 주민들의 쾌적 생활공간으로 제공되는 기반시설은 그 지방자치단체에 무상으로 공급하고, 개발면적의 30% 정도인 사업지구 내 주민들을 위한 이주자 택지와 서민주택 건설용 택지, 학교, 우체국, 파출소 등 일상생활에 반드시 필요한 공공시설 부지는 조성원가 이하로 공급한다.

단독주택지와 분양 아파트 등 공동주택지 15% 정도는 감정가격으로 공급하고, 영리 목적인 상업·업무용지 5% 정도는 공개경쟁 입찰로 공급한다.

3. 택지의 공급방식

■ 추첨제 분양

추첨제 공급방식은 공급가액을 미리 정한 후 대상자를 공개모집하여 추첨방식으로 대상자를 결정하는 것으로, 일반적으로 일반 실수요자 택지, 공동주택 건설용지, 종교용지 등이 해당될 수 있다. 투기 과열지구 내에서는 공급신청 자격을 제한할 수 있다. 공공택지의 경우 단독주택 용지 1순위자는 당해 지역에 거주하는 무주택자로, 공동주택 1순위자는 최근 3년간 300세대 이상 주택건설 실적이 있는 자 등으로 제한될 수도 있다.

■ 경쟁입찰

대상자를 공개모집하여 경쟁입찰을 실시, 예정가격 이상 최고 금액을 응찰한 자를 대상자로 정한다. 주로 상업용지 등 영리 목적의 용지를 대상으로 한다.

■ 수의계약

공급 대상자를 공개모집하지 않고 관계법령에 의한 적격자에게 공급하는 방식인데, 대상자가 다수일 경우에는 추첨으로도 정할 수 있다.

택지개발지역 내에서의 투자

1. 택지개발에 소요되는 기간

사업에 소요되는 기간은 규모, 위치, 지역의 특수성 등에 따라 다르지만 한 가지 공통적인 것은 상당히 장기간이 소요된다는 것이다. 개발예정지구로 지정된 날부터 사업승인까지의 소요기간이 짧게는 1년에서 보통 3~5년 정도 걸린다. 그 다음 사업승인 후 택지개발에 소요되는 시간은 보통 4년 이상이다.

실례를 보면 다음과 같다.

구분	개발예정지구 지정일	사업승인일	사업기간	면적
○○지구	1996년 4월	2001년 4월	2001년 4월~2008년 12월	140만 평
○○지구	1998년 10월	2002년 10월	2002년 10월~2006년 12월	56만 평
○○지구	1994년 1월	1994년 12월	1994년 12월~2003년 12월	320만 평
○○지구	1996년 12월	1999년 9월	1999년 10월~2003년 12월	40만 평
○○지구	1997년 7월	1998년 6월	1998년 6월~2005년 12월	20만 평

택지개발에 소요되는 기간을 검토하는 것은 자금의 투자시기가 너무 길기 때문이다. 소요기간을 예측할 수 있어야 적정 시점을 산정할 수 있고, 이것을 바탕으로 매수·매도시점을 파악할 수 있으므로 참고로 알아본 것이다.

2. 단계별 토지가격은 어떻게 예측하는가

토지가격은 개발계획의 시차에 따라 큰 폭의 변화가 일어나는데 보통 3번 정도의 상승 사이클을 보인다.

토지가격의 변화폭은 지역 특성이나 규모 등에 따라 많이 다를 수 있으므로 시장경제 원리를 수치화해서 알아보는 것은 너무나 잘못된 일이지만, 그래도 가장 궁금한 부분이므로 정확성보다는 방법론적인 차원에서 검토해봐야 될 것이다.

택지개발사업은 보통 다음의 4단계로 이루어지고 이 단계별로 토지가격이 달라질 수 있다.

구분	시기
1단계	개발예정지구 이전의 시기(소문단계)
2단계	개발사업 시행시기
3단계	개발사업 완료 후 분양시기
4단계	분양 완료 후 건축시기

심고려 씨는 다음과 같은 기준을 정해서 투자계획을 세운다고 한다. 개발계획을 나름대로 파악한 후 유사 지역의 비교분석법을 통해 인근에 이미 형성된 도시에서 거래되고 있는 토지가를 조사한다. 그런 다음 토지가의 많고 적음에 따라 3등급으로 분류하여 분석의 기초로 삼는다.

기존 도시 전역에 형성되어 있는 토지가를 3단계 정도로 분류하여 가장 비싼 지역을 1급지로, 보통인 지역을 2급지로, 조금 낙후된 지역을 3급지로 구분하여 파악한다. 그 다음은 개발될 지역이 향후 어느 지역 정도로 발전할 것인가에 따라 유사 지역의 토지가를 적용하여 사고 파는 시점을 정한다.

단계별로 알아보면 다음과 같다.

■ 1단계의 사고 파는 시점

1) 시기

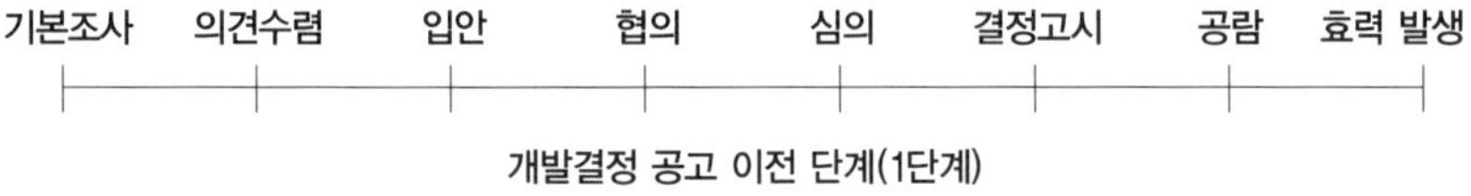

1단계는 미개발지에 대해 개발계획을 세우는 단계로 기초조사, 입안, 검토 등의 단계를 거치는 개발계획이 미확정된 단계이다. 가시적으로 눈에 보이지 않는 소문만 무성한 시기가 여기에 해당된다.

발빠른 투자자들이 이때 정보를 미리 알아내어 투자하여 몇 배의 차액을 노릴 수 있는 시기이며, 소요되는 기간도 비교적 긴 편이다.

2) 토지가격 형성

개발 후 형성될 토지가를 예측할 수 있어야 개발공고 전까지의 토지가격 변동을 추정해볼 수 있다. 공기업에서 개발 후 토지를 분양할 때 토지구입에 따르는 토지수용가와 토지개발에 따르는 개발비, 주변 감정가를 비교하여 분양가를 결정할 것이다.

① 토지 수용가격 분석

개발할 때 기존의 토지 수용가격을 분석해보면, 대부분 40만 원 내외이다(수도권은 현저한 차이가 있을 수 있음). 물론 몇 년 전의 가격이지만, 수용가격을 산정할 때 공시지가, 감정가액, 현 토지의 이용실태 등을 고려하므로 그 시점이나 현 시점이나 수용가격은 변화의 폭이 그리 크지 않다. 이는 공시지가의 변동폭이 크지 않기 때문이다.

② 개발에 따르는 사업비 분석

개발할 때 소요되는 비용(토목공사비)은 평당 35만 원 내외이다, 특별한 경우 00지구처럼 연약지반으로 구성되어 있어 개발비용이 많이 소요되어 55만 원 내외였던 곳도 있다.

③ 공급가액 예측

토지 수용가격 40만 원+개발비용 35만 원=75만 원 정도 소요.
개발지역 중 공공용지는 무상으로 지자체에 공급되는데 이 비
율을 50% 정도로 산정하면, 총 개발비용은 평당 150만 원이 될
것이다. 여기서 20% 정도 상향된 금액이 공급가액이 될 것이므
로 약 180만 원으로 예측해볼 수 있다.

공공의 택지는 수용가액, 개발공사비 등을 고려하여 결정하는
것이지, 원가를 고려하지 않고 터무니없이 원가의 3~4배씩 책정
하지는 않는다.

④ 개발 후 도시의 규모에 따라 유사 지역과 금액을 비교

- 20만 평 이상 대규모로 개발되어 도시의 중심이동이 가능하
  다면 개발 후 가격이 1급지 이상(창원의 대방동·성주동, 진
  주의 평거동, 양산의 물금지역, 울산의 삼산지구, 마산의 중
  리지구 등이 해당될 수 있음)으로 예측될 것이다.
- 그보다 작은 규모로 개발되어 기존 도시에 가치향상을 가져
  올 수 있다면 2급지(울산의 천상·구영지구, 진주의 금산지
  구 등)로 예측될 것이다.
- 개발해도 기존 도시에 부속될 수밖에 없는 소규모는 3급지
  (울산의 언양지구, 창원의 북면지구 등이 해당될 수 있음)로
  분류해본다.

만일 1급지의 기존 토지가 평당 400만 원, 2급지가 평당 250만

원, 3급지가 200만 원 정도로 가격이 형성되어 있다고 가정하고 신규로 형성되는 도시의 택지 형성가격을 시기별로 분석해보자.

만약 3급지로 예상한다면 개발 전에 오를 수 있는 가격의 폭은, 주변에 기존 개발된 토지의 형성가격이 200만 원 내외라면 거의 40% 선인 80만 원까지 올라갈 것이다. 00지구의 경우 2년 전 주변 토지의 가격이 평당 20만 원 정도였는데 개발한다는 소문과 함께 평당 80만 원까지 올라갔다.

이 지역은 개발해도 기존 형성된 도시에 부속되는 정도로 개발 후 가격이 3급지 이상을 상회하기는 어려운 조건이었다. 만일 이 지역이 1급지로 발전할 수 있는 위치라면 가격은 어느 정도까지 형성될까?

심고려 씨는 400만 원의 40% 선인 160만 원까지 올라간다고 보는 것이다. 개발 이전의 가격변동폭을 알아보기 위해서는 이런 방식으로 접근한다.

3) 언제 사고 팔아야 하는가

도시관리계획을 수립하는 단계에서, 즉 확정공고 발표 3년 정도 전부터 토지가격이 움직일 텐데 이때 매입해서 기존 주변 가격의 40% 정도 형성될 시기에 팔아야 한다.

보통 사람들은 한정없이 오를 것이라고 생각해 계속 쥐고 있는 경우도 있는데, 만일 발표가 나고 수용되어버리면 이윤의 폭은 줄어들 것이다.

■ 2단계의 토지가격

1) 시기

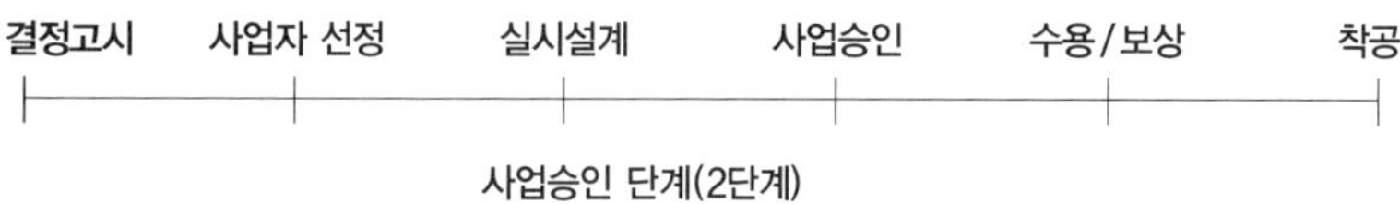

사업계획을 확정하고 토지를 수용하는 단계이며, 누구나 다 알 수 있게 눈에 보이는 시기이다.

2) 토지가격 형성

만일 1단계에서 막차 탄 사람이 70만 원에 토지를 매입했는데 수용된다면 어떻게 될까? 수용가는 40만 원 내외로 결정될 것이므로 30만 원을 손해보게 된다.

매매가 이루어지지 않아 수용될 경우에는 보상을 보다 많이 받을 수 있는 방법을 연구해야 한다.

결정고시가 되면 토지거래 허가구역이 아닌 지역에서는 토지거래가 가능하다. 건축 등의 개발행위는 제한을 받는 경우가 대부분이다. 그러나 농가주택 등은 국도에서 50m 이상 떨어지고 일정 규모 이하이면 건축허가 및 신고대상에서 제외되므로 건축이 가능하다. 이를 최대한 활용하는 보상용 주택이 등장하는 경우도 있다.

만일 허름한 농가의 보상용 주택을 건축했다고 가정하면 건물에 대한 보상과 관정·정화조 시설 등의 부속건물 보상, 토지보상 이외에도 이주비와 이주자 택지 또는 아파트 분양 우선권 등을 보상으로 받는다.

이주자를 대상으로 한 이주자 택지는 택지개발지의 조성원가가 평당 150만 원이라고 하면 80% 정도인 120만 원 선으로 공급된다. 일반인에게는 조성원가의 120% 선인 180만 원 정도로 공급될 것이다.

따라서 준공 후 시세는 초기에 일반인에게 공급되는 가격에 기대효과를 20% 정도 반영한다면 평당 약 216만 원이 실거래 가격이 될 것이다. 이주자 택지로 보상을 받는다면 실제 이익은 216만원~120만 원일 때 평당 100만 원 정도의 차액을 얻을 수 있다. 신행정수도 이전에 따르는 공주·연기에 등장한 급조된 주택들은 이러한 부가적인 보상을 염두에 둔 경우가 많을 것이다.

수용보상에 대해서 묻는 사람들의 일반적인 사항은 내 토지가 수용된다는데 보상금액은 얼마나 받을 수 있는지, 수용되는 토지를 구입해도 되는지, 보상을 많이 받기 위해 과수를 식재하면 어떻게 되는지 등이다.

대체로 보상금액은 현실가에 접근하려고 하지만 아직까지는 조금 미달하는 것이 보통이라고 보상 관계자들은 말한다.

그러나 농지 등의 경우 현실가가 10만 원대 이하라면 보상을 받아도 크게 손해 보는 경우가 없다는 것이 보상 관계자들의 이야기이다. 도로에 편입된다는 사실을 알면서도 그 땅을 구입하려는 사람들도 있다. 이들은 보상금이 현실가보다 많이 나와 투자가치가 있다고 말하는 경우도 종종 볼 수 있었다.

그러나 개발한다는 소문과 함께 갑자기 20만 원 이상으로 급상승한 곳의 수용가는 현실가에 조금 못 미친다고 보면 될 것이다.

창원 ○○지역의 경우 농지 현실가가 17만 원 선인데 보상금이 이 정도에서 이루어져 별다른 이익을 보지 못했다고 한다. 만일 농지의 현실가가 20만 원 이상이라면 보상받을 때 손해를 본다고 생각된다. 보상은 당시의 감정가액, 공시지가 등을 기준으로 하기 때문이다.

또한 농지에 특용작물 등을 심어 보상금을 많이 수령하는 방법이 이전에는 성행하였고 악용된 사례도 많았으나, 이런 폐단을 방지하고자 2005년부터는 농어촌 경제표준율을 적용하여 벼농사 2기작 기준으로 평당(경상남도 기준) 9,800원 정도 보상된다.

따라서 논밭에 특용작물을 재배하거나 하우스 시설 등을 한 선량한 수용자들은 작물별 평가를 하지 않으므로 손해를 보는 경우도 있다. 농지의 경우 논과 밭을 동일하게 평가한다고 보면 무방하다.

만일 소유하고 있는 산의 일부가 수용된다면 그 위에 있는 자연생 임목은 수목 보상에서 제외된다. 즉 토지와 자연생 임목을 동일시 해서 평가한다. 하지만 산지 시세가 워낙 싸기 때문에 소유자들이 보상으로 이익을 본 경우가 대부분이었다.

과수 등의 유실수들은 수종, 연생, 관리상태 등 여러 가지 조건을 고려하여 이식에 필요한 이식비만 제공하는데 편차가 커서 보통 1만 원에서 10만 원까지 차이가 난다. 그래도 유실수 보상이 농지 보상보다 크다고 보면 된다.

　2단계에서 토지를 사고 팔아야 하는지는 개발의 성격에 따라 많이 다를 수 있다. 개발에 연접한 지역에 대한 투자는 바람직하지만, 개발지 인근은 다음에 거론하는 토지거래 허가구역의 내용을 참조해서 활용하면 될 것이다.

■3단계의 사고 파는 시점

1) 시기

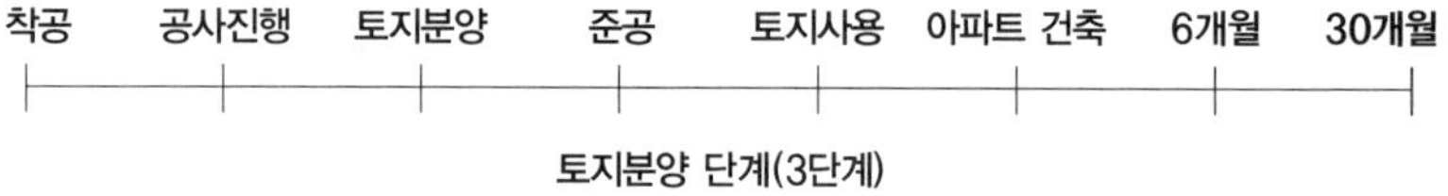

　시행자는 자금조달을 위하여 공사 도중에 분양을 한다. 따라서 3단계의 시기는 분양하고 개발이 완료되어 토지를 사용할 수 있는 시기가 될 것이다. 택지를 분양받았다고 전제하고 추후 토지의 가격변화를 예측해서 매매시기를 파악해보는 단계다.

　택지를 분양할 때 일정 지역 거주민에게 우선권을 준다든지, 용지를 경쟁입찰에 붙인다든지 하는 것은 분양 후 수익이 어느 정도 된다고 보고 혜택을 주는 것이다.

　개인이나 건설회사가 투자하여 단기간에 많은 이익을 노릴 수 있는 시기가 바로 이 시점이다.

2) 토지가격 형성

- 단독주택지의 경우 분양할 때 공급가액은 그 시점의 감정가격 정도로 결정된다. 즉 감정가격은 시장가격의 80% 정도로 예측할 수 있고, 개발 후 가치향상에 따른 상승폭을 10% 정도 예측한다면 최소 30% 정도의 가격상승 요인이 발생한다.
- 아파트 용지는 분양받아 토지사용시에 2배 정도는 가격이 상승할 수 있지만 분양받은 자가 아파트를 건축해야 한다는 조건이 붙는 경우가 많으므로 시세차익은 기대할 수 없을 것이다. 하지만 아파트를 건축해서 분양할 때는 이보다 훨씬 많은 이윤을 기대할 수 있다.
- 상업용지는 경쟁입찰로 분양받게 된다 해도 역시 시중가격보다는 훨씬 싸게 공급받을 것이다.

3) 언제 사고 팔아야 하는가

① 단독주택지

단순 시세차익을 노린다면 분양받고 토지를 사용할 수 있는 시점부터 6개월 이내에 30% 이상은 가격이 상승한다. 이때가 매매의 적기가 될 것이다.

즉 공급가액을 180만 원 정도 잡으면 매입 후 1년 이내에 230만 원 정도로 형성될 것이고 차액은 50만 원 정도 예상된다(인구 30만 명 정도의 J시 00지구 등 몇 군데에 실제로 형성된 사례).

이 시기 이후 단독주택지는 도시 전체적으로 토지가 동반상승하지 않는다면 그 지역만 턱없이 오를 확률은 낮다.

② 아파트 용지

매매를 할 수 없는 조건이 붙는 경우가 대부분이므로 건축해야 할 것이다.

③ 상업용지

토지 사용시점으로부터 6개월 이내에 약 30%의 가격상승 요인이 발생한다. 따라서 1차 매매시기는 이때가 적기이다.

2차 적기는 아파트 부지에 건축이 본격화되고 70% 정도 완료될 때 상업용 건물들이 건축을 시작할 것이므로, 아파트 공사 시작 20개월 후부터 1년 정도의 기간에 대폭 상승요인이 발생한다(아파트 건축시점으로부터 30개월 정도 후).

특히 초기에는 소형 상가건물들이 건축되고 이 건물들이 분양이 양호하다고 소문나면 상업용지 가격이 급격히 상승한다. 가격 변동폭은 70%에서 많게는 100% 정도까지 가능할 것이다. 이는 2000년을 전후 해서 영남지역의 3곳 정도에서 나타난 결과였다.

시세차익을 노린다면 이 시기가 2차 시기로 적당할 것이다.

■ 4단계의 사고 파는 시점

1) 시기

보통 3단계에서 토지 주인이 한두 번 정도 바뀌고, 4단계는 건물을 지어서 자가 또는 임대분양을 목적으로 구입하는 경우가 대부분이다.

3단계에 걸쳐 오른 토지가격을 주고 매입해서 건물을 지어 분양 임대하여 수익을 얻으려는 사람들이 구입할 것이다. 쉽게 말하면 최고가를 주고 토지를 매입하여 건물을 짓는 시기이다.

2) 투자성

① 단독주택지

3단계에서 시세차익을 얻고 매도한 땅에 주택을 지어 판매이익을 노리는 시기로 볼 수 있다.

2001년을 전후해 주택을 지어서 판매하는 업자들은 주택 2층 규모 100평 내외를 지어서 팔면 토지가 및 공사원가를 공제한 후 수익을 대체로 4,000만 원 정도로 보고 시행했다.

그러나 2004년 단독주택의 가격하락폭은 아파트 하락폭의 3배 정도를 상회했고, 젊은층을 중심으로 한 단독주택 선호도가 줄어드는 환경 탓에 거래량도 둔화되는 추세이다. 3단계의 높은 토지가와 건축에 따르는 건축비용의 상승에 비해 단독주택 건물값은 그리 많이 뛰지 않는 것이 지방 중소도시의 현실이다.

따라서 이시기에는 자기 거주용으로 시행하는 것은 무방하지지만 단독주택 개발사업으로 인한 기대는 충분한 고려가 필요하다. 수도권을 제외한 지역의 주택보급률이 거의 100%를 상회하고 젊은층은 아파트를 선호하므로 기존 주택들은 전세도 잘 안 나가는 지역들이 많은데 이런 지역이라면 별 재미가 없다.

② 상업용지

3단계에서 오른 값을 주고 토지를 구입해서 상가건축 후 분양 임대하여 개발차익을 얻는 시기이다. 아파트 주변의 근린상가, 그 외곽의 일반상업상가로 구분해서 보자.

• 단지 주변 근린생활상가

장사가 잘 되면 분양 임대자 즉 수요자가 많을 것이고, 그로 인해 임대가가 상승하고 사업성이 나온다. 몇 군데의 예로 보면 단지 주변의 근린생활 용도로 개발된 상가들은 실패하는 경우가 많지 않았다.

하지만 4단계의 높은 가격으로 시행했을 경우 크게 재미를 보지 못하는 것으로 나타났다. 2단계에서 토지를 구입하여 시행하면 무방할 것이다. 특히 2,000세대 이상 형성된 곳에서 2단계의 가격으로 구입하여 사업한다면 충분히 타당성이 있다.

• 일반상업상가

상업용지의 공급비율 4% 내외는 공식 통계자료는 없지만 공급 규모가 크다고 한다. 이때 최우선적으로 고려해야 하는 상황은 개발된 지역의 특성이 단순 주거용으로 개발된 신설도시인가, 아니면 모든 산업기반 요건이 갖추어지는 신설도시인가에 초점을 두고 판단해야 할 것이다.

그리고 두 번째는 독립된 개발지인가, 아니면 기존 도시의 연장선상의 개발지인가를 충분히 고려해야 한다.

〈그림 1〉의 경우는 기존 도시 내에 택지를 개발해서 상업용지

를 공급한 경우로, 사회적 시설이 구비된 지역이므로 투자가치가 있다.

〈그림 2〉의 경우는 도시 외곽에 개발된 곳으로, 도시민을 흡입할 수 있는가에 초점을 두어야 하는데 규모가 큰 경우에는 투자가치가 있다.

〈그림 3〉은 도시 근교에 단순 주거용으로 개발된 신흥도시인데 00지역의 예를 들어 분석해보자.

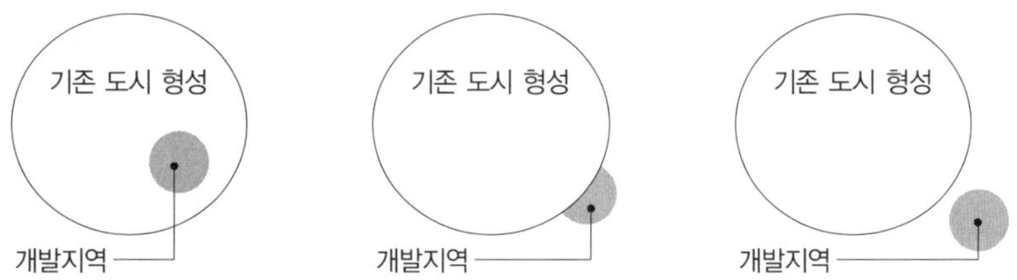

〈그림 1〉 도시 내 개발지역   〈그림 2〉 도시 외곽 개발지역   〈그림 3〉 도시 근교 개발지역

예) 00지역의 공급배경(〈그림 3〉의 경우)

00지역은 인구 50만 도시와 40만 도시의 중간 위치로 직장 통근시간 15분 이내의 지역이다. 두 도시의 인구증가, 산업증가로 인구분산을 위하여 중간 면 지역에 대단위 주택지를 개발했다.

인구증가 추이를 보면 1997년 이전 인구 1만 명 이하에서 1999년 입주를 시작으로 2004년 말 현재 인구는 7만 명, 세대수는 2만 3,000가구 정도의 소규모 시 정도 인구를 수용하고 있다.

생활지원 시설로는 동사무소, 은행지점 5개 정도, 우체국, 파출소, 초중고 6개 정도(개발 이전 학교 제외)가 전부이다. 산업시설도 거의 전무하며 인근 지역에 직장을 두고 출퇴근하는 주거형의 공급지, 즉 베드타운 도시이다.

이 지역도 근린생활 용지 이외에 상업용 용지를 공급했고 3단계에서 가격이 거의 두 배 정도 상승했다. 그러나 4단계에서 시행한 건축주들은 대부분 실패한 사례이다.

일반상업지역의 건물은 근린생활지역보다 유흥의 성격이 강하다. 즉 고급음식점, 고급술집, 모텔, 나이트클럽 등의 형태로 구성된다. 그런데 거주용 주택지의 특성상 이런 업종의 유형에 맞는 소비가 일어나지 않는 것이다. 소위 말하는 접대 등이 있어야 활성화될 텐데 관공서나 기업체도 없고, 인근 도시에 근무지를 둔 사람들은 그 지역에서 소비하고 잠만 자러 집에 오는데 유흥업종이 활성화될 이유가 없다.

그렇다고 가족들과 매일 좋은 음식, 좋은 술집을 찾을 수는 없는 일이다. 이 지역에 있는 상가들은 장기간 침체의 늪을 벗어나지 못할 것이고, 별다른 여건변화가 생기지 않는다면 활성화될 수 없다.

이 도시의 경우 아파트 주변 도로가를 중심으로 한 근린생활 건물들은 번성했으나 일반상업지역에 투자해서 건물을 지은 사람들은 대부분 큰 고통을 겪었다.

정책입안자들은 현재 상업용지가 크게 필요하지 않지만 20년 후를 바라보고 순차적으로 기반시설이 들어올 것으로 예측하여 계획한다. 이런 부분에 미분양으로 인한 공동화 현상이 발생하자 일부 수도권에서는 상업용지에 주상복합건물을 건축할 수 있도록 허가하여 공동화를 막은 경우도 있다.

그러므로 일반상업지역 용지를 구입할 때는 규모가 중요한 것이 아니고 거주성격이 중요하다는 사실을 파악하고 투자해야 할 것이다.

이 지역에서는 3단계 초기에 싼 값에 분양받아 시행해도 추후 사업이 활성화되기 어려울 것이다. 따라서 3단계에서 팔고 나와야 하고 건물을 지어서 사업하면 실패할 확률이 대단히 높다.

4단계에서 시행할 때는 반드시 기존 도시의 연장선상에 있는 지역을 선정해야 하며, 독립된 주거용 성격의 개발지라면 일반상업용지 분양은 피하는 것이 좋다.

일반토지에 투자하는 방법

1. 토지투자의 적기는 2006년에서 2009년

1988년에서 1992년 사이에 토지투자 열풍이 불어 전국적인 지가폭등 현상이 나타났다. 지가폭등의 원인은 개발할 수 있는 용도의 토지가 한정되어 있었으므로 개발 가능한 토지가가 폭등하게 된 것이다. 그로 인해 주변 토지가격의 동반 앙등을 불러일으켜 전국적인 토지상승을 주도하였다.

토지가격 안정을 위하여 규제 위주의 법제도를 허용 위주로 바꾸는데 이것이 1995년부터 시행한 준농림지역 제도이다. 준농림지역은 개발할 수 없는 용도를 나열하고 거기에 해당하지 않는 것은 모두 시행할 수 있도록 대폭 허용 위주의 정책으로 변한 것이다.

하지만 개발 위주로 허용된 준도시지역과 준농림지역은 개발지상주의를 부추겼다. 개발이 탄력을 받기 시작할 순간 IMF를 맞

이하여 주춤했지만 1999년부터 2003년 사이에 개발이 본격화되고 또다시 지가폭등을 가져온다.

주위에 건설된 도시 주변의 나홀로 아파트, 유원지 주변의 모텔 등이 대부분 이때 건축되었고, 무분별한 개발로 인해 국토의 난개발이 일어나게 되었다. 1990년대 전후반 규제정책으로 인해 발생한 토지가 상승이 이번에는 규제완화를 통해 지가의 안정을 유도했지만 또 한 번의 지가상승 원인이 됨과 동시에 난개발을 불러온 것이다.

2003년 지가안정을 위해 또다시 제도를 정비하여 준도시지역과 준농림지역을 묶어 관리지역으로 바꾸었다.

전 국토의 27% 정도가 관리지역에 편입되었는데, 이것을 다시 세분화하여 개발할 수 있는 계획관리지역과, 개발이 비교적 어려운 생산관리지역, 보전관리지역으로 나눈다.

세분화 계획은 토지적성평가를 통하여 수도권 및 광역도시권은 2005년까지, 그 외의 지역은 2007년까지 세분하도록 의무화하고 있다. 현재는 이 세분화 계획이 수립되지 않아 전국적으로 개발이 주춤한 상태이고, 행정청에서는 될 수 있으면 그 이후에 개발하도록 유도하고 있다.

관리지역 중 개발이 비교적 자유로운 계획관리지역은 관리지역 면적의 20% 정도로 계획하고 있다. 투자 포인트는 누가 계획관리지역에 편입될 토지를 미리 예측해서 매입하는가가 될 것이다. 정해지지도 않은 계획관리지역을 예측할 수 있으면 황금알을 낳을 것이고, 그렇지 못하면 새알을 낳을 것이며, 때에 따라서는 알을 낳지 못하는 경우도 발생할 것이다.

계획관리지역의 지정과 동시에 이 지역을 중심으로 가격이 폭등할 것이고 덩달아 주변의 지가상승을 유도한다면 전국이 또 한 번의 투기열풍에 휘말릴 것이라 전망한다.

토지에 대한 투자시기를 분석해보면 다음과 같다.

1차는 규제 위주의 제도로 인해 발생한 1988~1992년 전후 시기였고, 2차는 준농림지역이 활성화된 1999~2002년이었으며, 3차는 2006년부터 2009년 사이가 될 것이다.

토지 투자처를 찾기에 앞서 그 토지의 물리적 · 환경적인 요소들을 먼저 검토하는 것이 실패의 확률을 줄이는 길이다. 가장 기본적인 요소가 토지의 형상과 주변 기반시설이다.

■ 토지상황 검토

1) 토지의 형상

잘생긴 토지는 이용가치가 높다. 보통 정사각형이나 직사각형을 선호한다. 정사각형이나 직사각형 토지를 건축할 때는 이용가치를 부정형보다 20% 이상 높일 수 있고 건물 디자인을 향상시킬 수 있다.

부정형은 이용가치가 낮아 가격이 비교적 저렴한 편이다. 직사각형의 대지도 건축이 가능한 최소 폭은 확보된(보통 10m 정도) 곳을 고려해야 한다.

농지에서 생산성 논리로 본다면 삼각형의 토지나 사각형의 토지나 비슷하지만, 투자자들이 삼각형의 토지를 극히 꺼리는 것은 단지 재수없다는 이유가 가장 많은 것으로 나타났다. 농지에서 삼각형의 토지는 정방형에 비해 20~30% 정도 하락한 수준에서 가격이 형성되는 것이 보통이다.

2) 주변 시설

개발 목적이라면 인접 기반시설, 전기·수도·하수시설을 검토해야 하는데, 이런 기반시설과 너무 멀리 외딴 곳에 있다면 사용자가 부담해야 하는 기반시설 부담금이 증가할 것이다.

도로여건이 여의치 않다면 진입로 개설이나 확장 등에 필요한 공사비용과 토지손실 등을 고려하여 경제성을 검토해봐야 한다.

3) 도로개설이 토지가격을 얼마나 올릴 수 있는가

일반적으로 도로가 개설되면 땅값이 많이 오른다고 말하고, 업계 종사자들은 이런 계획을 토대로 매수를 권한다. 하지만 도로개설은 토지의 용도에 따라 미치는 영향이 크게 다르고, 도로의 종류에 따라 영향력도 다르다.

도로를 크게 나누어보면 고속도로와 산업 물동량 이동을 위한 산업도로, 또는 자동차 전용도로와 주민이 직접 이용할 수 있는 일반도로로 나누어볼 수 있다.

① 고속도로, 자동차 전용도로 개설

고속도로나 자동차 전용도로 등의 개설은 통과하는 도시지역과 인터체인지 주변의 면 소재지 정도의 땅값에 영향을 미친다. 주거지역이나 관리지역 등에 영향을 많이 미치는 반면, 근래의 투자처로 떠오르는 농업진흥구역 내의 토지가에는 크게 영향을 미치지 못한다. 만일 이런 도로의 개설이 진흥구역의 토지가에 영향을 주었다면 고속도로 주변의 토지는 그때 엄청 올라갔을 것이다.

도로개설과 농지의 가격을 분석한다는 것은 맞지 않겠지만, 실제로 형성된 예를 통하여 가격변동이 어느 정도 일어나는지 방법론적인 측면에서 접근해보고자 한다.

2004년 이전까지는 진흥구역의 토지는 투자대상에서 제외되었으므로 도로개설에 따른 토지가 변동이 미미했다. 진흥구역은 대체로 들판이 넓고 경지정리가 잘 되어 있는 편이다. 만일 넓은 들판 중간으로 자동차 전용도로가 생긴다면 토지가격에 어떤 변화가 있는지 예를 통해 살펴보면 다음과 같다.

가덕도에 신항만이 건설되고 그 물류이동을 위해 신항만 배후도로를 진해, 진영, 밀양 등을 연계하여 개설하고 있다.

근래의 도로는 직선화·수평화를 기본으로 하기에 평야지대의 경우 농로 등의 이용을 위하여 농지면보다 최소 5m 이상의 높이로 건설된다. 따라서 인터체인지 부근이 아니면 개발의 영향이 미미하다. 이 도로는 개설된다고 해도 자동차만 지나다니는 길로 행정구역의 리 단위에는 별로 개발 영향이 미치지 못한다.

이 계획은 2002년 이전에 발표되었고 1단계는 2002년경에 공사를 시작하였다.

같은 면 지역 내에 비슷한 a들판과 b들판이 두 개 있는데 한쪽은 위의 자동차 전용도로가 개설되고, 다른 한쪽은 그런 계획이 없을 때 가격형성이 어떻게 되었는지 살펴보자.

두 군데 모두 2003년 이전에는 평당 5만 원 정도로 비슷했다. 2004년 이후 농지가 새로운 투자처로 부상하면서 토지가에 영향을 미쳤고, 도로가 나는 곳의 a들판은 2005년 5월 평당 10~11만 원 정도로 상승하였다.

도로가 직접적으로 지나가는 도로 주위의 농지가격과 도로와 조금 떨어진 곳의 농지가격은 별차이를 나타내지 않았다. 즉 도로와 접하는 토지와 접하지 않는 토지의 가격은 별차이가 없다. 오히려 도로와 접하는 토지는 도로와의 높이차 등으로 인해 가격이 하락하는 경향이 있다. 이때 또 다른 b들판의 진흥구역 내 토지가는 9만 원에서 10만 원 정도를 형성하고 있었다.

이 사실로 본다면 전체적인 흐름에 의해 오는 상승폭을 제외하고 도로의 개설이 진흥구역에 미치는 영향은 평당 1만 원 정도 상승효과로 나타난다.

② 2차선 정도의 일반도로 개설

주민의 편익과 생활에 직접 이용되는 도로로 면 단위와 면 단위를 연결하거나 면 단위에서 리 단위를 연결하여 시내버스, 시외버스, 경운기 등 기타 이동수단이 이용하는 생활편익 도로를 말한다.

도로가 없는 리 지역에 면과 연결되는 2차선 정도의 도로가 개설된다면 도로가 개설되지 않았을 때를 기준으로 마을의 토지가(대지)는 10만 원 정도 상승하는 것으로 나타났다. 농지의 가격도 상승하는데 이때 도로와 접하는 토지와 접하지 않는 토지의 가격차는 2~3만 원 정도 나타난다.

이 예는 영남지역 몇 군데를 기준으로 실제 거래되는 내용을 바탕으로 한 것이므로 참고할 수 있다. 만일 투자하고자 하는 들판의 중간에 도로가 개통하는 곳이 있다면 현재가와 앞으로의 가격을 예측해보는 한 가지 방법이 될 것이다.

이러한 사항을 바탕으로 비교적 개발이 쉬운 관리지역, 농림지역, 녹지지역을 중심으로 어떻게 고를 것인지 알아보고자 한다.

■ 계획관리지역 선별방법

2006년부터 2009년 사이에 우리나라 토지가격은 또 한 번의 변화가 올 것이다. 1990년대 전후로 토지가격 폭등이 있었는데 이는 개발할 수 있는 토지를 규제하고 있었기에 발생한 사례이다. 2006년부터 시행되는 관리지역 세분화 계획은 기존의 개발할 수 있는 면적이 약 1/5로 줄어드는 또 한 번의 규제제도라 할 수 있다.

개발이 가능한 계획관리지역부터 가격이 상승하여 전체 토지가격이 상승할 것이라고 예측할 수 있다.

관리지역이 계획관리, 생산관리, 보전관리 지역으로 세분화되는데 어느 토지가 과연 계획관리지역에 편입될 것인가 하는 것이 투자의 포인트가 될 것이다. 아직까지 세분화되지도 않은 관리지역이 어떻게 세분화될 것인지 어느 정도는 예측할 수 있어야 앞서가는 투자자가 될 수 있다.

세분화 계획은 건교부의 토지적성평가 세부지침에 따라 광역권은 2005년까지, 그 외의 지역은 2007년까지 세분화를 의무화하고 있다.

따라서 토지적성평가 세부지침을 통하여 정리해보면 기본 흐름을 파악할 수 있을 것이다.

1) 평가기능 요인(건교부 토지적성평가 참조)

- 물리적 특성 : 경사도, 표고, 재해발생 위험지역
- 토지이용 특성 : 도시용지 비율, 용도전용 비율, 인근 용도간 불부합성, 지가변동률 또는 농업진흥지역 비율, 전·답·과수원 면적비율, 경지정리 면적비율, 생태자연도 상위등급 비율, 보전지역 면적비율, 녹지자영도 상위등급 비율, 임상도 3영급 이상 비율, 토양적성 등급
- 기개발지와의 거리, 공공 편익시설과의 거리, 도로와의 거리, 농업진흥지역과의 거리, 하천·농업용 저수지와의 거리

세부 평가기준을 보면 다음과 같다.

부분	평가지표	기준	점수
물리적 특성	경사도	15도 미만	100
		15~20도	60
		20도 초과	20
	표고	100m 미만	100
		100~150m	60
		150m 초과	20
토지이용	토양적성 등급	답 4등급, 전·과수원 3, 4등급	100
		답 3등급, 전·과수원 2등급	60
		답·전·과수원 1등급	20
	도시용지 비율	5% 초과	100
		1~5%	60
		1% 미만	20
	용도전용 비율	1% 초과	100
		0.5~1%	60
		0.5% 미만	20
공간적 입지성	농업진흥지역으로부터 거리	1km 초과	100
		0.5~1km	60
		0.5km 미만	20
	보전지역으로부터의 거리	1.5km 초과	100
		0.5~1.5km	60
		0.5km 이내	20
	기개발지와의 거리	1km 미만	100
		1~3km	60
		3km 초과	20
	공공 편익시설과의 거리	1km 미만	100
		1~4km	60
		4km 초과	20

2) 평가방법

평가기준에 의해 필지별로 평가하되 평가점수가 500점 이하일 경우는 보전지역으로, 700점 이상일 때는 개발지역으로 분류될 것이다.

3) 절대보전지역

위의 평가기준과 관계없이 무조건 보전지역이 되는 곳이 있으므로 투자할 때 다음과 같은 사항을 유의해야 한다.

- 생태자연도 1, 2등급 지역
- 임상도 3영급 이상 지역(3영급이란 30년생 이상 수목이 있는 지역)
- 국가하천, 지방 1급 하천의 양안거리 500m 이내 지역
- 상수원 보호구역으로 부터 500m 이내 지역
- 농업용 저수지(30만m^3 이상 지역) 만수위로부터 300m 이내 지역
- 경지정리가 된 지역(농업진흥지역 포함)

위의 지역 내에 있는 토지는 토지적성평가도 하지 말고 무조건 보전해야 하므로 투자처로서는 적절치 않다.

4) 분석

계획관리지역으로 편입될 수 있는 토지는 1차적으로 위에 나열

한 절대보전지역이 될 수 있는 토지는 무조건 제외하고, 2차적으로는 세부기준에 의하여 700점 이상 되어야 가능성이 있다.

따라서 위의 평가항목이 총 9개이므로 세밀하게 검토해야 한다. 비전문가인 일반인들은 뭐가 뭔지 이해하기 어렵지만 간단하게 설명한다면 다음과 같이 판단할 수 있을 것이다.

계획관리지역을 미리 예측할 수 있는 사항을 요약해보겠다.

- 먼저 지역을 둘러본다.
- 산높이가 낮고 경사도가 낮은 지역을 대상으로 검토하고, 수목이 비교적 2영급(20년생 이하) 이하로 구성된 지역을 대상으로 검토한다.
- 주위에 기개발지역, 즉 마을, 면사무소, 공장 등이 개발지로부터 1km 이내인 땅을 찾는다.
- 도로 등 편익시설과 1km 이내의 가까운 곳에 위치하는지 검토한다.
- 농업진흥지역, 경지정리가 된 지역으로부터 최소 500m 이상 떨어져 있는지 검토한다.
- 과수원이 있다면 최소 3, 4등급의 지역을 검토한다.
- 논이 있을 경우 경지정리가 안 되어 있는 지역을 중심으로 고려해야 한다.

예전 준농림지역이나 준도시지역을 기준으로 생각한다면 한없이 어렵지만, 어차피 9개 항목 중 3~4개 항목만 중간 이하의 점수를 받아도 계획관리지역으로 편입될 수 없고 개발을 못 하도록 규제를 시행하므로 이 정도의 노력은 해야 할 것이다.

계획관리지역에 편입될 수 없는 600점 정도의 생산관리지역 편입 예상지역도 관리지역이 세분화되면 투자가치는 있을 것이다. 세분화되면 개발 가능 면적이 절대 부족하므로 생산관리지역도 따라서 가격상승이 예측된다.

그러나 보전관리지역은 투자처로서는 적합하지 않다.

■ 녹지지역

도시지역을 주거지역, 상업지역, 공업지역, 녹지지역으로 분류하고 있다. 주거지역, 상업지역, 공업지역은 개발을 전제로 용도가 지정된 곳이고, 마지막으로 남은 녹지지역은 필요할 때 개발할 수 있도록 하고 있다. 녹지지역을 다시 세분화하여 보전녹지, 생산녹지, 자연녹지지역으로 분류한다.

녹지지역 중에서 가장 적정한 투자처는 자연녹지지역이다. 지금은 개발이 제한되어 있지만 도시의 팽창이나 용지가 부족할 때 최우선으로 개발될 곳이기 때문이다.

생산녹지지역은 농업 생산시설 이외에는 대체로 개발행위를 제한받는다. 보전녹지지역은 도시의 쾌적성과 환경보호를 위해 보전되어야 할 땅이므로 투자처로서는 적정하지 않다.

■ **농림지역**

1) 농지

농지는 농업진흥구역과 보호구역으로 나누는데, 농업진흥구역은 특수한 경우를 제외하고는 개발이 불가능하다고 보면 된다.

농업진흥구역과 보호구역을 구별하는 방법은 토지이용계획확인원을 볼 때 농업진흥구역에 표기가 되어 있으면 진흥구역이고, 표기가 없다면 진흥 이외의 구역이다.

농민이 아니면 원칙적으로 농지를 소유할 수 없고 일정 규모 이하의 농지에 주말농장을 허용했으나, 2005년 10월부터는 농지법의 개정으로 면적이나 거리제한 없이 소유가 가능하다. 물론 조건은 있다. 농지은행에 맡겨 대리 경작할 사람이 있어야 한다.

농지의 소유와 이용에 대한 제한이 풀리는 이유는 농산물 개방으로 인해 농사를 지을 사람이 줄어들고 미경작지가 늘어나고 있기 때문에, 농지의 합리적인 이용과 지속적인 영농에 맞추어 농지법이 개정되는 것이다.

2004년 이후 투자처로 농지가 선호되는 추세인데 중부 경남의 극히 일부 지역에서는 관리지역보다 가격이 높게 형성되는 기현상도 나타나고 있다. 보통 농지는 관리지역의 40~50% 정도로 형성된다. 많은 공인중개사들이 앞으로 2~3년 안에 농지가 새로운 투자처가 될 것이라고 전망하는 이유도 여기에 있다.

농지에 투자할 때는 진흥구역의 투자는 바람직하지 않다는 말을 수없이 들어왔지만 2004년 하반기 이후에는 진흥구역, 보호구역 할 것 없이 가격이 오르는 특이한 현상이 나타나고 있다.

영농을 주로 하는 00면의 2004년 10월부터 2005년 5월까지 토지거래 현황을 보면 전체 거래량 중 진흥구역의 거래가 70% 이상을 차지했다. 그 이유는 크게 세 가지로 분석되고 있다.

① 진흥구역의 토지가 상승원인

첫째는 토지에 대한 투자인구의 증가이다(농지법 개정).

토지에 대한 투자인구는 2002년 이후 3배 이상 증가했지만 적당한 매물은 한정되어 있어 농지에 대한 규제완화와 맞물려 투자처로 부상한 것이다.

00군의 경우 2005년 5월에 거래된 토지가 약 1,800필지로 2003년 5월에 거래된 370필지의 약 5배에 달한다. 이 가운데 외지인의 거래량이 전체의 70% 이상을 차지한다고 한다.

거래량은 신고한 것을 중심으로 한 것이고 실제 실무에서 일어나는 미등기 전매는 포함되지 않았다. 업종 관계자들은 미등기 전매와 이전등기의 비율을 3대 7 정도로 보고 있다. 그렇다면 실제 거래한 양은 8배 이상 증가한 것으로 볼 수 있고, 이는 곧 토지가 상승으로 나타난다. 농지법이 개정되면 더 많은 사람들이 유입될 것이다.

두 번째는 공인중개사의 대량공급이다.

토지공사는 매년 공인중개사의 합격자 비율을 응시자의 15% 정도로 공급한다는 방침과 15회 추가시험으로 많은 합격자를 배출하고 있으므로 비도시 지역에서도 개업하는 사람들이 급격히 증가할 것이다.

매매중개를 업으로 하는 공인중개사들이 대거 배출됨으로써 생업유지를 위해 중개매매를 적극적으로 하는 공격경영이 더욱 활발해져서 토지가의 상승을 불러오기도 한다.

세 번째는 대토이다.

각종 개발에 편입된 토지의 대체취득이 세제감면 등과 맞물려 인근 농지의 가격을 상승시키는 것이다.

대토의 직접적인 당사자들이 대토를 구입하는 범위는 대체로 수용지로부터 반경 10km 이내이지만, 대토와 관계없는 일반투자자들이 대토를 핑계로 토지에 투자하는 범위는 약 30km의 영역까지 확대되는 경향이다. 경남 김해의 경우 장유신도시를 비롯하여 각종 개발에 편입되는 토지가 상대적으로 많은 지역이다.

대토로 찾는 지역이 김해 인근의 진영과 창원시의 동읍 북면을 지나 칠서와 함안군 법수면에까지 이르는 것으로 나타난다. 김해에서 법수면까지의 거리는 일반국도를 기준으로 할 때 약 70km에 달하고 직선거리로는 약 30km에 이른다. 진영지역은 상대적으로 토지가격이 비싸고 창원 동읍과 북면지역은 토지거래 허가구역으로서 대토 선정지로는 적합하지 않아, 이 거리 약 40km를 제외하더라도 대토가 약 30km 반경까지는 영향을 미친다고 보고 투자처를 찾는 것도 한 방법이 될 것이다. 그만큼 대토의 위력이 강조된 것이다.

기타 원인으로서 적정 투자처를 찾지 못한 부동자금들과 저금

리 등을 들 수 있을 것이다

② 어느 정도 자금을 농지에 투자하고 있는가

영남지방을 기준으로 농지에 실제 투자되는 금액을 분석해보면 9,000만 원에서 1억 3,000만 원 정도의 자금을 투자하는 경우가 가장 많아 전체의 70% 정도 된다. 5,000만 원 이하의 투자는 적었는데, 이는 농지의 면적단위가 보통 800평에서 1,200평 정도로 구획되기 때문이다.

같은 들판에서도 고가의 농지보다는 중저가 농지의 거래가 활발했고 처분하기도 비교적 쉬운 것으로 분석된다. 농지에 투자를 많이 하는 사람들은 중저가의 농지를 집중 공략한다는 사실이 이를 뒷받침한다.

③ 농지투자의 활성화 시기

농지의 매도물량이 가장 많이 나오는 시기는 11월부터 다음해 4월 정도이다. 이는 농업인의 고령화와 농가부채, 고된 노동력 등에서 그 원인을 찾을 수 있다. 10월경에 추수를 해도 별로 남는 것이 없고 고생만 했으므로 그에 대한 상대적 박탈감에서 매물로 나오는 것이다. 따라서 12월 전후에 구입해 4월 전후에 매도한다면 투지시기로 적정할 것이다.

활성화 연도는 농지법이 개정되어 시행되는 2005년 하반기부터 2006년 사이가 될 것이다.

④ 농지가격은 어느 정도까지 올라갈 것인가

농지 투자자들은 투자논리에는 맞지 않지만 현실에서는 오르고 있는 농지의 가격이 과연 어느 정도까지 상승할 것인가에 대해서 말이 많다.

창원 00면의 경우 현재 농지가가 17만 원 선인데 인접의 밀양 · 창녕 등이 11만 원대이다. 개인적인 생각을 기술한다면 농지가의 20만 원 시대가 머지않았다.

토지 투자자의 증가에 비해 투자할 수 있는 지목의 한계, 토지거래 허가구역의 확대, 아파트 투자에 대한 정책적 규제 강화, 금리하락, 공인중개사 배출 증가, 국토 균형발전을 위한 혁신도시 건설로 인한 대체토지 취득 등의 요인을 토대로 판단해 볼 때 이 정도까지는 상승할 수 있다는 것이 업계 관계자들의 논리이다.

⑤ 농지의 적정 투자처를 찾는 방법

적극적인 경영을 하는 공인중개사들의 공통적인 특징은 한 군데에서 영업을 하지 않고 토지가격이 일정 정도 이상 오르면 저평가된 지역으로 이동하면서 개업한다는 사실이다. 따라서 저평가된 지역은 공인중개사들의 이동을 통해 가격상승이 발생할 수도 있다.

만일 투자할 곳을 찾는다면 공인중개사들의 이동을 눈여겨볼 필요가 있다. 이동하기에 적정한 지역으로는 8만 원 이하로 저평가된 상태이고 공인중개사 사무소가 없거나 비교적 적은 지역이 첫 번째 대상이 될 것이다.

예를 든다면 진주지역의 E면·L면·J면·D면, 함안군의 K면·B면 등의 농지가격은 벌써 10만 원대에 형성되어 있다. 이들의 중간에 위치한 j면의 경우 도로교통 등 기반시설이 상대적으로 낙후되지도 않은데 농지가격은 5~7만 원대로 비교적 저렴하고, 공인중개사 사무소도 다른 면에는 수십 개씩 있는 반면 이곳은 거의 없는 편이다. 이런 지역을 주위에서 찾아볼 필요가 있다.

가격상승은 3개월 이내로 극히 짧은 시간에 이루어지므로 판단의 시기를 최대한 줄여야 한다. 물론 개발과 무관한 전형적인 한국인 정서에 입각한 투자방식이 될 것이다.

⑥ 투기꾼들의 가장 큰 적은 양도소득세

거래가 막바지에서 깨지는 경우가 종종 발생하는데 주요 원인은 양도소득세이다. 양도소득세의 일반적인 세율을 검토하고 농지에 적용되는 세제를 살펴보고자 한다.

고객들이 양도소득세에 관해 가장 많이 묻는 질문은 농지를 8년 동안 자경하면 양도소득세가 면제되냐는 것과 토지구입 후 1년 경과한 다음 매도시 세금이 없느냐는 것이었다.

농지 소재지에 거주하면서 8년 이상 자기가 경작한 사실이 있는 농지를 양도하는 경우에는 양도소득세를 감면해준다.

단 시 지역(광역시의 군 지역, 시의 읍면 지역 제외)의 주거지역, 상업지역, 공업지역 안에 있는 농지로서 이들 지역에 편입된 날로부터 3년이 지난 농지는 감면되지 않는다. 감면 한도액은 세액이 1억 원 이내에서 감면된다.

양도세액이 1억 원이 되려면 양도차액이 3억 원 정도는 되어야 한다. 우리나라 농지의 경지정리 면적은 약 800평에서 1,200평 정도이기에 농지의 평당가격이 40~50만 원 하지 않는 한 양도차액이 3억이 되는 것은 현실상 불가능할 것이다.

이런 이유로 보통의 인식은 8년 이상 자경하면 비과세된다고 알고 있다. 또 하나 농지구입 후 1년이 경과하면 세금이 없다고 하는데 이는 잘못된 것이다. 1년 이전에 매도하면 양도소득세율은 50%의 적용을 받고 2년 이내에 매도하면 40%의 세율을 적용받는다.

그런데 1년 이내에 매도시 국세청의 조사를 받게 된다면 실거래가로 적용받게 된다. 1년 이상이면 보통 공시지가로 인정해주는데 실거래가로 적용받으므로 이익은 고사하고 이익보다 더 많은 금액을 양도소득세로 부담해야 하는 결과를 초래할 수 있는 것이다.

매수자는 등기부 등본을 보고 매도지기 보유한 기간이 1년이 경과하지 않은 토지는 매입을 꺼리는 경향이 두드러진다. 이는 매도자가 토지의 빈번한 거래자일 경우 국세청의 조사를 받을 위험이 있어 자신도 노출되어 불이익을 받을 수 있다는 생각에서 꺼려하는 것이다.

일반적인 양도소득세율은 다음과 같다.

구분		기본 세율	누진공제
2년 이상 보유자산	과세표준　1,000만 원 이하	9%	
	과세표준　1,000만 원 초과 4,000만 원 이하	18%	90만 원
	과세표준　4,000만 원 초과 8,000만 원 이하	27%	450만 원
	과세표준　8,000만 원 이하	36%	1,170만 원
2년 미만 보유자산		40%	
1년 미만 보유자산		50%	
1세대 3주택 이상 자의 양도주택		60%	
미등기 양도자산		70%	

⑦ 토지전용을 위한 부담금

집을 짓거나 토지를 다음 목적을 위하여 전용하는 경우 전용부담금을 납부해야 한다. 전용부담금은 공시지가의 20%이지만 농지의 경우에는 금액이 많이 부과된다.

- 경지정리된 '답' 일 경우 : 45,950원/평
- 용수개발된 '답' 일 경우 : 60,496원/평
- 경지정리 및 용수개발된 '답' : 72,397원/평
- 경지정리된 '전' : 41,322원/평
- 기타 농지 : 34,049원/평

부과적으로 소요되는 금액은 다음과 같다.

- 지역개발공채 : 1,000~2,000원/평
- 토목설계비 : 농지전용시 개략금액 4,950원/평

　　　　　　　임야 전용시 개략금액 8,260원/평

　전용환 씨는 전원주택을 짓기 위해 토지를 구하던 중 마을 주위의 경지정리된 농지를 평당 19만 원에 400평을 매입한다. 그런데 이 가격이 적당한지 비싼지를 몰라 전문가에게 문의한 결과 인근 대지와의 비교법을 듣게 된다.

- 경지정리 '답' 기준 : 약 4만 6,000원/평
- 설계비 외 기타 금액 : 약 7,000원/평
- 토목공사비 : 약 2만 원/평
  (토목공사비는 보통 2미터 이내 성토할 경우 평당 1만 5,000원~2만 원 정도 예상)
- 대지구입비 : 19만 원/평
- 합계 : 26만 3,000원/평

　주위의 대지가격이 평당 30만 원 정도이고 토지를 전용해서 대지로 사용할 경우 비용이 26만 3,000원 정도 들므로 그렇게 비싼 편은 아니다. 하지만 용지를 개발해서 파는 개발업자들은 개발이익이 평당 5만 원 이상일 때 타당하다고 보므로 이 경우에 큰 이익을 얻지는 못할 것이다.

　통상적인 비교방식은 전용해서 사용할 토지의 가격은 인근 대지가격의 40% 이내가 적당하다고 전문가들은 이야기한다.

전용환 씨는 구입한 토지 위에 건평 30평짜리 집을 지으려고 한다. 이때 토지전용은 30평만 받으면 되는지, 400평 전체를 받아야 하는지 알아보았다.

만일 이 지역이 관리지역이라고 가정한다면 관리지역의 건폐율은 40%이다. 따라서 건평 30평의 건물을 짓기 위해서는 400평 중 최소 75평 이상을 대지로 전용받아야 한다.

⑧ 분필 및 합필

옛날 경지정리시 투자배분을 위하여 1필지에 전혀 이해관계가 없는 2인 이상이 지분등기를 한 농지들이 종종 있다. 이때 한 사람은 매도하고자 하지만 다른 사람은 매도하지 않으려고 해서 매매가 이루어지지 않는 경우가 있다.

이럴 경우 매도하고자 하는 사람은 지분등기자의 동의를 받거나 자기 지분만 매도해야 한다. 매수자의 입장에서는 지분매수보다는 전체를 매수하고자 하는 경우가 많아 필지를 분할하여 매도하는 것이 거래에 유리하다.

농지의 경우 필지를 분할할 때 최소면적 기준에 적합해야 분필이 가능하다. 분필의 최소면적은 600평 이상이어야 한다(경지정리된 농지).

예를 들어 농지 900평을 분필하여 600평과 300평으로 분할하고자 한다면 분필이 되지 않는다. 300평은 최소 분필면적 이하가 되기 때문이다. 1,200평을 600평과 600평으로 분할하는 것은 가능하다. 분필신청은 시·군청의 지적과에 신청하고 분필 신청금을 납부해야 한다. 한 필지를 두 필지로 분할할 때 소요되는 금액은 필지당 17만 원 정도 예상하면 된다.

합필은 지주가 동일인이고 지목이 같으며 지번이 연속될 때 가능하고, 소요금액은 필지당 1,000원 정도이다.

2) 산지

산지에 대하여 원론적으로 파악해보면 산지관리법에 의해 보전산지와 준보전산지로 구별된다.

보전산지는 생산임지와 공익임지로 나누어지는데, 생산임지는 채종이나 수목연구 등 산림생산을 위한 지역이다. 공익임지는 공원 등 자연 그대로의 보전을 목적으로 지정된 순수 임야이다.

준보전산지는 개발이 비교적 쉽다. 산지 전용 허가 등을 받아 공장이나 전원주택, 임업, 어업, 농업 등의 시설을 제한적으로 설치할 수 있다. 따라서 산지를 투자처로 생각한다면 개발이 비교적 쉬운 준보전산지를 매입대상으로 고려해야 할 것이다. 도지이용계획확인원의 산지란에 표기가 없으면 준보전산지이다.

우리나라 토지의 가격상승 순서로 보면 도시지역의 택지를 필두로 녹지지역, 관리지역 순으로 가격상승이 발생했고, 이제는 쳐다도 보지 않을 것 같은 농림지역으로까지 확대되었다. 즉 농업진흥구역이 투자의 주 대상으로 떠오른 시점이다.

① 산지의 투자시기

농지가격이 평당 20만 원까지 상승하고 나면 우리나라에 투자할 수 있는 땅은 별로 없다.

그 다음의 투자처는 어디일까? 분명 산지가 될 것이다.

생산논리, 개발논리로 본다면 절대 맞지 않는 이야기이다. 하지만 다른 지역도 논리에 맞아서 땅값이 올라갔다고 자신있게 말하기는 어렵다. 지가상승의 첫 번째 원인은 한국인의 부동산에 대한 정서 때문이다. 그렇다면 산지도 예외가 될 수 없다.

현재도 산지를 찾는 투자자들이 실제로 늘어나고 있는 추세이다. 00군의 경우 2003년 5월 거래된 임야의 거래량은 27필지인데 2005년 5월의 경우에는 70필지로 2.5배 증가하였다.

00시의 경우 2003년 5월 42필지인 반면 2005년 5월에는 149필지로 약 3.5배 증가한 것으로 나타났다.

농업진흥구역과 계획관리지역의 투자가 활성화된 이후 2010년경부터는 산지가 부동산 가격변동의 주역이 될 것이다.

② 산지의 가격은 어느 정도까지 상승할 것인가

현재 산지의 가격은 평당 3,000원 이하의 땅들이 수도 없이 많고 심지어는 몇 백 원 하는 곳도 많다.

지금까지 산지의 가격은 농지의 10~15% 선에서 형성되고 있다. 농지의 상승폭을 감안하여 예측해보면 현재의 10배 정도인 3~4만 원 선까지 상승할 것이다.

이제 토지투자로 단기간에 몇 배를 증식시키기는 어렵지만 산지만은 여건이 형성된다면 충분히 가능할 것이다.

일부 중개자들은 산지중개가 너무 재미있다고 한다. 평지가 워낙 넓으니 웃돈을 조금만 붙여도 이윤의 폭이 주택지나 농지는 따라갈 수 없는 거액이 되기 때문이다.

2010년경을 대비하여 무주공산인 산지를 여윳돈으로 구입해 놓는다면 다른 투자처보다 분명 나을 것이다.

③ 적정 투자처

맑은 물과 계곡이 있어 관광객의 왕래가 있는 곳과 도시에 가까운 지역에서 비교적 표고가 높지 않고 경사가 완만하며, 수목이 비교적 울창하지 않고 소나무의 자생비율이 상대적으로 낮은 지역과 묘지로 이용 가능성이 높은 지역, 도로 주변의 산지들을 우선적으로 고려해볼 필요가 있다.

2. 개발정보는 어떻게 얻을 수 있나

개발정보 취득은 곧 돈으로 연결된다. 국가가 시행하는 계획도 있을 수 있고, 광역단체에서 시행하는 경우도 있으며, 시·군에서 시행하는 경우도 있다.

대부분 고급정보를 보유하는 관계인, 공인중개사 사무소 등을 통해 정보를 수집한다. 이는 기본적인 사항이므로 반드시 한 군데 이상의 정보원은 확보하고 있어야 한다.

여기에 하나 더 덧붙인다면 일반인들도 도시관리계획 수립절차 과정에서 정보를 알 수 있는 경우가 있으므로 이 과정을 검토하여 소중한 정보를 얻는다.

■ **도시관리계획의 내용**

① 용도지역 용도지구의 지정 또는 변경에 관한 사항
② 개발제한구역, 시가화 조정구역, 수산자원 보호구역의 지정, 또는 변경에 관한 사항
③ 기반시설의 설치, 정비 또는 개량에 관한 계획
④ 도시개발사업 또는 정비사업에 관한 계획
⑤ 지구단위계획 구역의 지정 또는 변경에 관한 계획과 지구단위계획

위의 5개 항목은 도시관리계획을 수립해야 하는데 특히 3번 항목과 4번 항목은 토지가격 향상에 비교적 큰 영향을 끼치는 사항이다.

■ **절차에서 정보를 얻는 방법**

도시관리계획 시행절차를 알고 있으면 정보노출 시기를 파악할 수 있다. 그 절차는 다음과 같다.

1) 기초조사

도시관리계획을 수립하기 위해 행정청에서 인구·경제·사회·문화적인 요소를 바탕으로 기초조사를 실시한다.

2) 의견청취

기초조사를 바탕으로 입안하기 위해 주민 또는 지방의회의 의견을 청취하는데, 이때가 최초의 정보유출 단계이다.

언제, 무슨 항목으로 의견을 청취하는지는 알 수 없지만 계획대상의 의견청취를 위한 공고를 일간지, 지방지, 시보 등에 게재한다. 일간지 등에 도시관리계획 수립을 위한 의견을 청취한다는 공고가 나면 관심 있게 지켜본다.

한 단계 더 나아가 가정설을 대두시켜보면, 기초조사를 바탕으로 의견수렴을 할 때 아무런 자료 없이 하지는 않는다. 이때 여러 가지 개발계획안과 청사진을 수립하여 최선의 자료를 바탕으로 의견청취를 할 것이다.

이런 기본계획안을 누군가 만들 텐데 공무원들만이 할 수는 없다. 관계자들의 기본 요구사항을 바탕으로 용역 의뢰하거나 자료를 제공하는 사람들이 있을 것이다.

예전부터 각 지역에는 여러 분야에서 소위 말하는 토호세력들이 있다. 도시계획 분야에도 보이지 않는 손들이 있다는 설이 팽배하다. 좁은 지방도시에서는 적극적으로 알아보면 그들이 누구인지 알아낼 수 있을 것이다. 이런 사람들이 최선의 자료를 바탕으로 도시계획 승인을 유도한다면 굉장한 투자처를 미리 알 수 있다.

개발계획 물밑단계에서 백전백승할 수 있는 투자위치, 투자시기 등을 한꺼번에 알 수 있는 방법이다.

3) 입안, 심의, 협의, 결정고시, 공람

의견청취를 바탕으로 입안하고 관계기관과 협의하고 심의해서 개발위치, 면적 등을 결정고시하고 공람시킴으로써 효력이 발생한다. 관계 전문가들이 모여서 심의과정을 거치는데 이때도 고급 정보들이 많이 유출된다.

■ 정보분석

도시관리계획이 수립 · 공고되면 정보를 누구나 알 수 있고, 도시관리계획은 언제든지 열람이 가능하므로 이 시기의 정보취득은 이미 늦다.

그런데 도시관리계획이 수립 · 공고되었다고 해서 모두 시행되는 것은 아니며, 기간이 오래 걸리는 것도 있고 폐기하는 것도 있을 수 있다. 특히 환경 등의 문제와 관련되는 일은 어렵게 진행되는 것이 우리나라의 현실이다.

구체적인 시기는 예산이 편성되어야 알 수 있는데 이 과정을 분석해야 한다. 결국 예산이 편성되어야 하는 사업과, 예산에 크게 영향을 받지 않고 시행할 수 있는 사업, 주민 숙원사업 등으로 분류해서 적정 투자처를 미리 선점하는 것이 유리하다. 이런 곳은 시행확률이 상대적으로 높다.

　도시관리계획의 절차 속에서 개인적으로 개발정보를 얻고, 인맥을 통한 고급정보 또는 공인중개사들의 정보를 취합하여 개발 예정지역을 미리 예측하고 투자해야 한다.

토지를 살 수 있는 자격

택지지구 내의 토지를 사는 사람은 극히 일부이며 연고 또는 혜택을 받은 사람들일 것이고, 그 이외의 대다수 투자자들은 택지개발지구 이외의 토지매매를 통해 재테크를 한다.

그렇다면 돈만 있으면 아무 곳의 땅이나 살 수 있는가? 쉽게 살 수 있는 땅도 있고, 허가를 받아야 구입할 수 있는 땅도 있으며, 자격을 갖추어야 살 수 있는 땅도 있다. 가치 있는 땅을 고르려면 이러한 조건을 알아두어야 한다.

1. 토지거래 허가구역

건설부 장관은 국토의 이용 및 관리에 관한 계획의 원활한 수립과 집행, 합리적인 토지이용을 위하여 지가가 급격히 상승하는 지역, 투기적인 거래가 성행하는 지역 등에 대해서는 5년 이내의 기간을 정해 토지거래시 토지거래에 관한 허가구역을 지정할 수 있고, 필요할 때는 연장도 가능하다.

시·군의 경우 토지거래 허가구역으로 지정 요청하면 도지사가 심의를 거쳐 보통 2개월 이내에 지정된다. 건교부 상관은 2개 이상의 시·군이 걸쳐 있는 경우에 지정한다.

허가구역 내에 있는 토지에 관한 소유권, 지상권 이전 또는 설정하는 계약을 체결할 경우 당사자는 허가신청서를 제출하여 시장·군수·구청장의 허가를 받아야 하며, 만일 허가를 얻지 않고 거래할 때는 무효가 될 수 있다. 단 일정 규모 이하인 경우에는 허가를 받지 않고 거래가 가능하다.

허가구역 내의 토지를 구입할 때는 자금출처도 밝혀야 한다.

또한 다음과 같이 토지의 전매제한을 두고 있다.

- 농지 : 2년 이내 전매금지
- 임야 : 3년 이내 전매금지
- 개발사업지 : 4년 이내 전매금지
- 잡종지 : 5년 이내 전매금지

이를 위반하면 2년 이하의 징역이나 토지가격의 30%를 벌금으로 물어야 한다.

허가받은 자는 허가받은 목적으로 사용해야 하며, 그렇지 아니한 경우에는 500만 원 이하의 과태료 처분을 받을 수 있다.

■ 허가가 필요하지 않은 기준면적

- 주거지역 : 180m² 이하
- 상업지역 : 200m² 이하
- 공업지역 : 660m² 이하
- 녹지지역 : 100m² 이하
- 도시지역 안의 지역은 특별한 지정이 없는 구역 : 90m² 이하
- 도시지역 외의 지역 : 농지일 경우 500m² 이하, 임야일 경우 1,000m² 이하, 기타 250m² 이하

■ 허가구역 지정의 예

토지이용계획 확인서를 발급해보아 토지거래 항목의 허가구역에 표시가 되어 있으면 허가를 취득해야 하는 지역이다.

86~87페이지의 표를 참조한다.

■ 토지거래 허가구역에서의 토지취득 조건

일정 면적 이하일 경우에는 허가를 받지 않아도 가능하며, 대가성이 없는 상속이나 증여의 경우도 제외된다. 하지만 증여에 대해서는 납득할 수 있는 객관적인 조건이 뒤따라야 한다. 실거주용 택지를 구입하는 경우에는 무난하다.

농어민이 농축산업을 위해 농지를 구입하는 경우에는 무난하

지정권자	지역 면적	기간
서울	종로구, 동대문구, 용산구, 중랑구, 강서구, 서대문구 등 12개 구 8,318㎢	2003.11.26~2008.11.25
	성북구, 동대문구, 강북구, 서대문구, 구로구의 14개 동 1.9㎢	2003.12.30~2008.12.28
인천	연수구 동춘동 4.3㎢	2004.8.8~2008.11.30
대구	달성구 현풍면 7개 리, 유가면 12개 리, 구지면 2개 리 69.1㎢	2005.3.1~2008.2.29
울산	언양읍, 삼남읍, 두서면, 두동면, 삼동면 일원 70.58㎢	2003.11.19~2008.11.18
	북구 무룡동, 산하동, 정자동 1,372㎢	2005.1.1~2009.12.31
	상북면 길전리, 거리, 산천리, 향산, 양동리, 궁근정리 3.3.1㎢	2005.1.18~2010.1.17
경기	고양시 대화동, 장항동, 법곳동 6.24㎢	2002.4.22~2007.4.21
충북	제천시 봉양읍 마곡리, 구곡리, 삼거리, 연박리 39.67㎢	2004.7.29~2008.7.28
전북	무주군 설천면 청량리, 소천리, 두길리 9.8㎢	2005.2.18~2010.2.17
전남	무안군 일로읍, 삼향면 8개 리 41.0㎢	2004.4.3~2009.4.2
	고흥군 봉래면 예내리 14.03㎢	2004.2.4~2006.2.3
	신안군 압해면 11개 리 52㎢	2003.10.27~2008.10.26
	담양군 금성면 금성리, 원율리 9㎢	2003.10.25~2006.10.24
	여수시 화양면 장수리, 이목리, 서촌리, 화동리, 안포리 40.3㎢	2003.12.11~2008.12.10
	순천시 해룡면 신대리, 상삼리, 남가리, 성산리, 선월리 15.99㎢	2004.4.1~2007.3.31
	담양군 금성면 덕성리 4.8㎢	2004.10.27~2006.10.24
	여수시 수정동, 공화동, 덕충동 3.6㎢	2004.11.10~2009.11.9
경북	경주시 광명동, 건천읍 화천리, 모량리 31.77㎢	2004.9.4~2009.9.3
	김천시 봉산면, 대항면, 농소면 일원 42.29㎢	2004.9.4~2009.9.3
경남	사천시 용현면 덕곡리 2,748㎢	2004.1.1~2007.12.31

지정권자	지역 면적	기간
제주	서귀포시 동흥동, 서흥동, 토평동 일원 5.26㎢	2004.12.29~2009.12.28
건교부	수도권 및 광역권(부산, 대구, 광주, 대전, 울산, 마창진권) 개발제한구역 4,294㎢	2003.12.1~2005.11.30
	성남시, 용인시, 판교지역의 택지개발지구 14개 동 2개 리 38.981㎢	2003.12.1~2007.11.30
	아산신도시 배후지역 4개 동 11개 리 62.548㎢	2002.10.2~2008.2.16
	서울시 강북 뉴타운개발지역 성북, 성동, 동대문, 종로, 중구의 11개 동 15.65㎢	2002.11.20~2007.11.19
	수도권(서울, 인천, 경기)의 녹지지역 및 비도시지역 5,578.85㎢ 가평, 이천, 여주, 양평, 옹진, 연천은 제외. 동두천은 녹지지역만 지정	2004.12.1~2005.11.30
	대전, 청주, 청원, 천안, 공주, 아산, 논산, 계룡, 연기 등 충청권 7개 시 2개 군의 녹지지역 및 비도시지역 3,567㎢	2003.2.17~2008.2.16
	김포시 전역, 파주시 9개 읍면동, 고양시 9개 동, 인천시 검단동 25.07㎢	2003.5.20~2008.5.19
	인천시 연수구, 중구, 서구 일부 7.2㎢	2003.12.1~2008.11.30
	부산시 강서구 17개 동 및 경남 진해시의 15개 동 일부 80.39㎢	2003.12.1~2008.11.30
	수원시 이의동 등 4개 동, 용인시 상현동 등 5개 동, 기흥, 구성읍 15.93㎢	2003.12.1~2008.11.30
	전남 해남군 해남읍, 계곡면, 마산면, 황산면, 문내면, 화원면, 화산면, 산이면 457.65㎢	2005.3.26~2009.8.20
	전남 영암군 삼호읍, 미암면, 서호면, 확산면 189.71㎢	2005.3.26~2009.8.20
	전남 무안군 무안읍, 청계면, 망운면, 운남면, 현경면 207.15㎢	2005.3.26~2009.8.20

지만 20km 이내에 거주해야 한다. 비영농인이 취득하고자 하는 경우에는 전 세대원이 6개월 전부터 현지에 거주해야 하고, 1회 이상 수확이 인정되어야 한다.

제도적으로 외지인 또는 도시민이 허가지역의 농지나 임야의 매입은 거의 불가능하다고 보면 된다.

■ 허가구역 지정으로 인한 토지가격의 변동

우리나라의 토지거래 허가구역은 전 국토의 20% 정도 된다. 허가구역 지정은 투기성 거래를 차단하는 목적이므로 거래량이 현저히 줄어들고 지가의 변화에 영향을 미친다. 2003년까지는 허가구역으로 지정되면 6개월을 전후하여 가격이 10% 정도 하락한 후 보합세를 유지하는 것이 보통이었다. 금융권의 대출 등으로 단기 투자를 목적으로 매입한 경우를 전체의 20% 이내 정도로 볼 수 있다. 이런 사람들의 매물이 나오게 되므로 가격의 하락이 발생한다.

영종도의 경우에는 1999년 30만 원 정도 하던 토지가 관광단지 계획수립 이후 110만 원 정도로 올랐으나 허가구역 지정으로 거래량이 감소하면서 90만 원 정도로 떨어진 경우도 있다. 근래에는 지정 후에도 개발의 성격에 따라 보합세를 유지하는 경우와 현저히 오르는 경우로 대별된다.

행정도시 건설, 신도시 건설, 대형 택지개발 등의 호재가 있는 곳은 지정 후에도 계속 가격이 상승하고 상승의 폭도 일반토지의 상승폭을 상회하는 것이 보통이다.

■ 허가구역 지정이 주변 토지가격에 미치는 영향

2000년 이전에는 특정인들에 의해서 토지시장이 형성되었으나, 이후에는 많은 일반인들도 토지시장에 뛰어들고 있는 추세이다. 단순히 수적인 면에서 판단해보면 2002년 이전의 5배 이상이 토지시장에 뛰어들고 있다.

토지거래 허가구역으로 지정되면 가장 먼저 지가의 변동을 일으키는 지역이 허가구역 인근이다.

창원의 동읍, 대산, 북면 등이 토지거래 허가구역으로 지정되자 1개월도 안 되어 반경 10km 전후에 위치한 칠서, 창녕, 함안, 밀양 등의 토지가격이 급등했다. 이런 지역은 특별한 개발호재가 있어 급등한 것은 아니라는 분석이다.

이 지역은 2005년 3월에 토지거래 허가구역 지정을 요청하고 4월 하순 토지거래 허가구역으로 지정되었는데 인근의 토지가격 변화를 매도물건 기준으로 파악해보면 다음과 같다.

2005년 매도물건 기준(평당)

지번	지목	1월 가격	2월 가격	3월 가격	4월 가격	5월 가격
00면 00리	답	9만 원	9만 원	9만 5천 원	12만 원	12만 5천 원
00면 00리	답	10만 원			12만 5천 원	
00면 00리	답	9만 원		9만 원	11만 원	11만 원
00면 00리	답	8만 5천 원		9만 5천 원		11만 2천 원

허가구역 지정 요청시점부터 지정시점에 가격의 변동폭이 크고 그 이후에는 보합세이다. 하지만 그 기간이 불과 2~3개월도 안 되는 짧은 기간임을 유의해볼 필요가 있다.

■ 허가구역 지정시 투자시점 및 지점

허가구역 지정의 성격에 따라 지가의 변동이 발생한다. 행정도시·혁신도시·기업도시·신도시 건설, 대규모 택지개발 등 국가가 주도하고 완료 후 파급효과가 큰 곳은 지정 후에도 계속 상승한다. 따라서 장기 투자를 목적으로 한다면 지정 후에 매입해도 충분한 차익이 발생한다.

이런 지역은 현재 토지가가 보통 70만 원 내외일 텐데 도시가 형성된 후에는 적어도 200만 원을 상회할 것이다. 따라서 5년 정도 장기 투자하면 몇 배의 차익을 얻을 수 있다.

단기 투자를 목적으로 한다면 허가구역 인접지를 선정하여 투자한다. 신도시가 완료될 때까지 이윤의 폭은 적겠지만 꾸준한 상승을 예상할 수 있다.

문제는 개발 후에도 큰 영향을 미치지 못하는데 투기대상지역에 해당되어 허가구역으로 지정되는 지역이다. 개략적으로 분류해보면 군부대 이전이나 자치단체에서 시행하는 관광단지 개발, 연구단지 조성, 10만 평 전후의 지방산업단지 조성, 촌지역의 고속도로나 산업도로 개설 등으로 인해 허가구역으로 지정된 곳은 신중히 생각해야 한다.

이런 곳은 개발 후에 주변 토지가에 크게 영향을 미치지 못한다.

지자체의 토지거래 허가구역 지정은 지정 1~개월 전에 도지사에게 신청하여 심의를 거쳐 지정한다. 이는 뉴스매체 등을 통해 대부분 노출되므로 관심만 가지면 알 수 있다.

발빠른 투자자들은 대부분 허가구역 신청시점을 파악하여 미리 빠져나오고 초보자들이 그 자리를 대신하는 경우가 많다. 허가구역 지정이 미치는 최근접지역은 반경 5~8km 전후가 될 것이므로 가까운 거리부터 우선순위로 파악해서 투자하는 것이 적절하다.

2. 농지취득에 대하여

농지의 매매, 증여, 교환, 화해, 농지소유권 이전의 판결 및 경매 등으로 농지를 취득하고자 하는 자는 농지의 소재지를 관할하는 시·구·읍·면장으로부터 농지취득 자격증명을 발급받아야 한다.

농지전용 허가를 얻었거나 전용신고를 한 경우라도, 농지를 취득하고자 하는 때에는 농지취득 자격증명을 발급받아야 한다.

■ 농지취득 자격증명의 발급절차

농지취득 자격증명을 발급받고자 하는 자는 농업경영계획서를 작성하여 농지 소재지를 관할하는 시·구·읍·면장에게 발급을 신청해야 한다. 농업경영계획서에 기재할 사항은 다음과 같다.

- 취득대상 농지의 면적
- 취득대상 농지의 농업경영에 적합한 노동력, 농업기계, 장비의 확보 방안
- 소유농지의 이용실태(농지를 소유하고 있는 자 외의 경우에 한한다)

■ 결과통지

농지를 취득하고자 하는 자가 농지취득 자격증명을 첨부하여 신청하면 농지관리위원회의 확인절차를 거치고 시·구·읍·면장이 확인기준을 검토한 후 4일 이내에 통지한다.

농지를 취득하는 자가 소유권 이전등기를 신청할 때는 농지취득 자격증명을 첨부해야 한다.

■ 예외

2003년 1월부터는 농촌투자 활성화를 위하여 농민만 소유할 수 있었던 농지를 도시민들도 소유할 수 있도록 농지법이 개정되어, 1,000㎡ 이하의 소형 농지는 도시민들도 소유할 수 있다.

주말 체험영농, 시험·연구실습용 등 농업 이외의 목적으로 농지를 취득하는 경우 농지취득 자격증명 발급을 신청할 때 농업경영계획서를 제출하지 않아도 된다. 2005년 10월부터는 면적, 거리, 소유제한이 없어진다.

2장

집을 지어서 팔면
얼마나 남는가

개발사업에 대해 알아보기

땅을 사고 팔아 돈을 번 사람은 땅을 사고 파는 것 이외에는 재미도 없고 감질맛 나서 못 한다고 한다. 반면에 건물을 지어서 팔아 돈을 번 사람은 그것 이외에는 재미가 없어 못 한다고도 한다.

여기서는 집을 지어서 팔면 얼마나 남는지, 어떻게 하면 되는지, 나도 할 수 있는지 등을 알아보고, 부동산 컨설팅을 할 때 단계별로 고객들이 가장 많이 물어보는 사항을 바탕으로 검토해보고자 한다.

1. 개발사업의 종류

토지에 어떤 유형의 건물을 지어 수익을 얻는 것을 건축개발사업이라고 할 수 있는데, 우리가 접하기 쉬운 유형으로는 단독주택 개발사업, 연립·빌라 개발사업, 상가·오피스텔 개발사업,

주상복합 개발사업, 아파트 개발사업 등의 유형으로 볼 수 있다.

개발사업에서 가장 이윤이 많이 남는 순으로 본다면 상가건물, 주상복합, 아파트, 오피스텔, 단독주택, 빌라·연립주택의 순으로 될 수 있을 것이다.

2. 개발사업의 현실

토지를 매매하여 얻는 차익보다 건물을 지어서 파는 차익이 보다 클 텐데, 이 사업에 종사하는 부류는 주로 건설회사를 비롯하여 일반인, 건설 기술자, 공인중개사 등이 대표적이다.

단독주택은 주로 건설을 전공하지 않은 건설 경험자들이 시행하여 이익을 얻는 경우가 많고, 빌라나 연립주택 등은 건설 기술자 출신의 개인사업자와 소규모 건설회사들이 주를 이루어왔다. 상가는 땅의 소유자 및 공인중개사 등이 주를 이룬다.

아파트·주상복합 오피스텔은 건설회사들이 시행하는 경우가 대부분이다. 이것도 직접 건설을 하는 건설회사와 시행만 하고 시공은 건설회사에 맡기는 개발시행회사 또는 디벨로퍼(개발업자)들이 있다.

국내에 진정한 디벨로퍼가 등장한 것은 외환위기 이후 대기업의 부채비율 200% 이하 축소 조치가 나오자 대형 건설사들이 돈을 빌려 개발사업을 하기가 어려워지면서부터였다. 당시 개발사업이나 영업을 담당하던 사람들이 부도 등으로 실직하면서 디벨로퍼로서의 전문성을 갖추게 된다. 근래에는 의사, 변호사, 회계사 등 전문직 종사자들도 디벨로퍼로 변신하는 추세이다.

디벨로퍼는 하나의 프로젝트를 완성하기 위해 몇 년의 시간이 소요되지만 한번 성공하면 분양대금의 20% 전후의 이익이 창출되므로 매력을 느끼는 것이다. 즉 개발사업을 하여 이윤을 얻는 것은 특정인만 할 수 있는 것이 아니고 개인들도 참여할 수 있는 부분이 많다.

■ 개발사업의 비중

우리나라 전체 건설량 중에서 건축개발이 차지하는 비율은 약 30%가 넘는 것으로 추정된다. 이 중에서 주택(아파트)의 비율이 83%, 주상복합이 5% 정도, 오피스텔이 3% 정도, 상가 · 숙박 · 사무실 등이 9% 정도 형성될 것이다.

■ 자체사업의 비중

개발사업은 분양임대가 잘 되면 큰 이익을 누릴 수 있는 반면, 실패할 경우에는 리스크가 큰 사업이다. IMF 이전에는 대기업을 중심으로 매출액 대비 자체 개발사업 규모가 30% 이상이었지만 IMF 때 미분양으로 인한 금융비용 증가로 큰 타격을 입었다.

1985년경에 설립되어 큰 이익을 남겼던 중소 회사들도 이때 대부분 몰락의 길을 걸을 수밖에 없었고 대기업들도 이때부터 체질

개선을 하게 된다. 대기업들은 2000년 이후 자체 개발사업의 비중을 17% 이하로 급격히 줄이고 이때 나타난 신진 시행자들이 많은 물량을 부담하게 된다.

건설회사 종사자 1인당 연간 순수익률과 디벨로퍼(시행사)의 1인당 순이익률이 적게는 10배, 많게는 50배 이상 차이가 난다. 이는 1999~2003년까지 건설의 특수한 경기여건 속에서 발생한 특이한 현상이다. 이렇게 이익률이 큰데도 불구하고 대기업들이 자체사업 비중을 늘리지 못하는 것은 경기에 따라 리스크가 크고 한 번의 뜨거운 경험에서 비롯된 것이다.

3. 개발사업의 이익

도대체 주택 개발사업의 이익이 얼마나 되는 것일까? 디벨로퍼들이 땅만 사서 분양하고 시공은 건설회사에 맡겼을 때 1999~2003년까지의 경우를 예로 들어보면 판단하기가 쉬울 것이다.

일례로 땅 1만 3,000평을 평당 200만 원 주고 매입했다면 토지가는 260억 원 정도 된다. 이 땅에 용적률 200%만 잡아도 연면적 2만 6,000평이 가능하다. 평균 평수를 35평으로 잡으면 740세대를 건축할 수 있는데 분양가를 평당 600만 원 정도 잡으면 매출액이 1,550억 원 정도 된다.

평당 건축비를 280만 원 정도 잡으면(메이커 있는 대기업에 도급 줄 경우 평당 280만 원 정도, 그 하위 건설회사에 도급 줄 경우 평당 260만 원 정도 예측 가능) 728억 원 정도 소요된다.

경비를 건축비의 30%로 잡으면 210억 원이 소요되므로 총 투입비 1,198억 원 정도이고 분양액은 1,550억 원이며, 개발이익은 352억 원이 되므로 투입비에 대한 이익률은 30% 정도 된다.

이 부분이 시민단체들이 폭리현상이라며 원가공개를 주장하는 것이다. 그런데 실제 내막을 따져보면 어떻까?

토지가는 일정 부분만 내고 금융조달로 시행한다. 자체자금 조달비율을 70%로 볼 때 170억 정도가 소요된다.

착공 전 사전분양으로 계약금 10%를 받아(약 170억 원) 토지 잔금을 해소하고 시공은 중도금으로 대체한다면 원가투입에 대한 이익률은 얼마나 될까? 투입비 170억 원의 2배에 이르는 350억 원의 이익을 3년 정도(짧게는 1년 반)의 기간에 얻는 것이다.

결국 1년 정도 경과하면 여유자금이 생겨 또 다른 토지를 사고, 이런 과정을 되풀이해서 3,000세대 정도 시행한 신진업체들이 많이 탄생했다.

대부분의 다른 산업은 투입비를 다 소요하고 이윤이 창출되지만 건설은 투입비 일부만으로 수익을 얻을 수 있는 구조이기에 가능하다. 비단 아파트뿐만 아니고 오피스텔, 상가주택 할 것 없이 정말로 다시 오기 힘든 시기가 이때였던 것이다. 이때 건축 개발사업은 땅 짚고 헤엄치기보다 쉬웠다.

물론 분양이 안 되면 모든 것이 다 망하고 말지만, 수도권뿐만 아니라 전국적으로 주택열풍이 불어 시골에서도 분양받기 위해 새벽부터 줄을 서는 진풍경이 연출되었고 떳다방이 진을 쳤다.

묻지 마 투자의 전형으로 무지한 사람들도 다 성공한 특이한 경우이다.

현재는 건설불황으로 아파트를 기초로 한 주택 개발사업은 당분간 지역에 따라 호황이지만 그 외의 건축 개발사업은 전체 건설경기를 검토해야 할 것이다.

4. 건설경기

통계청의 자료에 의해 1980년대 후반부터 2000년대 상반기까지 건설경기의 순환주기와 주요 상황을 보면 다음과 같다.

2004년 이후는 언제가 건설의 최정점이 될 것인가?

구분	시기	주요 여건변화
1차 시기	1988~1992	대통령 선거, 200만 호 건설, 경기활성화 부동산 종합대책 시행
2차 시기	1996~1997	준농림지 개발 허용, 대통령 선거
3차 시기	2000~2003	분양권 전매 허용, 분양가 자율화, 대통령 선거, 투기억제를 위한 10.29 부동산 대책

■ 사회적 여건

주택보급은 활성화 정책과 맞물려 2003년까지 팽창했지만 일반 상업시설은 2002년 초반기부터 급격히 무너졌다. 이는 일반

서민경기와 직접적으로 영향이 있는데 이때 나온 것이 신용불량자 제도이다.

카드 활성화로 경기부양을 했지만 2002년 하반기부터는 신용불량자와 극빈층이 500만 명에 이르렀다. 이런 사람들의 소비가 곧 경제였는데 이들이 일체 소비를 못 하게 된 것이다.

신용불량자들의 소비부진은 개인사업자의 영업에 막대한 영향을 미쳤고, 이는 곧 상업시설 소유자들에게 전가되어 사업의 실패로 이어졌다. 즉 서비스 산업이 무너진 결과이다. 전국적으로 이때 상가부분의 사업자들이 많이 무너졌다.

따라서 투기성 투자가 아닌 실질적인 투자로서 경제를 활성화시킨다면 신용불량자들이 신용을 회복할 때까지 위축될 수밖에 없다. 기존의 4년에서 6년 정도 걸리던 건설경기 순환주기는 맞지 않을 것이고 분명 더 길어질 것이다.

■ 정책적 여건

참여정부는 부동산 투기에 대해서 어느 정권보다 강력한 의지를 보이고 있다. 따라서 2007년 대통령 선거를 기준으로 볼 때 새로운 정부의 탄생 2년 후부터 활성화 대책이 나올 것이다.

■ 분석

사회적 여건과 정치적 사항을 고려해볼 때 토지가는 2006년부

터 2008년의 기간에 다시 한 번 춤을 출 것이고, 건설경기는 2008
년부터 2010년 사이가 활성화될 것이다. 이는 단순히 아파트 가
격상승을 건설경기 활성화로 보는 것이 아니고 물량공급의 증가
를 건설경기 향상 시기로 볼 때 가능할 것이다.

결론적으로 보면 건설 순환주기는 예전과 달리 8~9년 정도가
될 것이다. 주위 여건과 경기 등을 고려하여 개발사업의 시행 여
부를 결정해야 할 것이며, 만일 건물 개발사업을 한다면 어떤 진
행과정이 있는지 사례를 통해 알아보자.

5. 개발사업의 사례 적용

개발사업은 어떻게 하면 되는지 알아보고자 한다.

■ 모델 건물 선정기준

하나의 건물을 선정하여 처음부터 끝까지 진행과정을 연출할
것인데 이는 공인중개사, 건설기술자, 재테크에 관심이 있는 일
반인들의 이해를 돕기 위한 것이다.

개발사업의 많은 영역, 아파트, 빌라, 주상복합, 오피스텔 상가
건물 등이 있으나 이 가운데 개인들이 가장 접근하기 쉽고 이윤
폭이 크며, 세제 관계에서 가장 복잡한 상가건물을 대상으로 선
정한다. 건물 명칭은 '모델 건물'로 칭한다.

■ 적용방법

가상토지를 구입하여 실제 건축되는 과정을 현실 법규와 제도, 세제 관계 등을 시점별로 나열하고 알아야 될 사항이 무엇인지, 어떤 벌칙이 있는지, 실물경제와 어떻게 부합되는지 나열한다. 또한 그때 시행한 많은 시행자들의 전언과 가장 성공할 수 있는 사회적 조건들을 임의로 구성하여 진행한다.

적용순서는 건설회사들이 하는 방식대로 임의의 토지를 대상으로 사업성을 먼저 검토하고, 타당하면 토지를 구입하여 설계, 건축, 분양하는 과정으로 진행한다.

■ 적용시점 산정

2001년을 기준으로 현실적인 단가, 절차 등을 적용한다.

■ 시행자 선정 배경

상업용 건물은 개인이 할 수도 있고 몇 명이 공동투자로 할 수도 있으며 건설회사가 할 수도 있는데, 절차나 세제 관계에서 가장 복잡한 공동사업 방식을 채택할 것이다. 즉 가상인물 한국민 씨와 여러 명이 모여서 상가건물을 짓고 돈을 버는 과정이 나열된다.

한국민 씨는 우연한 기회에 친구 6명과 함께 상업용 택지의 공개입찰에 응찰하여 근린생활시설 및 위락시설을 건축할 수 있는 일반 상업용지 290평을 평당 500만 원 총 15억 4,000만 원에 분양받게 되었다고 하자.

이 땅을 가지고 토지를 되팔아 차익을 남길 것인지, 건물을 지어서 분양이익을 남길 것인지 고민하게 되고, 이 과정에서 대두되는 모든 사항을 기술하여 실례를 제공할 것이다.

토지 매매차익을 얻을 것인지, 건물 개발사업을 할 것인지를 파악하기 위해서는 부동산과 건축에 관한 일반적인 지식이 요구된다. 이 가운데서도 기본적으로 가장 많이 대두되고 전문가에게 가장 많이 물어보는 사항은 다음의 요소들이다.

1) 토지에 관한 사항

- 어떤 토지가 가장 가치가 있는가?
- 언제 매매차익을 노리고 어떤 때 건축하는 것이 좋은가?

2) 사업성 검토에 관한 사항

- 사업성은 어떻게 파악하는가?
- 건물을 지어서 팔면 얼마나 이익이 남는가?

3) 사업자등록에 관한 사항

- 사업자등록은 어떻게 하는가?
- 공동사업과 단독사업의 차이는 무엇인가?
- 공증은 어떻게 하는가?

4) 건축에 관한 사항

- 설계비는 얼마나 소요되는가?
- 가장 잘 팔 수 있는 설계는 어떤 것인가?
- 건축공사비는 얼마나 소요되는가?
- 건축 공사기간은 얼마나 걸리는가?
- 추가 공사비를 줄일 수 있는 방법은 무엇인가?
- 철근 콘크리트 구조와 철골 중에서 어느 공법이 유리한가?
- 건물의 규모는 어느 정도가 적정한가?
- 각종 부담금은 얼마나 소요되는가?

5) 분양에 관한 사항

- 분양시기는 언제가 좋은가?
- 분양대행자 선정 및 수수료는 얼마 정도 되는가?
- 전세, 월세는 어떻게 산정하는가?

6) 등기이전에 관한 사항

- 보전등기 방법 및 원가산정은 어떻게 하는가?
- 소유권 이전등기는 어떻게 하는가?

7) 대출에 관한 사항

- 대출절차 및 대출 예상금액은 어떻게 산정하는가?
- 잔금대출은 어떻게 하는가?
- 감정평가는 어떤 과정을 거치는가?

8) 각종 세금에 관한 사항

- 건물 개발사업을 할 때 어떤 세금이 적용되는가?
- 세금은 어떻게 산정하는가?

위의 질문사항은 건물 개발사업을 할 때 직접적으로 부딪치는 부분이므로 이것을 바탕으로 사업계획서를 작성하고 실천해야 한다.

건물 개발사업을 할 사람들이 사업계획서를 작성하는 방법은 다음과 같다. 먼저 설계사무소에 의뢰하여 기본 계획을 잡는다. 이것을 바탕으로 분양할 때 분양 총액을 파악하고, 그 다음 공사를 하는 데 필요한 제반 경비를 산정하여 수익을 분석하는 것이 사업계획서를 작성하는 기본 절차이다.

사업성이 좋아야 한다

사업성 검토의 순서 및 기본 조건

순서

- 분양 예상금액 파악
- 공사원가 산정

기본 조건

- 대지면적 : 290평
- 지역 및 지구 : 일반 상업지구, 일반 미관지구
- 건폐율 : 60%

사업성 검토는 토지를 되팔아 매매차익을 남기는 것이 유리한지, 아니면 그 땅에 건물을 지어서 파는 것이 더 많은 돈을 벌 수 있는지 검토하는 것이다.

한국민 씨는 위의 조건의 토지를 설계사무소에 의뢰하여 지하

2층에 지상 9층으로 짓는 것이 효율적이라는 안을 받았다. 보통 계획설계를 의뢰하면 결과를 얻는 데 15일 정도 소요된다.

계획안에는 건축 가능한 면적, 분양면적 등이 나온다. 이것을 바탕으로 돈이 남는지 안 남는지를 검토해야 한다.

1. 분양면적 파악

다음은 설계사무소에서 건축 가능한 분양면적을 층별로 계산하여 만들어온 것이다. 이 면적을 바탕으로 평당 분양가를 대입하면 전체 분양가도 파악할 수 있다.

단위 : 평

층	바닥면적	전용면적	층 공유면적	지하층 공유면적	분양면적	전용률(%)
지하 2층	192	–	–	–	–	–
지하 1층	232	–	–	–	–	–
1층	168	131	37	47.1	215.1	61
2층	168	131	37	47.1	215.1	61
3층	168	131	37	47.1	215.1	61
4층	168	131	37	47.1	215.1	61
5층	168	131	37	47.1	215.1	61
6층	168	131	37	47.1	215.1	61
7층	168	131	37	47.1	215.1	61
8층	168	131	37	47.1	215.1	61
9층	168	131	37	47.1	215.1	61
합계	1,936	1,179	333	424	1,936	

단위환산법

- 평 × 3.3058 = m²
- m² × 0.3025 = 평
- 분양면적 : 전용면적 + 공유면적
- 공유면적 : 층 공유면적 + 지하층 공유면적

2. 시중 분양가 파악

한국민 씨는 설계사무소에 계획설계를 의뢰하고 여기에 소요되는 기간 동안 땅 주위 인근 상가들의 분양가를 공인중개사 등에 의뢰하여 실제 물어본 결과, 다음 표와 같은 분양가를 얻을 수 있었다.

층	용도	분양면적(평)	예상 분양가(원)	분양금액(원)
1층	근린생활시설	215.1	1,200만 원	2,581,200,000
2층	근린생활시설	215.1	520만 원	1,118,520,000
3층	근린생활 및 위락시설	215.1	480만 원	1,032,480,000
4층	근린생활 및 위락시설	215.1	380만 원	817,380,000
5층	근린생활 및 위락시설	215.1	380만 원	817,380,000
6층	근린생활 및 위락시설	215.1	360만 원	774,360,000
7층	업무시설	215.1	350만 원	752,850,000
8층	모 텔	215.1	400만 원	860,400,000
9층	스카이라운지	215.1	400만 원	860,800,000
합계		1,936		9,615,370,000

부가가치세 별도

건축 후 분양했을 경우 분양금액을 96억 원 정도로 예상할 수 있다. 이제부터는 건축이 완료될 때까지의 예상 소요금액을 파악해야 한다. 토지구입가를 제외한 예상금액은 시중의 통례적인 단가를 대입할 것이다. 다음은 이 금액을 정하는 기준 및 왜 그 단가가 나오는지 세밀하게 분석할 것이다.

3. 공사원가 산정

주요 원가는 토지구입에 따르는 토지구입비, 건축에 따르는 설계 · 건축공사비, 각종 분담금, 각종 세제에 따르는 세금, 기타 경비로 분양경비, 금융경비, 운영경비 등이 발생한다.

토지구입비를 포함한 설계에서부터 준공에 이르기까지 소요되는 모든 경비를 산출하여 사업성을 검토할 것이다.

Point

- 토지원가
- 직접 공사 예상금액
  - 설계비
  - 건축공사비, 모텔 인테리어 시공비
  - 각종 분담금
  - 일반비용
  - 각종 세금
  - 기타 경비

■ 토지

- 구입원가 :   290(평)×5,000,000   =1,450,000,000
- 취득세·등록세 및 제경비 :

        1,450,000,000 × 0.06   =87,000,000

❶ 소계   1,537,000,000

■ 직접 공사 예상금액

1) 설계비, 건축공사비, 모텔 인테리어 시공비

- 설계비 : 1,936(평) × 60,000   =116,160,000
- 건축공사비 : 2001년 기준임

        1,936(평) × 1,600,000   =3,097,600,000

- 모텔 인테리어 시공비 :

        16(객실) × 9,000,000   =144,000,000

❷ 소계   3,357,760,000

2) 각종 분담금

- 정화조 분담금 : 1,936(평)×100,000   =193,600,000
- 수도인입 분담금 : 16,000,000
- 전기인입비 : 10,000,000
- 기타 소방·통신·도시가스 인입비 : 15,000,000

❸ 소계   234,600,000

3) 일반비용

• 분양경비 :

9,615,370,000(총 분양 예상액)×0.02   =192,307,400

❹ 소계   192,307,400

4) 각종 세금

보전등기비

• 취득세 : 설계비+건축공사비의 2.2%

3,213,760,000×0.022   =70,702,720

• 등록세 : 설계비+건축공사비의 0.8%

3,213,760,000×0.008   =25,710,080

• 기타 수수료 : 설계비+건축공사비의 0.5%

3,213,760,000×0.005   =16,068,800

❺ 소계   112,481,600

5) 기타 경비

• 금융 · 이자경비 :   100,000,000

• 운영경비 :   100,000,000

❻ 소계   200,000,000

6) 소요 예상 합계금액

❶+❷+❸+❹+❺+❻   합계 5,634,149,000

상가를 건축하는 데 필요한 금액은 위의 사항에 다 포함되어 있다. 단 모텔이 없으면 모텔 인테리어 공사금액만큼 공제하면 된다. 단지 사업 후 소득세 부담액만 제외되었는데 소득세에 관한 것은 추후 소득세 편에서 상세히 검토할 것이다.

4. 이윤분석

- 시공 후 분양했을 경우 이익(예상 분양금액 − 예상 소요금액)

$$9,615,370,000 - 5,634,149,000 = 3,981,221,000$$

- 토지를 되팔았을 경우

  그때 시점의 토지 매매가격은 평당 800만 원 정도에 거래됨

$$290(평) \times 8,000,000 = 2,320,000,000$$

  따라서 토지의 시세차익은

$$2,320,000,000 - 1,537,000,000(토지원가) = 783,000,000$$

- 건축 후 분양과 시세차익의 차액은

$$3,981,221,000 - 783,000,000 = 3,198,221,000$$

한국민 씨는 토지를 되팔았을 경우 7억 8,000만 원 정도의 이익이 발생하지만 지주 7명으로 나누었을 경우 개인당 1억 1,200만 원 정도의 이익을 얻고, 분양했을 경우 개인당 이익이 5억 7,000만 원 정도 된다는 결론을 얻었다.

건설회사가 땅을 구입할 때는 그 땅에 대한 사업성을 먼저 파

악하고 토지대금이 적절하다고 판단될 때 땅을 구입해서 사업을 시작한다. 그러나 보통의 일반인들은 주위의 말만 듣고 땅값이 오를 것이라는 판단에 땅을 매입한 후 사업성을 검토하는 경우가 많은데 이것이 건설회사와 개인의 차이이다. 보통 택지개발지를 분양받는다면 사업성이 충분히 나타나는 게 일반적이다.

우리는 위와 같은 결과가 나왔을 때 고민하게 된다. 과연 언제 건축을 해야 하는지, 언제 되팔아야 하는지 비전문가는 잘 모르기 때문이다. 이런 데이터는 없지만 필자의 개인적인 생각을 기술하면 다음과 같다.

■ 토지를 되팔아서 시세차익을 노릴 때

시세차액의 이익이 분양 후의 이익의 30%를 넘어서면 되파는 것이 유리하다고 본다.

모델 건물의 경우 3,981,221,000(원)×0.3=1,194,366,300원 정도의 이익이 발생한다면 미련 없이 되팔고, 그 돈으로 다른 데 투자하면 또 다른 이익을 기대할 수 있다.

모델 건물의 경우 이 금액을 기대하려면 1,194,366,300＋1,537,000,000(토지원가)=2,731,366,300원 정도에 되팔 수 있어야 한다. 이것을 평당으로 환산하면 2,731,366,300/290(평)=9,418,505원이 된다. 즉 평당 1,000만 원 정도에 되팔 수 있다면 파는 것이 건축하는 것보다 위험요소도 없고 다른 데 투자할 수 있으므로 유리하다고 본다.

보통 토지가는 건물분양가가 더 오르지 않는 이상 위의 금액을 최고로 보합세를 유지한다.

■ 언제 건축하는 것이 유리한가

위의 사항과 같이 분양 후의 수익을 시세차익보다 3배 이상 기대할 수 있고, 개인 혼자서 시행할 경우는 예상 분양률이 70% 정도 자신이 있을 때 하는 것이 유리하다.

예상 분양률 70% 정도를 기준으로 하는 것은 총 분양 예상금 96억 원 중 70%이면 67억 원 정도인데 여기서 토지구입비를 포함한 공사원가가 56억 원 정도이므로 11억 원 정도의 이익이 발생한다.

11억 원은 토지를 되팔았을 때의 이윤인 약 7억 8,000만 원보다 많고 30%에 해당하는 미분양분 29억 원은 순수 남는 금액 중 일부에서 미분양이 발생하므로 가능하다는 것이다.

모델 건물같이 적은 자본으로 여러 명이 함께 시행할 때는 분양 예상률이 50%를 넘는다고 판단할 수 있을 때 시행하는 것이 타당하다.

예상 분양률을 검토할 때는 인근 상가건물들의 공실률을 파악해 분석하면 된다. 공실률이 10% 이하이면 분양사업을 해도 무방할 것이다.

5. 건물 규모에 따른 변동요인

건물을 무작정 높이 짓는다고 이익이 많이 발생하는가?

토지가 있을 때 어느 규모로 건축하는 것이 가장 효율적인가를 분석하여 최대의 이윤이 발생할 수 있도록 자금력 등 건축주의 능력을 가미하여 분석하는 것이 필요하다. 공식화될 수는 없지만 간단하게 분석할 수 있는 자료를 설명하고자 한다.

건물 층수에 따라 시공비가 조금 다를 수 있고 분양 예상금액도 약간 다를 수 있으며 지하층의 유무에 따라 분양 평수도 다를 수 있으므로 이것을 어느 정도 수치화하자.

■ 건축비 산정기준(2001년 기준)

- 1~3층 : 평당 140만 원
- 4~7층 : 평당 150만 원
- 8~10층 : 평당 160만 원
- 10층 이상 : 평당 170만 원

■ 설계비 산정기준

설계비도 규모에 따라 다르지만 우리는 일률적으로 평당 6만 원으로 산정한다.

■제 경비 적용률

건설회사가 아닌 개인이 시행할 때의 적용요율
- 1~3층 : 건축비+설계비의 30%
- 4~7층 : 건축비+설계비의 26%
- 8~10층 : 건축비+설계비의 23%
- 10층 이상 : 건축비+설계비의 21%

■예상 분양가 산정기준(10층 기준으로 볼 때)

- 3층 이하 : 10층 기준의 90% 정도
- 4~7층 : 10층 기준의 95% 정도
- 8~10층 : 10층 기준의 100% 정도

이러한 조건으로 분석하면 어느 정도 계획을 잡을 수 있을 것이다.

6. 건물의 적정 높이 결정

■3층까지 건축했을 경우

지하층 없이 짓는 경우이므로 각층 바닥면적이 분양면적이 될 것이다. 대신 전용률이 높아진다.

예상 분양가

층	바닥면적(평)	분양면적(평)	분양단가(90% 적용)	예상 분양가(원)
1층	168		10,800,000	1,814,400,000
2층	168		4,680,000	786,240,000
3층	168		4,320,000	725,760,000
계	504			3,326,400,000

- 설계비 $504(평) \times 60,000$ $= 30,240,000$
- 건축비 $504(평) \times 1,400,000$ $= 705,600,000$
- 제 경비 $(30,240,000 + 705,600,000) \times 0.30 = 220,752,000$

         ❶ 소계   956,592,000

- 토지구입 대금

         ❷ 소계   1,537,000,000

- 합계

         ❶ + ❷   합계   2,493,592,000

- 이윤분석(예상 분양가 − (❶ + ❷))

     $3,326,400,000 - 2,493,592,000 \quad = 832,808,000$

땅을 되팔았을 경우 이익이 7억 8,000만 원 정도인데 3층까지 건축비를 투입해서 공사를 완료한다고 해도 이익이 소득세를 공제했을 경우 별 차이가 없다는 것을 알 수 있다. 따라서 이때는 사업성이 없다. 원가투입에 따른 이익률은 33.4% 정도이다.

■ 5층까지 건축했을 경우

4층 이상 되면 주차장 문제가 대두되어 분양평수가 늘어나고 시공비도 엘리베이터 등의 시설이 추가되므로 상승하게 된다.

예상 분양가

층	바닥면적(평)	분양면적(평)	분양단가(95% 적용)	예상 분양가(원)
지하 1층	232	–	–	–
1층	168	214.4	11,400,000	2,444,160,000
2층	168	214.4	4,940,000	1,059,136,000
3층	168	214.4	4,560,000	977,664,000
4층	168	214.4	3,610,000	773,984,000
5층	168	214.4	3,610,000	773,984,000
계	1,072	1,072		6,028,928,000

- 설계비 　　$1,072(평) \times 60,000$ 　　　　$= 64,320,000$
- 건축비 　　$1,072(평) \times 1,500,000$ 　　　$= 1,608,000,000$
- 제 경비 　$(64,320,000 + 1,608,000,000) \times 0.26 = 434,803,200$

　　　　　　❶ 소계 　　　　　　　　　2,107,123,200

- 토지구입 대금

　　　　　　❷ 소계 　　　　　　　　　1,537,000,000

- 합계

　　　　　　❶ + ❷ 　　　　　**합계 3,644,123,200**

- 이윤분석(예상 분양가 - (❶+❷))

　　　$6,028,928,000 - 3,644,123,200 = 2,384,804,800$

땅을 되팔았을 경우보다 추가이익이 16억 원 정도 더 발생했으나 전용률이 61% 정도로 낮아진다. 대형건물이 아닌 경우 전용률이 55% 이하이면 경쟁력이 떨어질 것이다. 경쟁력은 엄격하게 따져볼 필요가 있다. 원가투입에 따른 이익률은 65% 정도이다.

■ 7층까지 건축했을 경우

주차장 문제로 지하층을 최소 1.5개 층 이상을 해야 할 것이다.

예상 분양가

층	바닥면적(평)	분양면적(평)	분양단가(95% 적용)	예상 분양가(원)
지하 2층	97	–	–	–
지하 1층	232	–	–	–
1층	168	215	11,400,000	2,451,000,000
2층	168	215	4,940,000	1,062,100,000
3층	168	215	4,560,000	980,400,000
4층	168	215	3,610,000	776,150,000
5층	168	215	3,610,000	776,150,000
6층	168	215	3,420,000	735,300,000
7층	168	215	3,325,000	714,875,000
계	1,505	1,505		7,495,975,000

- 설계비   1,505(평)×60,000   =90,300,000
- 건축비   1,505(평)×1,500,000   =2,257,500,000
- 제 경비

$$(90,300,000+2,257,500,000)\times0.26=610,428,000$$

	❶ 소계		2,958,228,000

• 토지구입 대금

	❷ 소계		1,537,000,000

• 합계

	❶ + ❷	합계	4,495,228,000

• 이윤분석(예상 분양가 − (❶+❷))

$$7,495,975,000 - 4,495,228,000 = 3,000,747,000$$

땅을 되팔았을 경우보다 22억 원 정도 더 이익이 발생했고 원가투입에 따른 이익 발생률은 약 66.7%이다.

■ 9층까지 건축했을 경우

예상 분양가

층	바닥면적(평)	분양면적(평)	분양단가(100% 적용)	예상 분양가(원)
지하 2층	192	−	−	−
지하 1층	232	−	−	−
1층	168	215.1	1200만 원	2,581,200,000
2층	168	215.1	520만 원	1,118,520,000
3층	168	215.1	480만 원	1,032,480,000
4층	168	215.1	380만 원	817,380,000
5층	168	215.1	380만 원	817,380,000
6층	168	215.1	360만 원	774,360,000
7층	168	215.1	350만 원	752,850,000
8층	168	215.1	400만 원	860,400,000
9층	168	215.2	400만 원	860,800,000
계	1,936	1,936		9,615,370,000

- 설계비　　　1,936(평)×60,000　　　　　　　=116,160,000
- 건축비　　　1,936(평)×1,600,000　　　　　=3,097,600,000
- 모텔 인테리어 시공비
　　　　　　16(객실)×9,000,000　　　　　　=144,000,000
- 각종 분담금　　　　　　　　　　　　　　　234,600,000
- 일반비용　　　　　　　　　　　　　　　　192,307,400
- 각종 세금　　　　　　　　　　　　　　　　112,481,600
- 기타 경비　　　　　　　　　　　　　　　　200,000,000

　　　　　❶ 소계　　　　　　　　　　　　4,097,149,000

- 토지 구입대금

　　　　　❷ 소계　　　　　　　　　　　　1,537,000,000

- 합계

　　　　　❶＋❷　　　　　　　　합계　5,634,149,000

- 이윤분석 (예상 분양가 − (❶＋❷))
　　　9,615,370,000−5,634,149,000　=3,981,221,000

땅을 되팔았을 경우보다 32억 원 정도 더 이익이 발생했고, 원가투입에 따른 이익 발생률은 약 70.6%이다.

■ 결론

위의 분석을 바탕으로 건물을 어느 정도 건축하는 것이 효과적인지 판단하고 자신의 특성에 맞게 시행하는 것이 유리하다.

	원가 투입액(원)	이익금액(원)	이익률(%)
땅을 되팔았을 경우	1,537,000,000	783,000,000	50.9
3층까지 건축했을 때	2,493,592,000	832,808,000	33.4
5층까지 건축했을 때	3,644,123,200	2,384,804,800	65
7층까지 건축했을 때	4,495,228,000	3,000,747,000	66.7
9층까지 건축했을 때	5,634,149,000	3,981,221,000	70.6

이상의 결과로 한국민 씨는 이익발생률이 높은 7층, 9층의 경우를 검토하다가 분양이 잘 될 것으로 판단하여 9층으로 결정했으며, 이익발생률은 토지 소유자의 능력을 검토하여 70% 전후가 가장 타당할 것으로 판단한다.

부동산학에서는 효율적인 규모를 층별로 공사비와 분양가를 검토하여 공사비보다 분양가가 높은 가격이 형성되는 한계시점으로 산정할 수 있으나 분양성이 최우선 고려사항이다.

사업성을 분석하는 요령

- 건축안은 설계사무소에 의뢰하면 된다.
- 분양가는 건축주가 직접 조사해야 한다.
- 사업성 검토는 위의 사항을 바탕으로 건축주가 직접 분석하여 결정한다.

자금계획 수립

건설사업은 일부의 돈만으로도 시행할 수 있다고 했는데 이러한 규모의 건축을 했을 경우 한국민 씨는 56억 원이라는 엄청난 돈이 필요하다.

어떤 사람은 사업계획을 짤 때 소요금액이 3억 원 정도 든다면 자기 자본이 2억 7,000만 원이 있어도 돈이 부족하다고 판단하여 시행을 못 하는 사람도 있고, 10분의 1밖에 없는 단돈 3,000만 원을 가지고도 시행하는 사람이 있다. 정주영 씨를 비롯한 사업가들은 후자 쪽에 속한다고 이야기할 수 있다.

우리는 56억 원이란 돈을 어떻게 구할 것이며, 어느 시기에 얼마만큼의 자금이 필요한지, 현 건설업계의 관행을 바탕으로 검토해볼 것이다.

1. 공사기간 산정

　자금이 풍부한 사람은 자금계획을 세우지 않아도 무방하겠지만 자금이 부족한 사람은 언제 어느 때 얼마만큼의 자금이 소요될지 파악하고 있어야만 공사를 원활히 진행할 수 있다.

　이 공사는 준공까지만 가면 성공할 것이고, 그렇지 못하고 자금이 부족하여 중단하게 된다면 알거지가 될 수 있으므로 밤잠을 안 자고 연구해야 하는 부분이다.

　상가의 경우 토질에 따라 공사기간이 다를 수 있다. 매립지역이나 암반지역이 아니면 보통 8층 이상의 경우 한 개 층당 1개월을 산정하면 별로 무리가 없다. 6층 이하의 건물은 한 개 층당 1개월＋여유 개월수 2개월 정도면 무방할 것이다. 철골구조일 경우는 1개월 정도 단축 가능하다. 1층 바닥면적(건평)이 큰 대형 건물은 기간이 더 소요될 수 있다.

　모델 건물은 지하 2층에 지상 9층이므로 총 11개 층을 기준으로, 공사기간을 예상하면 착공 후 11개월 정도 소요된다. 여기에 설계기간 2~3개월 정도를 더하면 14개월 정도 소요될 것이다.

　14개월 동안 정상적으로 공사가 진행된다면 공사 예상금액이 56억 원 정도 필요하다. 이 금액이 월별로 얼마나 필요한지 분석하고 자금을 어떻게 조달할 것인지 지금부터 연구할 것이다.

2. 월별 소요자금 분석

건설회사에서 월별 자금을 분석할 때는 공종표를 기준으로 산정하는데 일반인은 공종표를 작성할 수 없고 원가산정도 할 수 없다. 그러므로 우리는 약식으로 할 수 있는 방법을 연구해야 할 것이다.

이 책 내용 중에서 일반인들에게 가장 어려운 곳이 이 부분이지만 그래도 몇 번 읽어보면 충분히 이해할 수 있을 것이다.

- 지하 터파기 공사기간 : 1개 층당 1개월
- 골조공사 지하층일 때 : 1개 층당 20일
  지상층일 때 : 1개 층당 10일
- 여유일 : 터파기 공사＋골조공사의 총 일수＋여유일 20일

■ 공사기간 산정조건

모델 건물 공사의 골조공사 완료 예상일까지 기간은 다음과 같다.

- 지하 터파기 기간 : 지하 2개층×30일＝60일
- 지하 골조공사 기간 : 지하 2층×20일＝40일
- 지상 골조공사 기간 : 지상 9층×10일＝90일
- 여유일 : 20일

따라서 골조공사까지의 공사기간은 210일(7개월 정도 소요 예상)이다. 마무리 공사까지의 공사기간은 120일(4개월 정도 소요 예상)이고, 총 예상 공사기간은 330일(11개월 정도)이다.

위의 공사기간을 산정할 수 있어야 월별 자금계획을 세울 수 있다.

공종＼월차	-3	-2	-1	1	2	3	4	5	6	7	8	9	10	11
설계	■	■												
토목공사			■	■										
골조공사						■	■	■	■	■	■			
마무리 공사											■	■	■	■

■ 월별 소요 예상자금 산출

- 설계비 : 골조공사까지 설계비의 70%, 준공 후 30%
- 터파기 공사비 : 터파기 완료 후 2개월까지 100%
- 골조공사비 : 전체 공사비의 약 35%(가설공사＋철근 콘크리트 공사비)
- 분양경비는 분양시 발생하므로 일단 제외
- 부가가치세는 신고 후 환급 예정으로 일단 제외
- 공사비는 공종이 완료되어도 1~2개월 후에 지급하므로 이월 계산
- 일반 관리비는 미미하므로 일단 제외

자금계획을 잡기 위한 개략적인 내용이므로 정확성은 떨어지지만 자금계획을 수립하여 시행하는 데는 무리가 없을 것이다.

1) 설계비

설계비 지급은 계약시 10%, 건축허가시 30%, 골조완료시 30%, 준공 후 30% 정도 지불하는 것으로 산정한다. 따라서 -3개월차, -2개월차, 8개월차, 12개월차에 분산 산정할 수 있었다.

2) 터파기 공사비

터파기 공사는 공사 시작 후 1개월부터 기성이 발생하여 그 다음달부터 지급하는 것으로 산정한다. 따라서 공사비는 일반 토질 기준으로 평당 9만 원 정도로 산정할 수 있고, 2개월차 30%, 3개월차에 30%, 4개월차에 40%로 분산 산정할 수 있었다.

3) 골조공사비

건축공사비 총액의 약 35%로 산정하여 평당 55만 원을 공사원가로 산정한다. 3개월차부터 공사가 시작되므로 4개월차부터 9개월차까지 분산하여 일반 층은 1개월에 3개 층을 시공하는 것으로 산정하고, 지하층은 층당 골조 시공기간을 20일 정도로 계산하였다.

4) 마무리 공사비

총 건축공사비에서 터파기 공사금액과 골조공사비를 제외한 금액이 마무리 공사비이다. 보통 골조가 4층 정도 시작되면 마무리 공종의 작업이 시작되는데 상가의 경우 골조가 완료되는 시점부터 본격적으로 마무리 공종이 이루어진다.

기성금 지급은 본격적인 마무리가 시작되는 8개월차부터 발생한다. 9개월차부터 준공 후 2개월까지 총 5개월에 분산하여 자금이 집행되는 것으로 산정하면 된다.

5) 모텔 인테리어 공사비

인테리어 공사기간을 3개월로 산정하고 9개월차부터 시작하여 기성은 10개월차에 20%, 11개월차에 40%, 12개월차에 20%, 13개월차에 20%로 산정하였다.

6) 각종 분담금

각종 분담금은 분담금 납부 후에 공사가 진행되므로 준공 1개월 전 정도에 납부해야 준공까지 공사를 완료할 수 있다. 10개월차에 투입될 것으로 예상하여 산정한다.

7) 각종 세금

분양자에게 등기이전을 하려면 그 이전에 건축주 앞으로 보전등기까지는 완료되어야 등기이전이 가능하다. 따라서 여기에서 산정하는 세금은 보전등기까지 소요되는 금액을 준공시에 납부하는 것으로 계산하여 11개월차에 산정한다.

구분	공종별 총 소요금액	공사기간	월 소요금액	월 합계	투입률
설계기간	총 예상금액 116,160,000	−3개월차	계약금액의 10% 11,000,000	11,000,000	0.28%
		−2개월차	중도금 30% 35,000,000	35,000,000	0.9%
		−1개월차			
터파기공사	금융경비, 운영경비 200,000,000 1,936(평)× 90,000= 174,240,000	1개월차	금융경비, 운영경비 200,000,000	200,000,000	5.12%
		2개월차	터파기 공사비 30% 174,240,000×0.3 =52,000,000원	52,000,000	1.3%
골조공사	1,936(평) × 550,000 = 1,064,800,000	3개월차	터파기 공사비 30% =52,000,000	52,000,000	1.3%
		4개월차	지하 2층 골조공사비 192(평)×550,000 =105,600,000 터파기 공사비 40% =70,240,000원	175,840,000	4.5%
		5개월차	지하 1층 골조공사비 232(평)×550,000 =127,600,000	127,600,000	3.3%
		6개월차	1, 2, 3층 골조공사비 168(평)×3(개층)× 550,000 =277,200,000	277,200,000	7.1%
		7개월차	4, 5, 6층 골조공사비 168(평)×3(개층)× 550,000 =277,200,000	277,200,000	7.1%

구분	공종별 총 소요금액	공사기간	월 소요금액	월 합계	투입률
골조공사		8개월차	7, 8, 9층 골조공사비 168(평)×3(개층)× 550,000 =277,200,000원 설계비 미지급 30% 35,000,000원 골조 4층 정도 끝나면 마무리 공사가 투입되지만 골조공사비를 지불하므로 이때까지 마무리 공사금액은 계산하지 않아도 될 것임	312,200,000	8%
마무리공사	총 건축공사비 – 터파기 공사비 – 골조공사비= 1,858,560,000	9개월차	마무리 공사기간은 3개월인데, 공사완료 후 2개월을 더하여 총 5개월에 분산하여 집행할 것임 1,858,560,000/5(개월)=371,712,000	371,712,000	9.5%
	인테리어 공사비 144,000,000 각종 분담금 234,600,000	10개월차	마무리 공사비 371,712,000 인테리어 공사비 20% 144,000,000×0.2 =28,800,000 각종 분담금 234,600,000	635,112,000	16.3%
	각종 세금 112,481,600	11개월차	마무리 공사비 371,712,000 인테리어 공사비 40% 144,000,000×0.4 =57,600,000 각종 세금 112,481,600	541,793,600	14%

구분	공종별 총 소요금액	공사기간	월 소요금액	월 합계	투입률
마 무 리 공 사	준공 후 공사대금	12개월차	마무리 공사비 371,712,000 인테리어 공사비 20% 144,000,000×0.2 =28,800,000 설계공사비 35,160,000	435,672,000	11%
		13개월차	마무리 공사비 371,712,000 인테리어 공사비 20% 28,8000,000	400,512,000	10.3%
합계	3,904,841,600			3,904,841,600	100%

8) 금융경비 및 운영경비

3개월차부터 13개월차까지 일률적으로 나누어 분산시켜야 하지만 여기서는 1개월차에 모두 포함시켰다. 각자 사업계획을 짤 때 분산하여 계산해야 한다.

9) 자금투입 집계표

구분	개월차	투입 예상금액(원)	누계(원)
토지구입	−4개월차	1,537,000,000	1,537,000,000
설계	−3개월차	11,000,000	1,548,000,000
	−2개월차	35,000,000	1,583,000,000
	−1개월차	−	1,583,000,000
터파기	1개월차	200,000,000	1,783,000,000
	2개월차	52,000,000	1,835,000,000
골조공사	3개월차	52,000,000	1,887,000,000
	4개월차	175,840,000	2,062,840,000
	5개월차	127,600,000	2,190,440,000
	6개월차	277,200,000	2,467,640,000
	7개월차	277,200,000	2,744,840,000
	8개월차	312,200,000	3,057,040,000
마무리 공사	9개월차	371,712,000	3,428,752,000
	10개월차	635,112,000	4,063,864,000
	11개월차	541,793,600	4,605,657,600
	12개월차	435,672,000	5,041,329,600
	13개월차	400,512,000	5,441,841,600
합계			5,425,498,600

분양경비는 분양시에 발생하므로 제외됐음

3. 자금조달 계획

한국민 씨는 공사를 하는 데 분양경비를 제외하고도 54억 원
정도의 자금이 필요하다는 사실을 알고 자기 능력으로는 도저히
할 수 없다는 생각이 들었다. 그래서 어떠한 방법이 있는지 알아

보기로 하였다. 그 결과 각종 건설업 현황과 관례를 바탕으로 자본을 최소한 적게 들여 최대의 효과를 거둘 수 있는 방법을 연구하여 다음과 같은 방법을 찾아 시행하였다.

건설업계의 공사관행은 다음에 상세히 설명하기로 한다.

분양 예상률을 80% 정도로 파악했지만 그래도 분양이 안 됐을 경우를 대비하여 분양률을 10% 정도로 산정하여 자금조달 계획을 수립한다.

■ 토지구입비 조달방법

일반인들이 활용하는 대출을 이용하기로 하고 금융문의를 하였다. 대출은 보통 공시지가로 산정하는 방법과 감정가에 의해서 산정하는 방법, 실거래가에 의해 산정하는 방법이 있다.

이때 실거래가가 평당 800만 원 정도이므로 290(평)×800만 원은 23억 원 정도 된다. 감정가액은 실거래가의 약 80%인 18억 정도였는데 감정가의 60% 정도로 해서 11억 원 정도 대출받게 된다.

땅 구입비가 15억 4,000만 원 정도이므로 공동지주 7명이 7,000만 원씩 분담하여 4억 9,000만 원을 마련하고 여유분 5,000만 원 정도는 공사 완료까지 이자경비를 충당하는 것으로 계획하였다.

■ 공사비 충당방법(실현 가능한 가상의 조건임)

총 공사 예정금액은 설계비에 건축공사비를 합하여 32억 원 정도이다. 건설업의 관행을 연구한 결과 공사대금을 물건으로 주는 대물제도가 유통되고 있다는 사실을 알게 되었다. 대물공사비는 총 공사비의 50%까지 할 수 있다는 사실을 파악하고 16억 원 정도는 대물로 계획한다. 공사 외에 소요되는 금액은 분양이 10% 정도 된다고 보고 여기에서 충당하기로 한다.

나머지 16억 원은 현금이 있어야 하는데 지주들의 능력으로는 무리가 있었다. 따라서 이 금액을 조달하는 방법을 연구하던 차에 부동산 전문가 한 사람을 알게 되었다. 그가 8억 원 정도를 부담하여 이윤을 공유하게 된다.

그래서 결국 1, 2층 분양대금은 건축주가 이윤을 가져가고 3층부터 9층까지의 분양대금 가운데 공사비를 제외한 이윤을 건축주와 부동산 전문가가 나누어 가지는 조건으로 시행하기로 했다 (시중에서 심심치 않게 발생하는 사항이므로 대입해본다).

1, 2층의 이윤은 1, 2층 분양대금 약 37억 원에 토지값 15억 4,000만 원을 제외하면 21억 6,000만 원 정도이다. 3층에서 9층까지의 분양금이 59억 원 정도인데 토지구입비를 제외한 공사경비가 41억 원 정도이므로 이익은 18억 원 정도이다. 이것을 건축주와 부동산 전문가가 나누면 각각 9억 원 정도의 이익이 발생할 수 있다. 따라서 위의 조건으로 했을 경우 건축주의 이익이 약 30억 6,000만 원, 부동산 전문가의 이익이 9억 원 정도 된다.

건축주는 8억 원을 조달하기 위해 공동지주 7명이 각자 1억 2,000만 원씩 더 출자하여 8억 4,000만 원을 모금하고 여유분 4,000만 원은 예비자금으로 확보하기로 한다.

최종적으로 건축주 1인당 1억 9,000만 원을 출자하여 공사를 하게 되는데 각자 원금회수 후 약 4억 4,000만 원의 순이익을 기대할 수 있다. 부동산 전문가는 8억 원을 투자하여 원금회수 후 약 9억 원의 이익을 얻게 된다.

그런데 한국민 씨는 지금 당장 8억 원이 다 필요하지 않으므로 1차로 6,000만 원씩 총 4억 2,000만 원을 출자하고 부동산 전문가가 1차로 4억 2,000만 원을 부담하여 8억 4,000만 원으로 공사를 진행하고, 나머지 돈은 골조가 완료되는 시점에 2차로 출자하기로 한다.

공사진행 중 분양이 되면 분양금으로 공사비를 조달하기로 했는데 골조공사가 완료될 때까지 분양률이 50% 정도여서 8억 4,000만 원도 다 사용하지 못하고 공사를 완료한다.

결국 건축주는 1억 3,000만 원을 투자해서 원금회수 후 4억 3,700만 원을 벌고, 부동산 전문가는 4억 2,000만 원을 투자해서 원금회수 후 9억 원을 버는 결과가 된다. 건축주는 종자돈 1억 3,000만 원으로 순수 이윤 4억 3,700만 원을 번 결과인데, 이는 개발사업에서만 볼 수 있는 묘미이다.

물론 한국민 씨는 택지분양 초기에 공동사업으로 토지를 구입했기에 다른 경우보다 이익률이 높은 편이다. 다른 경우는 이보다는 이익률이 적을 테지만 그래도 사업성은 충분할 것이다.

인원수에 따른 수익비교(위의 예와 같이 시행할 때)

인원수 \ 이익금액	건축주 개인당 이익금액	부동산 전문가 이익금액	이익 총액
단독사업일 때	30억 6천만 원	9억 원	39억 6천만 원
3명이 했을 때	10억 2천만 원	9억 원	39억 6천만 원
5명이 했을 때	6억 1,200만 원	9억 원	39억 6천만 원
7명이 했을 때	4억 3,700만 원	9억 원	39억 6천만 원

모델 건물의 투자자별 이익분석

투자자	투자금액	이익금액
땅 소유자(지주 7명)	8억 4천만 원	30억 6천만 원
공동 투자자(공인중개사)	8억 원	9억 원
건설회사	16억 원(대물분)	공사이익 10%, 약 3억 5천만 원

4. 결론

공사비용은 어느 정도 정해져 있으므로 부동산 개발이익의 많고 적음은 땅을 얼마나 싸게 공급받느냐는 것과 그 지역의 분양가가 어느 정도 가격대로 형성되어 있느냐에 따라 결정된다.

아파트는 분양가를 정하여 공개 모집하지만 상가는 개개의 건물별로 분양가가 결정되므로 이익률이 천차만별로 나타난다.

위의 투자이익을 분석해보면 땅을 가진 자가 최고의 이익을 보장받고, 시공사의 경우 가장 많은 돈을 투자하고 고생하지만 이익률은 최소의 금액이 된다.

공사비를 현금으로 받으면 투자금 없이 이윤을 얻을 수 있겠지

만 우리나라의 건설 현실에 대물부분이 존재하는 것은 엄연한 사
실이다. 건설회사의 재무구조를 개선하기 위해서는 반드시 이 부
분이 현금으로 바뀌어야 할 것이다.

3장

장

개발사업은
어떻게 하는가

단독사업과 공동사업

1. 단독사업과 공동사업 비교

단독사업과 공동사업의 차이는 자금부족에서 발생하겠지만 크게 보면 성공할 확률은 높이고 세금을 절약하는 것이 목적이다.

■ 성공확률 향상

전국적으로 2000~2003년 사이에 많은 상업용 건물들이 공급되었다. 여러 유형으로 상업용 건물의 분양사업이 이루어졌지만 대표적인 방법으로는 개인 단독으로 시행한 경우와 여러 명이 모여서 시행한 경우, 건설회사가 시행한 경우가 대부분이다.

이 시기는 개인 서비스업의 부진으로 전국적으로 분양사업에 타격을 받았다. 영남지역의 예를 보면 공동사업이 개인사업보다 안전성에서 훨씬 앞선 것이 사실이다.

주택조합의 경우에는 일정 지역 주민이나 동일 직장 근로자 등 20인 이상으로 구성하여 가장 많은 수의 조합원이 거주하는 지역 또는 조합주택 건설 예정지를 관할하는 장 등의 인가를 받아야 했는데, 이것은 자본이 적은 사람들끼리 모여서 내집마련을 하는 서민형 주택보급 형태이다. 그러나 상가는 이러한 규정이나 절차가 필요하지 않다.

■ 세금 절약

다음에 나오는 각종 세금편에서 절세방안을 연구하겠으니, 여기서는 개인사업자와 공동사업자일 때의 세금차이만 기술하고 넘어갈 것이다.

1) 표준 사업소득 세율

소득	세율(%)	누진공제액(원)
1천만 원 미만일 때	9%	없음
1천만 원~4천만 원 미만	18%	900,000
4천만 원~8천만 원 미만	27%	4,500,000
8천만 원 이상일 때	36%	11,700,000

*그 시점의 세율을 적용한 것임. 2005년 세율이 조정됨.

2) 적용
① 단독사업일 때
위의 세율을 그대로 적용한다.

② 공동사업일 때

공동사업의 경우 두 가지 형태로 세율을 적용받는다.

• 특수관계일 때

특수관계란 배우자 직계존속 및 직계비속과 그 배우자, 형제자매 및 그 배우자를 말한다. 특수관계자로 공동사업자를 구성했을 경우에는 한 사람이 한 것과 같은 취급을 받아 단독사업 시행자와 같은 세율을 적용받는다.

• 특수관계자가 아닐 때

사업소득 총액을 구성원 명수로 나누어 사업소득액으로 보고 여기에 위의 세율을 적용받는다.

사업소득이 3억 원 발생했을 경우 소득세 적용

단독사업일 때

3억 × 0.36 − 11,700,000(누진공제액) = 96,300,000원

공동사업이지만 특수관계일 때(단독사업과 동일)

3억 × 0.36 − 11,700,000(누진공제액) = 96,300,000원

공동사업이지만 특수관계가 아닐 때

3억 / 7(명) = 42,857,143원

42,857,143 × 0.27 − 4,500,000(누진공제액) = 7,071,430원

따라서 7명이 납부하는 소득세금은

7,071,430 × 7(명) = 49,500,010원이 된다.

사업소득을 계산할 때는 연간을 기준으로 하므로 이 사업 이외의 사업을 개인이 시행하여 소득이 발생했을 경우에는 모든 이윤을 합한 금액이 소득 총액이 된다.

이 사업에서 3억 원의 소득이 발생하고 기존에 자신이 하던 사업에서 5,000만 원의 소득이 발생했다면 과세대상 금액은 3억 5,000만 원이 되고 이에 대한 세율이 적용된다.

특수관계일 경우에는 구성원 a, b, c, d, e, f, g 중에서 여러 사람이 개인사업을 하여 소득이 발생했을 경우 그 중 소득금액이 가장 많은 사람의 금액이 과세대상 금액이 된다.

예를 들어 다른 사업을 하여 a는 5,000만 원, b는 4,000만 원, c는 3,000만 원의 이익이 발생했을 때, 과세대상 금액은 3억 원 +5,000만 원 해서 3억 5,000만 원이 되고 이 금액에 해당하는 소득세율이 적용된다.

특수관계가 아닐 때는 각자 해당하는 금액을 납부해야 한다. a의 경우 자기 사업소득(5,000만 원)+이 사업의 이익(약 4,300만 원)을 합하여 9,300만 원에 해당하는 금액이 과세대상 금액이므로 여기에 해당하는 세율을 적용받는다.

소득세는 연말을 기준으로 다음해의 5월 말까지 납부한다.

2. 운영방법

공동사업자를 구성한다면 전문가들, 즉 건설, 분양, 세무, 법무

등에 종사하는 사람들이 유리할 것이다. 또한 대표자에게 어느 정도 권한을 부여하여 진행의 효율성을 기해야 한다.

대표자가 업무를 진행할 때 가장 많이 대두되는 현안은 업자선정에 관한 사항, 자금모금·집행에 관한 사항, 분양 임대사항 등이다.

■ 업자선정에 관한 사항

건설은 업자선정에서 시작하여 업자선정으로 끝난다. 따라서 대표자가 대표성을 가지고 업자를 선정할 수 있도록 권한을 부여해주는 것이 효율적이다.

■ 자금모금 및 집행에 관한 사항

자금을 언제 모금하여 언제 집행할 것인지 기록해야 하고, 모금한 자금이 공사 이외의 용도로 전용되는 것을 막아야 한다.

통장은 실명제로 인해 개개인이 개설하는 것이 원칙이다. 즉 공동 명의로 통장개설은 불가능하다. 필요하다면 대표자 통장에 개개인이 날인해서 집행하는 것도 한 가지 방법이지만, 이것도 개설자의 전행을 막는 완벽한 방법은 되지 못한다. 그렇지만 차선책은 될 것이다.

매번 인출할 때마다 개개인의 도장이 필요하다면 번거로우므로, 어미통장은 개개인이 날인할 수 있도록 하고 새끼통장을 개설하여 적은 금액은 대표자가 필요에 따라 인출하여 집행하면 될 것이다.

■ 분양·임대사항

어느 정도는 분양가를 정해놓고 시행하지만 분양계약을 할 때 가격조정은 필수이다. 어느 정도는 재량권이 있어야 가능하고, 계약자가 왔을 때 계약하지 못하면 그 사람과 계약할 확률이 떨어지는 것이 현실이다. 따라서 그때그때 모여서 회의할 수도 없으므로 어느 정도는 권한을 부여하는 것이 분양률을 높일 수 있을 것이다.

3. 공증

추후의 분쟁을 줄이기 위해 투자비율에 대한 지분관계, 구성원 탈퇴에 따른 위약관계, 대표자의 권한관계 등을 명시하여 공증을 하는 것이 유리하다. 공증하는 방법은 다음과 같다.

1) 공증기관

관할 법무법인에 서류를 가져가면 1시간 이내에 공증이 가능하다.

2) 공증에 필요한 구비서류

- 공증에 필요한 약정서
- 개개인의 인감증명, 신분증, 인감도장
- 대표성을 인정한다는 위임장 등

그밖에 필요한 서류를 가지고 개개인이 모두 법무법인에 가면 된다. 당사자가 못 갈 경우에는 못 가는 개인의 위임장을 지참한 대리인이 참석해도 될 것이다.

3) 공증수수료

공증내용 중에 금액이 표기되어 있을 경우는 금액의 대소에 따라 요율이 적용되며, 최대 100만 원을 넘지 않을 것이다. 금액이 없을 경우는 기본 수수료만 내면 된다.

4) 공증서류의 보관

각자 1부씩 보관하면 된다.

4. 사업자등록증 교부

사업을 하려면 가장 먼저 사업자등록증을 교부받아야 각종 자금집행에 따르는 증빙서류를 발급할 수 있다.

1) 발급기관

관할(시, 군, 구) 세무서

2) 구비서류

- 단독사업일 때 : 토지매입계약서 또는 등기부 등본
- 2인 이상 공동사업일 때 : 토지매입계약서 또는 등기부 등본, 공동사업 체결약정서

공동사업 체결약정서는 특징한 양식이 없고 구성원 서로가 공동으로 사업을 시행한다는 내용으로 만들되, 반드시 '지분관계'가 포함되어야 하고 서명 날인하면 무방하다.

3) 처리기간

신청일로부터 7일 이내 처리 가능

4) 사업자등록증의 종류

- 일반과세자로 등록 신청
- 사업의 종류 :
  -업태: 부동산
  -종목 : 건물신축, 판매, 임대

5) 미리 알고 가야 할 사항

- 상호, 대표자 성명(누구 외 몇 인으로 교부할 것)

- 대표자 주민등록번호
- 사업장 주소
- 대표자의 주소 등

5. 회계사무소 선정

회계사무소는 사업을 시작할 때 가장 우선적으로 정해서 필요할 때 자문을 받아야 한다. 회계사무소의 업무는 건축주가 거의 자료를 정리해주므로 복잡하지 않고 자금 입출금도 극히 단순하여 업무량이 매우 적다. 따라서 문제부분을 사전에 상담할 수 있도록 언제든지 미팅이 가능한 업체가 가장 좋다.

상가건물 회계 경험이 있는 업체가 타당하고, 각종 세금업무를 대행하는 조건으로 연간 400만 원 정도 지불하면 가능한 업체들이 있을 것이다. 잔여 분양분에 대해 연차적으로 진행될 때는 연차적으로 재계약해야 한다.

상업용 토지 선택방법

1. 상업용지에 대하여

다른 용지도 마찬가지지만 특히 상업용지는 위치의 영향을 많이 받는 대표적인 토지이다. 같은 상업지구 내의 토지를 소유해도 위치에 따라 수익성은 엄청나게 차이가 난다.

상업용지를 선택할 수 있는 길은 기존에 형성된 지역에 나대지로 있는 상업용지와 택지분양시 나오는 상업용지, 기존 상업건물을 재개발하는 방법 등으로 볼 수 있다.

■ 기존 형성 지역의 나대지

상업지가 형성되면 보통 2~3년 이내에 대부분의 건물이 들어선다. 몇 년 후에까지 나대지 상태로 있는 곳은 건축시기를 놓쳐서 건물을 지어도 별로 타당성이 없는 경우가 많다.

도시가 팽창되는 시기로 본다면 타당할 수 있으나, 인구증가나 산업증가가 정체되어 있다면 토지가격은 주변 가격으로 올라 있으므로 분양 등에 문제가 있어 개발을 늦추거나 보류한 경우가 대부분이다. 따라서 이 지역에 투자할 때는 사업성에 더욱 신중을 기해야 한다.

■ 낙후된 건물의 재개발

대도시 · 중소도시를 막론하고 1980년 전후로 건축되어 지금까지 허름하게 있는 저층 중심(3~4층 정도)의 건물들이 요지를 차지하고 있는 경우가 종종 있다. 이런 건물들을 매입해서 재개발하여 의외로 큰돈을 버는 경우가 많다.

00시 00대학 앞의 대지 600평 정도의 허름한 3층짜리 건물을 매입해서 지하 4층, 지상 7층의 연면적 7,000평 정도의 상업건물을 지었는데, 그 지역이 요지 중의 요지였다. 그 수익이 가히 아파트 500세대 정도 지어서 파는 이익과 견줄 만한 곳이었다.

누가 봐도 요지인데도 허름한 옛날 건물 그대로 있는 곳이 지방 중소도시에는 잘 찾아보면 많다.

인구 30만 명 정도인 진주시의 경우 고도제한에 묶여 시내 중심지역의 건물들이 저층 중심의 건물들로 형성되어 있고 시내를 대표하는 건물도 없다. 최근 조례의 개정으로 고도제한이 완화되어 투자가치가 있는 지점을 연구해볼 필요가 있다. 이런 곳은 기존 입점자가 있어 진행의 어려움과 초기 투자비는 많이 소요되지만 그만큼 수익을 극대화할 수 있다.

■ 택지개발지 내의 상업용지

개인들이 가장 접근하기 쉽고 안전성이 높은 지역은 택지개발지 내의 상업용지를 들 수 있다.

여기서는 먼저 상업용지에 대해 개략적으로 알아보고 상업용지로 공급된 도면을 예로 산정하여 투자에 가장 효율적인 땅이 어떤 곳인지 검토할 것이다. 택지개발 도중에 토지를 분양하므로 눈으로 실제 상황을 확인할 수 없고, 도면상으로 어디에 투자해야 할지 판단해야 하므로 미리 검토해봐야 한다.

상업용 토지에 대해서 개략적으로 알아보면 다음과 같다.

상업용지는 입주민의 생활을 지원하는 생활 편익시설 차원에서 공급하는 용지를 말한다. 상업용지는 위치 및 기능에 따라 중심상업용지, 일반상업용지, 근린상업용지, 유통상업용지, 준주거용지, 업무용지 등으로 구분될 수 있다.

상업용지는 대표적인 수익성 토지이고 근린생활시설, 문화집회시설, 판매영업시설, 교육연구시설, 업무시설, 숙박시설, 위락시설 등 소위 장사할 수 있는 시설은 거의 다 들어온다.

상업용지는 도시계획상 용도지역이 상업지역인 지역에 들어있는 토지지만, 준주거지역이나 일반주거지역에 있는 상업용지도 있을 수 있다. 준주거용지와 상업용지는 숙박, 위락시설, 영업시설 중 일부가 제한된다는 점에서 차이가 있고 나머지는 대동소 이하다고 보면 된다.

택지개발시 아파트와 단독주택지에 대비되는 상업성 토지의 공급규모는 통상 사업지구의 3~5% 정도로 설정하는 경우가 많다. 예를 들어 30만 평 규모의 사업지구에서는 세대당 원 단위가 40평 내외이므로 7,500세대 가량 입주하고, 상업용지의 비율을 3~5%의 중간 정도인 4% 정도로 계획한다면 1만 2,000평 정도 공급하게 된다. 즉 세대당 1.6평 정도가 상업용지로 공급되는 것이다.

세대당 원 단위란 1세대가 들어서는 데 필요한 택지의 면적을 말한다. 택지개발 업무지침에 따라 지역별로 차이가 난다. 만일 아파트 단지 내 상가건물을 분양받아 장사를 하고자 한다면 상가 규모가 너무 크지 않은 것이 유리할 것이다.

상업용지 공급비율의 예

사업지구	사업기간	상업용지 공급비율(%)
안양 평촌	1989. 08 ~ 1995. 12	3.7
성남 분당	1989. 08 ~ 1996. 12	8.5
용인 수지 1	1990. 12 ~ 1994. 12	4.0
수원 영통	1992. 12 ~ 1997. 12	5.0
용인 수지 2	1994. 12 ~ 2000 .06	2.6
기흥 갈구 2	1995. 11 ~ 2000. 12	2.3
수원 정자 2	1995. 12 ~ 2000. 12	1.0
수원 천천 2	1995. 12 ~ 2000. 12	2.1
용인 신봉	1998. 08 ~ 2003. 12	3.5
용인 동천	1998. 08 ~ 2003. 12	3.6
용인 죽전	1999. 12 ~ 2006. 12	6.8

예전에는 단지 내 상가 공급규모는 세대당 0.5평 정도가 유리하다고 했으나 근래에는 할인마트 등의 진출로 세대당 0.3평 정도가 좋다고 한다. 1,000세대 아파트 단지 내 상가라면 $1,000 \times 0.3 = 300$평, 즉 연면적 300평 이내의 건물이 적당하다고 한다.

용지 분양을 알 수 있는 관련 인터넷 사이트

- 토지개발공사　　　　http://www.iklc.co.kr
- 대한주택공사　　　　http://www.jugong.co.kr
- 지방자치단체 산하 개발공사

지 역	공 사 명	사이트 주소
서울특별시	SH공사	http://www.smdc.co.kr
광역시	광주광역시도시개발공사	http://www.gmcc.co.kr
	대구광역시도시개발공사	http://www.tudc.co.kr
	대전광역시도시개발공사	http://www.dcda.co.kr
	부산광역시도시개발공사	http://www.pudco.co.kr
	인천광역시도시개발공사	http://www.iudc.co.kr
강원도	강원도개발공사	http://www.gdco.co.kr
경기도	경기지방공사	http://www.klc.or.kr
경상남도	경상남도 개발공사	http://www.gndc.co.kr
경상북도	경북개발공사	http://www.gbdc.co.kr
전라북도	전북개발공사	http://www.cdc21.co.kr
제주도	제주도지방개발공사	http://www.jpdc.co.kr

2. 택지개발지의 사례 분석

택지를 분양하는 시기는 공사를 하는 도중이고 실제 토지를 세

부적으로 볼 수는 없으므로 개발계획 도면을 보고 적정 투자위치를 찾아야 한다.

156페이지에 제시하는 택지개발 도면은 설명을 위해 설정한 것으로, 현실적으로는 불가능할 수 있지만 각각의 개별용지를 복합적으로 구성하여 이해를 돕기 위한 자료로 보면 된다.

■ 평가수준

전문가들이 부동산을 평가하는 방법으로는 비교방식, 원가방식, 수익방식, 노선가식 평가법, 총임료 승수분석법 등을 활용한다.

평가자의 전문지식 정도에 따라 부동산 이용자나 거래당사자가 평가하는 대중적인 지식수준인 1차 수준의 평가와, 부동산 관련 업무 종사자, 즉 공인중개사 · 주택업자 · 금융기관 등이 평가하는 2차 수준의 평가, 전문가 · 감정평가사 등이 평가하는 3차 수준의 평가방식으로 볼 수 있는데, 여기서는 1, 2차 수준의 평가 정도로 분석하고자 한다.

주요 요인으로는 주거지역은 쾌적성과 편리성을, 상업지역은 수익성과 고객 접근성을, 공업지역은 수익성 즉 비용의 저렴성과 생산성을, 농업지역은 농업의 생산성을, 임야의 경우에는 임업의 생산성을 고려해야 한다.

상업용 택지를 예로 산정하고 있으므로 여기서는 상업지역의 수익성과 고객의 접근성을 바탕으로 검토할 것이다.

아파트 1500세대
아파트 정문
횡단보도
8차선
진입로
Ⓐ 도로
아파트 정문
Ⓐ 도로
① 지역
Ⓑ
자전거
전용도로
Ⓓ
기
Ⓒ
Ⓕ
Ⓖ
하천
Ⓙ
Ⓗ
Ⓘ
주차장
용지
아파트 6000세대
진입로
2차선
Ⓘ 도로
② 지역
2차선
Ⓜ
Ⓗ 도로
Ⓚ
도로
4차선
Ⓚ
Ⓛ
현대화된 재래시장
2차선
Ⓝ
Ⓟ
존
Ⓖ 도로
Ⓒ
하천
Ⓙ 도로
진입로
Ⓕ 도로
주차장
용지
Ⓡ
Ⓢ
Ⓑ 도로
Ⓔ 도로
짜투리땅
Ⓠ
Ⓤ
자전거
전용도로
Ⓣ
아파트 후문
형
성
4차선
③ 지역
Ⓓ 도로
진입로
Ⓦ
Ⓨ
Ⓩ
200M
Ⓥ
주택지
주차장
용지
Ⓧ
④ 지역
시
B-1
하천
가
A-1
E-1
F-1
지
C-1
50M
D-1
점포주택
용지
Ⓒ 도로
학교정문
아파트 500세대
학교

■ 개발 전의 사항

개발 전 시행청은 경제적 · 환경적 · 기술적 · 법률적 · 지역적인 사항을 고려하여 개발한다. 여러 개발지역 중에서 어디를 선택하여 투자할 것인지는 각자가 지역분석을 통해서 타당한 지역을 선정해야 한다.

예로 제시된 택지개발지는 지역적인 분석이 끝나고 가장 타당한 위치를 선정했다는 가정하에 개발계획도를 보고 어느 곳을 선택하는 것이 유리한지에 초점을 맞춘다.

주변 입지조건

도시의 정중심지에 위치하는데, 다른 지역은 개발되었지만 이 지역만 늦게 개발되어 개발 후 일반상업용지로 분양하게 된다. 인근 위치에 대규모의 일반상업지역이 기존에 형성되었고 추가로 일반상업 용도로 분양한 경우이다.

인근 주변 조건으로는 북쪽으로 1,500세대 정도의 아파트가 있고, 동쪽으로는 이 도시에서 가장 큰 아파트 단지로 약 6,000세대가 있으며, 생활 정도는 중상 이상의 거주민들이다.

남쪽으로는 500세대 정도의 아파트가 있는데 담으로 구획되어 있어 직접 상권으로 들어올 수는 없고 둘러서 들어와야 하는 환경이고, 이 옆에 초등학교가 있다. 반경 2km 이내에 관공서와 각종 국영기업체, 금융권, 백화점 등이 밀집된 여건이다.

따라서 주변 거주민들의 이용과 도시 전역에서 고객을 흡입할 수 있는 흡입력을 보유한 지역이다.

■ 중심지 예측방법

토지는 위치의 영향을 많이 받지만 그 중에서도 상업용지는 더욱 중요하다. 택지 중에서도 중심이 어디가 될 것인지 검토하여 투자의 효율성을 찾아야 한다. 비전문가가 간단하게 보는 방법으로는 단위필지의 크기별로 보는 방법, 도로교통 여건으로 보는 방법, 용지의 용도에 따라 보는 방법, 토지 분양가격으로 파악하는 방법이 있을 수 있다.

1) 필지 크기에 따른 분류

필지가 큰 곳은 건물을 크고 높게 지을 수 있다. 대형 건물들이 밀집되어 있는 곳이 중심가가 될 확률이 높다.

도면상으로 보면 필지 F, G, H, I(가 지역으로 칭함) 등과 T, U, W, Y(나 지역으로 칭함) 블록이 대상이다.

가 지역은 주변 도로가 2차선인데 도로의 사선제한 등으로 나 지역보다 높이의 제한을 받을 수 있다. 나 지역은 4차선 도로로 보다 높은 건물군을 형성할 것이다. 결국 필지의 크기로 본다면 ②지역과 ③지역 중에서 중심지가 형성될 것이다.

필지의 크기로 본다면 ③지역이 1차 중심지가 될 것이고 ②지역이 2차 중심지가 될 것이라 예측해볼 수 있다. ② 지역이 1차 중심지가 되지 못하는 이유는 기존에 3층짜리 현대화된 재래시장이 있다는 조건도 들 수 있다.

이는 밤 중심의 유흥지역에 밤에는 불이 꺼지는 재래시장의 특수성이 고객 유입의 집중도를 저해한다는 이유에서이다. 즉 상업시설은 네온사인이 휘황찬란한 곳에 집중된다.

2) 도로여건에 따른 분류

Ⓐ 도로는 도시 전체의 중심도로이고 북측 아파트와 동측 아파트 주민들의 주도로이다. Ⓑ 도로는 Ⓐ 도로의 지선으로 차량이동이 주이고 고객들이 걸어다니는 길로서의 활용도는 낮은 편이다.

단지 내 중심지는 진입도로와 진입도로가 만나는 교차지점을 중심으로 구분하되 큰 도로와 큰 도로가 만나는 지점, 그 다음으로는 큰 도로와 작은 도로가 만나는 지점, 작은 도로와 작은 도로가 만나는 지점 등의 순으로 형성된다.

단지 내로 이동하는 도로는 Ⓓ 도로와 Ⓙ 도로, Ⓘ 도로로 볼 수 있다.

도로조건으로 볼 때 단지 내 중심지는 Ⓐ 도로와 Ⓙ 도로가 교차하는 ① 지역과 Ⓙ 도로와 Ⓘ 도로가 교차하는 ② 지역, Ⓓ 도로와 Ⓙ 도로가 교차하는 ③ 지역이 인구 집중지로 파악할 수 있다. Ⓖ 도로 등은 Ⓓ, Ⓙ, Ⓘ 도로를 통해야 진입할 수 있으므로 집중도가 상대적으로 낮게 형성될 것이다. ② 지역의 Ⓘ 도로는 2차선 도로로 단지 진입을 위한 도로이며 끝이 막혀 있는 도로이다. ③ 지역의 Ⓓ 도로는 4차선으로 사방에서 단지 진입 및 이동의 중심도로로 이용될 것이다.

따라서 도로조건으로 본다면 ③ 지역이 ② 지역보다 중심이 될 가능성이 많다.

Ⓑ 도로 주변 필지는 도로상으로 보면 중심이 되어야 하지만, 도로기능이 차량의 이동용으로 되어 있고 반대편의 기존 상권과 사람의 이동요소가 미미하여 중심지로 형성되기가 어렵다.

3) 개별 용지의 용도에 따른 분류

이 지역은 모든 필지가 일반상업용지로 구성되어 있는데 특별한 필지에 백화점이나 관공서 등 인구를 집중할 수 있는 요소가 없는 필지들이다.

현대화된 재래시장은 주변 대형 백화점, 할인마트 등의 영향으로 인구유입을 극대화시키지 못하는 것으로 파악된다. 따라서 상가 용도 이외의 특별한 용도는 없으므로 개별 용지의 특성에 의한 고객의 흡입력이 절대적인 용지는 없는 것으로 본다.

4) 토지 분양가격으로 보는 방법

택지를 개발하여 토지를 분양할 때 상업용지는 개별 필지마다 예정가격이 다르다. 이는 시행자가 어디가 중심지이고 토지가치가 있는지를 분석하여 기초가격을 산정하기 때문이다. 이 기초가격은 위에서 파악한 필지 크기의 분류, 도로여건에 의한 분류를 크게 벗어나지 않는다. 결국 분양가격이 비싼 필지들이 모여 있는 곳이 중심지가 될 것이다.

■ 투자위치 선정

상업지의 특성상 같은 지구 내에 위치하지만 필지별로 가격이 다양하고 건물을 지어서 분양임대를 할 때 장사가 잘 될 수 있는 곳인가에 따라 선호도가 달라진다.

결론적으로 보면 어떤 필지는 고생하지 않아도 장사가 잘 되고, 어떤 필지는 아무리 노력해도 그보다는 못하다. 이것은 입지조건 때문에 생기는 문제이다.

장소가 좋으면 즉 유동인구가 많은 필지라면 건물을 잘 짓지 못해도 분양임대가 잘 될 것이고, 유동인구가 적은 지역이라면 많은 노력이 뒤따라야 한다. 따라서 위치가 좋으면 건물을 지어서 분양해도 잘 될 것이고 토지 매매차익도 많이 발생할 것이다.

1) 일반 주민들을 대상으로 한 근린생활권

근린생활시설은 주민들을 위한 생활 지원시설로 학원, 편의점, 의원, 약국 등 생활에 필요한 시설로 구성될 것이다.

인근 주민 6,000세대, 1,500세대 등의 주민, 여성, 어린이 등이 주로 이용하는 ① 지역이 최우선 지역이다. ① 지역 중에서도 A-5, 6, 7, B-1, 2, 3, D-5, 6, E-1, 2 정도가 좋을 것이고, ③ 지역의 도로변 건물들이 해당될 것이다.

2) 중심지에 가까운 지역

유흥을 위한 상업시설은 ③ 지역과 ② 지역이 우선대상이고,

이 지역과 멀어질수록 생각해야 하는 변수가 많다. 도로를 기준으로 토지에 투자할 때 도로의 중요도는 가격의 체감법칙에 따라 평가받을 수 있다.

이 도면은 택지지구로 도로 등이 구비되어 있어 적용하기는 어렵지만 그래도 중심지로부터 멀어지면 가격은 내려갈 것이다. 즉 Ⓓ 도로 주변 필지와 Ⓔ 도로 주변 필지, Ⓕ 도로 주변 필지와 Ⓖ 도로 주변 필지가 순차적으로 가격이 형성된다. 중심지와 전후 좌우로 가까운 쪽으로 투자하는 것이 효율적이다.

3) 각지

상업시설에서 각지는 실패할 확률이 매우 적고 매매도 가장 잘 이루어지는 곳이다. 각지 중에서도 유동인구의 이동선상에 있는 곳이 비교적 좋다. 도면으로 본다면 Ⓙ 도로 선상의 각지들이 Ⓚ 도로 선상의 각지보다 좋다.

Ⓙ 도로 선상에서 중심 예측지 ③ 지역에서 가까운 U-8, U-1, S-12, S-1, O-8, O-1 순으로 선호할 것이며, 각지가 아닌 필지들은 중심 예측지 ③ 지역에서 가까운 U-7, U-2, S-11, S-2, O-7, O-2 순으로 볼 수 있다.

4) 분석

군산시의 00지구 상업용지 분양가는 높은 곳이 400만 원, 낮은 곳은 300만 원 정도로 차이가 25% 정도로 그리 크지 않다. 분양 받을 때는 분양가격의 차이가 별로 크지 않지만 만일 건물을 지

어서 판다면 건물 분양가는 전체적으로 볼 때 매우 큰 차이를 나
타낸다.

U-8필지와 O-8의 각지를 분석하면 토지 분양가는 10% 정도
차이가 나지만 건축 후 1층 분양가를 따진다면 30% 이상의 차이
가 난다.

건축에 소요되는 금액은 같다고 가정한다면 순수 이윤에서는
40% 이상의 차액이 발생할 것이다. 단순 건물 분양가만으로도
차이가 나지만 그보다 더 중요한 문제인 건물이 분양되는가, 되
지 않는가를 따져본다면 사업의 성패와도 직결될 수 있는 중요한
사안이다.

성공도를 예측해본다면 1차로 ③ 지역, ② 지역, ① 지역의 각
지들이 우선이고, 2차로는 Ⓙ 도로 선상의 각지가 그 다음이고, 3
차로는 그 외의 각지들이며, 4차는 예상 중심지에서부터 가까운
필지의 순으로 나타났다. 그러므로 상가는 토지 분양가를 고려하
지 말고 사업성을 고려하여 요지를 선택해야 할 것이다.

5) 학교 정화구역과 기타 변수들

교육환경을 보호하기 위해 학교 주변에는 일정 거리 내의 영업
을 규제하는데 이것이 학교 정화구역이다.

- 학교보건법 시행령 제5조 1항의 규정에 의하여 교육감이 학
  교 정화구역을 지정할 때는 절대 정화구역과 상대 정화구역
  으로 구분한다. 절대 정화구역은 학교 정문으로부터 50m까

지로 하고 상대 정화구역으로는 학교 경계선으로부터 200m (절대 정화구역 제외한 지역)까지로 한다.

- 학교 정화구역 내에서는 지역용도 등에 관계없이 업종제한을 받는다. 이 부분을 고려하여 토지를 구입하고 사업성을 검토해야 한다.
- 제한업종은 대체로 다음과 같다.
  노래연습장, 유흥단란주점, 게임제공업, PC방, 무도장, 무도학원, 호텔, 여관, 여인숙, 극장, 증기탕, 비디오 감상실, 도축장, 화장장, 폐기물 수집장소, 가스제조 및 저장소, 전염병원 등의 업종은 제약을 받을 수 있다.

한정화 씨는 어렵게 상업지구의 택지를 분양받아 상가를 지었는데 분양임대를 받고자 하는 사람들은 많았지만, 그들이 하고자 하는 업종이 정화구역의 제한대상 업종이 많아 다른 건물에 비해 분양임대율이 현저히 저하된 경우이다.

사실 상업지역에서 위의 업종을 제외하면 대상업종이 그리 많지 않다. 기타 변수로는 건물은 건물숲을 이루어야 가격이 올라간다. 건물숲을 형성한다는 것은 집중도를 최대화시키는 것이다.

많은 전문가들이 ③ 지역이 최고라고 예측했지만 실제로는 ② 지역 정도로 발전한다.

이는 T-4, 5, R-2, Y-1 지역이 분양 후 용도가 변경되어 건물을 지을 수 없는 용도로 변경되었고, 이 땅들이 비어 있으므로 최고의 상권을 형성하지 못하고 상권이 분산된 것이다.

따라서 건물은 모여 있어야 장사가 잘 될 수 있고 장사는 곧 지가와 연결된다. 주변 필지들이 건물을 지을 수 없는 용도라면 고심해봐야 한다.

■ 기타 돈 되는 토지들

1) 주차장 용지

택지개발 촉진법에 의해 개발된 주차장 용지는 상세계획상 별도의 용도제한을 두지 않은 경우 주차장법에 의한 노외주차장(동법 제2조 제5항 2호의 규정에 의한 주차전용 건축물을 포함)을 설치할 수 있다. 주차전용 건축물로서 노외주차장인 경우 주차장 시행령 제1조의 규정에 의거해 주차장 외의 용도로 사용되는 부분이 근린생활시설, 자동차 관련 시설, 근린공공시설, 업무시설, 운동시설, 전시시설, 판매시설, 또는 관람집회시설인 경우에는 연면적의 30% 이내에서 사용할 수 있다.

주차용지는 다른 용지에 비해 약간 혜택을 받을 수 있어 건폐율과 용적률을 중심상업지 정도로 적용받는다. 건폐율 90% 이하, 용적률 1,500% 이하, 높이 규정도 일반건물은 접한 도로로부터 1.5배의 규정을 받지만 3배까지 허용되는 경우도 있다.

용지 공급가액도 상업용지 가액의 1/3~1/4 정도로 저렴하게 공급한다. 주차용지 분양은 다소 경쟁이 치열한 편이다.

2) 점포형 주택지

주거지역에 근린상가로 활용하는 경우가 많아 지자체에서는 기존 정상적인 영업자들과의 형평성에서 고민하는 경우가 많다. 이 부분을 활성화하고자 근래에는 용어에도 없는 점포형 주택지를 만들어 공급하고 있다.

자치단체의 조례로 1종 근린생활시설을 할 수 있도록 규정하고 있는데, 설치규모는 보통 지하층, 지상 1층에 한하여 허용하는 경우가 많다. 상층은 주택으로 활용하고 1층은 상가로 운영하면 수익성이 높다.

단독택지 등은 등기 이전에 전매가 금지되지만 점포형 주택지는 등기 이전에 1회에 한해서 전매를 허용하는 경우가 많다. 점포형 주택지는 단독택지보다 가격이 비싸지만 투자가치가 있어 경쟁률이 매우 치열하며 전문 투자자들이 노리는 투자처이다.

3) 자투리땅

자투리땅은 부득이하게 조금씩 발생하는데 가격이 저렴하고 경쟁률도 그리 높지 않다. 그림은 실제 없는 땅을 자투리땅을 설명하기 위해 삽입한 것이다.

인근 분양가의 1/3 이하가 대부분이고 도면의 경우 P-9와 자투리땅을 한 필지로 공급한다면 가격을 제대로 못 받으므로 부득이 분리하여 P-9의 가격은 제대로 받고 자투리땅은 싸게 분양하는 것이다.

김소심 씨는 돈도 부족하고 투자여건이 여의치 않아 시청에 가

서 미분양 자투리땅을 파악해 일반주거지역의 자투리땅을 수의
계약으로 분양받았다. 그는 이곳에 원룸을 지어 분양해 임대수익
을 얻고 있다.

예전에는 건축이 비효율적이었지만 근래에는 건축공법과 건축
재료 및 건설기술의 발달로 활용가치가 있는 곳도 종종 있다.

자투리땅은 별도로 모아 토지공사 등에서 한 번씩 일괄 분양공
고를 하므로 토지공사 홈페이지를 주시하면 분양받을 수 있을 것
이다.

4) 현대화된 재래식 시장

재래식 시장 개선사업으로 현대화 시장을 만들어 시행하는 경
우가 종종 있다. 이곳의 입주민들은 대부분 기존 상인들로 구성
되는데 할인마트 등의 출현으로 제대로 활성화되지 않는 경우가
많다.

생필품은 대형 할인점에 밀리고 의류 등의 소비는 백화점에 밀
리기에 경쟁력이 없다. 1996년 이후 시행한 재래시장 현대화 사
업이 제대로 정착한 곳은 영남권을 대상으로 볼 때 거의 없다.

이 부분에 투자하고자 하는 사람들은 심각하게 고려해봐야 하
는 사항이다.

5) 야외 숙박시설(러브모텔)

러브모텔은 위치만 잘 잡으면 사업이 된다고들 한다. 김일박
씨에 의하면 예전에는 특정인들만 러브모텔을 찾았지만, 2000년

이후로는 사업성이 있다는 이유로 찾는 사람들의 연령도 낮아지고 특정 계층이 아닌 보통 사람들도 찾는 대중화된 형태로 수요가 나타난다고 한다.

위의 도면에는 해당되지 않지만 많은 사람들이 러브모텔에 관심이 많으므로 파악해보자.

모텔 전문가인 김일박 씨는 러브모텔을 계획할 때 다음과 같은 사항 3가지를 최우선으로 고려한다.

① 입지적 조건

• 관광지 주변에 위치할 것

연인들이 만나서 드라이브하면서 볼거리를 제공하는 관광지 주위를 최우선으로 고려한다. 전국적인 관광지이면 더욱 좋을 것이고, 그렇지 않다면 근교 도시민들이 찾을 수 있는 지방 관광지 정도는 되어야 유동인원이 있을 것이다(울산 정자, 울산 석남사 주변, 기장 대변, 고성 당항포 등이 해당됨).

• 도심에서 반경 1시간 정도의 위치

대체로 도시에서 1시간 이내에 위치해야 왕복 2시간, 먹을거리 소요시간 1시간 내외, 기타 소요시간 2시간 내외 총 5시간 내외에 있어야 고객들이 이용하기에 편리하다.

• 먹을거리가 있는 곳

먹을거리가 있으면 고객 이용을 증가시킬 수 있다. 보통 관광지 주변에는 먹을거리가 발달되어 있다. 외진 곳은 그런 부분이 적다. 일례로 김숙박 씨는 모텔을 하면 돈을 번다는 이야기를 듣고 거주지 주변 위치에 모텔을 지어 사업을 하게 되었다.

하지만 인구 2만 명 정도의 군지역으로 군민은 거의 농업을 생업으로 하며 주변에 관광지도 없고, 인근 도시와의 거리도 비교적 긴 편이었으며 먹을거리도 별로 없는 도로변에 위치한 모텔은 투자한 만큼의 수익을 올리지 못했다. 게다가 팔려고 해도 매매가 이루어지지 않아 고심하는 중이다. 이는 입지조건을 고려하지 않아 발생한 문제이다.

• 가시거리 확보

모텔 이용자들은 프라이버시를 중요하게 생각하므로 도로변에 있는 것보다는 도로에서 시각적으로는 보이지만 조금 떨어진 곳을 비교적 선호한다. 상업용 업종인 음식점 등은 도로에 가깝고 접근하기 편한 곳이 우선이지만 러브모텔은 특성상 이와 배치되는 경향이 있다.

② **구조적 조건**

내부계획에서도 이용자 프라이버시를 최우선으로 고려하여 가능하다면 주차방법과 내부동선 계획시 이용자 상호간의 시선을 차단할 수 있는 구조를 우선적으로 고려한다.

카운터와도 마주치지 않는 무인 시스템을 고객들이 선호하며, 주 출입구도 정면보다는 측면 또는 후방 배치형이 양호하다.

③ **숙박시설은 어떤 지역에 지을 수 있나**

야외로 나가보면 논 비슷한 곳에도 모텔이 있고 산 비슷한 곳에도 모텔이 있는데 아무 곳에나 모텔을 지을 수 있나?

숙박시설은 도심지에는 상업지역(중심, 근린, 일반, 유통상업지역), 그 외의 지역으로는 준공업지역, 자연녹지지역, 계획관리지역에 건축이 가능할 것이다.

이 지역 내 모든 토지에 지을 수 있는 것이 아니고 지목이 '대'로 되어 있는 곳에 건축이 가능하다. '대'가 아닌 지목에 건축하고자 한다면 지목변경을 위한 형질변경을 해야 하는데 자치단체의 허가를 받아야 하므로 비교적 어렵게 진행되는 경우가 많고 다소의 노력이 필요할 수 있다.

건축허가는 기속행위이기에 법의 위반사항이 없으면 허가를 해주는 것이 원칙이지만, 예외적으로 위락시설이나 숙박시설의 경우에는 주거환경과 교육환경 등 주변 환경을 감안하여 부적합하다고 인정하는 경우에는 건축위원회의 심의를 거쳐 허가를 아니할 수 있다.

김허가 씨는 유명 사찰 주변의 자연녹지지역에 모텔을 건축하기 위해 형질변경을 하고자 했으나 허가를 얻지 못했다. 하지만 그후 그 지역에 전국체전이 열릴 때 신청하여 허가를 받고 현재 성업 중이다. 이처럼 전국적인 행사가 열리면 숙박시설 확보를 위해 한시적으로 규제가 풀릴 수도 있다.

3. 어떤 토지에 어떤 건물을 지을 수 있나

어떤 토지에 어떤 용도의 건물을 지을 수 있는지 살펴보면 다음과 같다.

■ 단독주택을 지을 수 있는 지역

단독주택은 유통상업지역, 전용공업지역에서는 건축이 금지되고 나머지 용도지역에서는 건축이 가능하다.

■ 아파트를 지을 수 있는 지역

아파트는 2종 전용주거지역, 2종 일반주거지역, 3종 일반주거지역, 준주거지역, 중심상업지역, 일반상업지역, 근린상업지역, 준공업지역에서 가능하다.

■ 상업용 건물을 지을 수 있는 지역

중심상업지역, 일반상업지역, 근린상업지역, 유통상업지역, 준주거지역, 준공업지역.

기타 일부 근린생활시설을 지을 수 있는 용도(1종 근린생활시설)로는 1종 전용주거지역, 2종 전용주거지역, 1종 일반주거지역, 2종 일반주거지역, 3종 일반주거지역, 전용공업지역, 보전녹지지역, 생산녹지지역, 자연녹지지역, 보전관리지역, 생산관리지역, 계획관리지역, 농림지역, 자연환경 보전지역 등인데, 면적 · 업종 · 조례 등의 영향을 받고, 지목변경을 위한 형질변경도 해야 하는 곳이 있으므로 세부적인 검토가 필요하다.

■ 숙박시설을 지을 수 있는 지역

중심상업지역, 일반상업지역, 근린상업지역, 유통상업지역, 자연녹지지역, 계획관리지역 등.

4. 알고 있으면 좋은 상식

■ 난개발의 문제점

예전에는 준도시지역, 준농림지역에 개발하여 나홀로 아파트 등을 지을 수 있었지만, 현재는 이 지역이 관리지역으로 편입되어 관리지역의 세분화 이전에는 될 수 있으면 개발을 세분화할 때까지 유보하도록 유도하고 있다.

세분화되어도 민간이 개발할 때는 일정 규모 이상으로 제한하고, 2종 지구 단위계획을 의무적으로 수립한 후에 하도록 하고 있다. 이는 무분별한 난개발을 막고 개발할 때도 생활기반시설을 갖춘 형태로 개발을 유도하는 것이다.

면적을 30만㎡(9만 평) 이상으로 하는데 보통 9만 평 정도이면 아파트를 2,500세대 정도 지을 수 있다. 아파트 2,500세대이면 초등학교를 지어야 하는 규모에 해당된다.

2,500세대를 근린주구로 보고 근린주구당 초등학교 1개, 2개의 근린주구에 중학교 1개, 2~3개의 근린주구에 고등학교 1개 등을 적절히 배합해야 한다. 이런 기반시설을 갖추고 개발할 수 있도록 하고 있기에 요즘은 나홀로 아파트를 지을 수 없다. 도시외 지역에서 몇 천 평의 토지에 아파트를 지을 수 있는 매물이 있다고 소개한다면 일단 의심해봐야 한다.

행정구역이 승격되면 주변 토지가격이 상승한다는데, 즉 군이 시로 승격되는 지역은 전체의 지가를 상승시킬 수 있어 적정 투자처라고 한다. 이는 시 정도는 되어야 도시관리계획 수립이 용이하고, 도시관리계획은 도시의 장기 발전계획이기 때문이다.

■ 다른 도시에 가서 그 지역의 지가구성을 아는 방법

먼저 그 도시의 지가를 주거지역을 기준으로 보면 예측 가능할 것이다.

주거지역을 100이라고 할 때 다음과 같다.
- 상업지역의 토지가는 주거지역의 3~4배 정도 예측 가능
- 공업지역의 토지가는 주거지역의 30~40% 정도 예측 가능
- 준공업지역의 토지가는 주거지역의 70~80% 정도 예측 가능

- 녹지지역의 토지가는 주거지역의 20~30% 정도 예측 가능
  -자연녹지지역일 경우에는 30% 정도 예측 가능
  -생산녹지일 경우에는 20% 정도 예측 가능

농촌지역일 때 관리지역을 100으로 본다면 다음과 같다.
- 계획관리지역은 150~200% 정도 예측 가능
- 생산관리지역은 70~80% 정도 예측 가능
- 보전관리지역은 50~70% 정도 예측 가능
- 농림지역은 관리지역의 40~50% 예측 가능
- 자연환경 보전지역은 관리지역의 30~40% 예측 가능

■ 알박기란 무엇인가

알박기라는 용어가 뉴스매체에 오르는 경우가 있다. 알박기란 아파트 등 대규모 토지를 매입할 때 지주 한 사람이 소유한 일부의 땅을 팔지 않고 가격을 최대한 올리는 것을 말한다. 건물을 지으려면 이 토지를 반드시 매입해야 하므로 건설회사들은 매우 비싼 가격에 매입할 수밖에 없어 골머리를 앓는다.

한 건설회사는 사업을 빨리 해야 하므로 하는 수 없이 비싼 가격에 매입하고 공사착공 후 알박기의 부당성을 법원에 소송하여 주위의 이목을 집중시켰다. 그런데 2심 법원의 판결이 비록 시가 4억 5,000만 원짜리를 45억 원에 팔았지만 개인이 아니고 건설회사에 팔았기에 이상 없다고 판결한 예도 있다.

고객이 선호하는 설계

설계는 구조기능미를 바탕으로 무에서 유를 창조하는 것이므로 건축사 개인의 성향과 예술성에 따라 각양각색의 형태로 나타난다. 이왕이면 사업성과 예술성을 구비한 완벽한 설계를 하는 것이 좋지만 상업용 건물은 상업성을 최우선에 두어야 한다.

상가의 위치선정은 사업의 성패를 좌우하고, 설계의 잘못은 두고두고 입주자들과 방문고객들로부터 많은 불평을 받게 된다.

여기에서는 설계를 할 때 어떤 사항을 고려해야 하는지 단계별로 검토해보기로 한다. 설계, 시공, 설계변경, 준공 등에 소요되는 서류를 나열했으니 참고로 알아두면 좋다.

1. 계획설계

우리는 앞에서 사업성을 분석했다. 이때 기초가 된 것이 설계사무소에 의뢰해서 계획설계안을 받아 이것을 기초로 검토한 것이다.

계획설계를 의뢰할 때는 설계사무소 한 군데에만 의뢰하는 것보다 두세 군데에 의뢰하여 각 업체당 두세 개의 안을 제출받고 복수의 계획안 가운데 가장 효율적인 것을 선택하여 설계하는 것이 좋다.

2. 설계사무소 선정

■ 기본계획서 비교

여러 개의 기본계획서를 바탕으로 최적의 계획서를 제출한 업체가 우선 고려대상이 될 것이다. 기본계획서를 제출할 때 자기 설계사무소의 현황을 알 수 있는 자료도 동시에 제출받아 비교 분석할 수 있어야 한다. 보통의 업체들은 '지명원'이라 하여 자기 설계사무소를 선전하는 책자를 구비하고 있다. 여기에는 회사의 연혁, 인원현황, 과거 실적, 기타 사항 등이 수록되어 있다.

건축은 각종 인허가를 받아야 하므로 관할 지방자치단체에서 인허가를 받는다. 건축 도중 수시로 관할 관청과 협의사항이 발생하고 현장파악도 수시로 해야 하며, 설계문제가 발생했을 때 시공사와 언제든지 협의를 해야 하므로 가능하다면 먼 지역의 업체보다는 가까운 지역의 업체가 운영상 편리할 것이다.

■ 적정 설계비 산정

대한건축사협회에서는 표준설계비 산정기준을 만들어 시행하고 있으나, 시중에서 적용되는 예는 별로 없고 시장경제 원리에 의해 결정되고 있다. 설계비는 업체에 따라, 지역에 따라 천차만별이며 건축주의 재량권이 크다.

지방 중소도시를 기준으로 실제 거래되고 있는 금액을 보면 적게는 평당 3만 원에서 많게는 평당 10만 원 정도로 편차가 크다.

상가건축의 경우 건물규모, 특성, 지역, 업체에 따라 변동요인이 있지만 이런 규모(1,936평) 정도는 설계감리비를 포함하여 평당 6만 원 정도면 업체도 대체로 만족할 것이고, 건축주도 큰 불만이 없을 것이다. 단 부가가치세는 별도로 한다.

한국민 씨는 1,936(평)×60,000=116,160,000원에 계약하고 시행한다.

상가 부분은 반드시 부가가치세가 발생하는데 설계비를 결정할 때 부가가치세 포함인지 별도인지 꼭 명시해야 한다. 일반인들은 이 부분을 잘 몰라 나중에 마찰이 발생하는 경우가 많으므로 꼼꼼하게 확인해야 한다.

■ 계약서 작성

계약을 할 때 설계사무소에서는 건축사협회에서 사용하는 양식을 사용하는데 여기에는 설계명, 설계기간, 대지위치, 용도, 구

조, 연면적, 설계금액, 설계비 지불방법, 설계조건, 특약사항 등
이 기록된다. 위의 사항을 기록하여 쌍방 날인하고 1부씩 보관한
다. 주요 내용은 다음과 같다.

1) 설계기간

설계기간은 착공 이전까지로 하되 감리는 준공까지로 한다.

2) 설계비

설계금액을 기록하고 부가가치세 포함인지 제외인지 여부를
기록한다.

3) 설계비 지불방법

설계비 지불방법은 양측이 협의하여 결정하되, 보통은 다음과
같다.

- 계약할 때 : 선급금 10%
- 착공신고할 때 : 60%
- 골조공사 완료할 때 : 15%
- 사용승인 후 : 15%

계약할 때 건축주는 계약이행 보증서를 요구하고 선급금을 지
급할 때는 선급금 이행보증을 요구해야 나중에 계약 불이행이나
선금지불에 대한 안전성을 확보할 수 있다.

각종 보증서는 협회에 가입된 업체의 경우 협회와 관련된 곳에서 발행할 수 있다. 그렇지 못한 경우에는 시중 보증기관에서 발행할 수 있는데 시중 보증기관은 수수료가 조금 비싸다.

4) 특약사항

표준계약서에 명기되지 않은 사항이나 공사의 특성에 따라 건축주가 합리적인 진행을 위해 기록할 수 있다. 문제가 있을 수 있는 사항은 미리 기록해두는 것이 좋고, 특약사항은 일반사항보다 우선할 수 있다. 보통 많이 기록하는 사항을 정리해보자.

① 지질조사

지질조사를 설계 전에 할 수 있도록 명기하여 지질조사 결과를 바탕으로 설계할 수 있도록 한다. 대부분 지질조사를 하고 설계를 하는데 간혹 이 단계가 생략되어 나중에 설계가 변경되거나 건축 후 부실로 이어지는 경우도 나타날 수 있다.

일례로 몇 년 전에 준공한 지 1년도 안 된 건물이 기우뚱하여 철거했다는 것을 뉴스를 통해 볼 수 있었는데, 이런 경우가 대부분 지질조사를 하지 않고 설계한 경우에 해당할 것이다.

지질조사 미비로 토목공사시 설계변경이 이루어진다면 변경금액이 상당히 든다. 이때는 보통 건축주가 추가부분을 전액 부담하게 되므로 처음부터 알고 했을 때보다 부담액이 커질 수 있다. 그러므로 지질조사를 설계 전에 할 수 있도록 명기한다.

② 대지경계 측량

보통 설계를 하고 착공할 때 시공사가 대지경계 측량을 시행하여 시공을 하는데, 설계도상의 대지면적과 실제 대지면적이 다른 경우가 많다. 설계 후 이런 점이 발견되면 설계를 다시 하든지 보완해야 하는 경우가 발생하므로, 설계 전에 대지경계 측량을 하여 측량결과서를 바탕으로 설계하면 설계변경도 줄일 수 있고, 여기에 소요되는 공기 지연도 예방할 수 있다.

이때 발생하는 설계변경도 금액이 대체로 크다. 따라서 계약서를 작성할 때 이 부분을 명기하여 시행하는 것이 현명할 것이다.

토지대장의 지적도는 보통 1/500, 1/600, 1/1,000, 1/1,200 등의 축척으로 되어 있으므로 최근에 구획된 대지는 오차가 작을 수 있지만, 옛날에 작성된 대지들은 연필선 두께에 따라 대부분 오차가 발생할 수 있다.

경계측량은 관할 관청 지적과에 신청하면 신청 후 1주일 이내에 실행하는 것이 보통이다. 건축주가 입회하는 것이 좋지만 그렇지 못하면 설계사무소에서 입회하도록 하여 경계표시점을 정확히 표시해 시공자에게 인계하면 재측량하는 경우를 줄일 수 있다.

측량 종료 후 1주일 이내에 측량성과표를 교부하므로 이것을 바탕으로 설계하면 무방할 것이다.

③ 설계의 범위

전 공종의 설계를 비롯해 기본계획에서 각종 인허가, 설계변경, 준공에 이르기까지의 내용을 다 포함시킨다. 설계를 변경할 때 건축사들은 설계변경비를 추가로 요구하는 경우가 있으므로 이를 잘 조절할 수 있어야 한다.

설계도는 토목도면, 건축도면, 전기·소방도면, 설비·통신도면, 기타 건축에 필요한 전체 도면으로 하고 구조계산서, 시방서, 예정 공사금액 산정내역서, 조감도, 기타 등으로 구성할 수 있다.

이 가운데 예정 공사금액 산정내역서는 특기사항에 들어 있지 않으면 추가금액을 요구하는 경우가 있으므로 반드시 포함시킨다. 공사금액을 산정할 때 이것을 기초로 검토할 텐데 보통 시중보다 20% 정도 비싸게 산정되는 경우가 많다. 그러나 물량 등을 파악하는 데는 도움이 된다.

④ 감리의 범위

감리는 건축법 시행령 제19조에 의거해 바닥면적의 합계가 5,000m² 이상인 건축물, 연속된 층이 5개 층 이상으로 바닥면적의 합계가 3,000m² 이상인 건축공사, 아파트 건축공사 등은 감리요원을 현장에 상주시켜 상주감리를 하도록 하고 있다.

⑤ 현장관리 관계

상주감리가 현장관리를 할 수 있으나 설계 등의 문제와 각 공종간의 상호보완 등의 문제가 발생할 때 업무를 협의할 수 있는 전담 기술자를 선정하여 진행하면 효율적이다. 따라서 담당자를 선정할 수 있는 조항을 삽입하는 것이 좋다.

위의 사항이 설계할 때 가장 많이 발생하는 문제이므로 특약사

항에 포함시키고, 기타 사항은 공사 특성에 맞게 첨가하는 것이
타당할 것으로 생각된다.

3. 기본설계

기본설계는 각 공종이 완결된 설계가 아니고 건축허가를 얻기
위해 작성한 도면이므로 이를 바탕으로 실시설계가 이루어진다.
여기서는 건축허가시 필요한 사항을 검토하고, 상가 입점자들
이 영업을 하는 데 가장 불만족스러워하는 부분을 꼭 검토하고
넘어간다. 불만족스러운 요소들이 모든 경우에 해당된다고는 할
수 없지만 공통적으로 일어나는 문제이므로 한 번쯤 검토해보는
것이 분양 사업자들에게 유리할 것이다. 다음의 내용을 좀더 주
의 깊게 살펴보자.

■ 건축허가 기준

일정 규모 이상의 건축물은 환경영향평가, 교통영향평가, 지구
단위 심의, 건축허가 심의, 건축허가 등의 과정을 거친다.
허가권자는 원칙적으로 시장·구청장·군수지만 대형 건축물
즉 21층 이상의 건축물이나 연면적 합계가 10만㎡ 이상일 때는
특별시장·광역시장의 허가를 받아야 하고 도지사의 사전승인을
받는다.

시장·군수의 사전승인 요청을 받은 도지사는 50일 이내에 승인 여부를 통보해야 한다.

■ 건축허가시 구비서류

- 건축허가 신청서
- 건축도면
- 배수설비 신청서
- 정화조 신청서
- 도로점용 신청서

1) 건축허가 신청서

건축허가 신청서에는 건축주의 인적사항, 즉 성명, 주민등록번호, 주소 등이 기재되고 설계자의 인적사항이 기록된다. 건축사항으로는 대지의 조건, 전체 면적 개요, 관련 법규의 검토사항 등이 기록된다.

2) 건축도면

기본계획시 작성된 건축도면, 즉 배치도, 각층 평면도, 입면도, 단면도 등.

3) 배수설비 신청서

요즘은 환경문제가 크게 부각되므로 요구하는 경우가 많다.

4) 정화조 신청서

정화조 신청서는 하수종말 처리장이 설치되지 않은 도시에서
는 작성하지만, 하수종말 처리장이 설치된 지방자치단체에서는
시의 지시대로 하면 된다. 보통 준공시 하수분담금을 납부하는
조건으로 대신한다.

5) 도로점용 신청서

도심지 공사의 경우 공사자재 등을 적재해야 할 공간이 부족하
게 마련이라 해당 지방자치단체에서는 건축주의 요구에 의해 도
로를 일부 사용할 수 있도록 승인을 해준다. 사용할 수 있는 면적
은 조례의 규정에 의해 정해지며, 준공 후 복구해야 하고 사용료
도 납부해야 한다.

보통 이때까지 시공자가 선정되어 있으면 시공자가 사용료를
부담하지만 그렇지 못할 경우에는 건축주가 부담하는 경우도 있
다. 도로점용은 민원이 발생할 소지가 있고 관할 관청의 수시 점
검도 있을 수 있으므로 미리 신청하는 것이 유리하다.

단 토지를 담보로 대출한 경우에는 관할 관청에서 대출기관의
토지사용 승낙서를 요구하는 경우가 있을 수 있다. 이럴 때는 해
당 대출기관에 가서 승낙서를 요구하면 발급받을 수 있다.

지주가 여러 명일 때는 지주들의 토지사용 승낙서도 요구할 수
있으므로 토지 소유자들 개개인의 승낙서를 받아 제출하면 된다.
기타 토지대장, 토지이용 계획확인원, 지적도, 등기부 등본 등이
필요하다.

■ 건축허가 통지

해당 자치단체는 건축허가 신청서를 접수하면 관련 법규에 의거해 이상 유무를 확인한 후 이상이 없을 때는 보통 1주일 내에 건축주에게 허가통지하고, 문제점이 발생할 경우 보완 또는 반려 통보한다.

허가통지시 관련되는 공과금을 납부받는다. 공과금의 종류는 다음과 같다.

- 건축허가 관련 면허세 : 인구 50만 명 이상 시·자치구는 4만 5,000원, 기타 시 지역은 3만 원, 군 지역은 1만 8,000원
- 국민주택채권 매입 필증
- 건축물 사용승인까지의 원인자 부담금
- 도로점용 사용료
- 지역개발 공채
- 개발행위 허가 관련 면허세
- 기타

위의 금액은 자치단체에 따라 다르고, 항목이나 납부시기도 다를 수 있다.

<table>
<tr><td colspan="2" align="center">국민주택채권 금액 산정방법</td></tr>
<tr><td colspan="2">국가 및 지방자치단체의 장이 면허, 허가 또는 인가를 하거나 등기 또는 등록을 하게 하는 경우와 국가 및 지방자치단체 또는 정부 투자기관이 건설공사의 도급계약을 체결할 때는 제1종 국민주택 채권을 매입하도록 하고 있다. 일정 규모 이상 건축허가시 국민주택채권 소화 기준에 의해 국민주택채권을 매입해야 하는데, 용도별 연면적에 대한 요율은 다음과 같다(주거전용 이외의 건물 기준).</td></tr>
</table>

구　분	요율
극장, 영화관, 식품위생법에 의한 유흥주점, 단란주점 공중위생법에 의한 유기장 및 특수 목욕탕용 건축물	4,000원/㎡
기타 철근 철골조 건축물	1,300원/㎡
연화조 및 석조 건축물	1,000원/㎡
시멘트벽돌 및 블록조 건축물	600원/㎡
관광진흥법의 적용을 받는 관광 숙박시설	500원/㎡

모델 건물 전체를 근린생활시설로 허가받는다면 철근 콘크리트 구조일 경우 연면적 1,936(평)×3.3058×1,300원＝8,320,037원이 된다.

모델 건물은 근린생활시설과 위락시설, 모텔 등이 있으므로 각 부분의 면적에 각 부분의 단가를 대입해서 총액을 산정하면 사업계획서를 작성하는 데 무리가 없을 것이다.

건축허가를 받은 후 1년 이내에 착공해야 하고, 그렇지 못한 경우 착공연기원을 접수하여 한 번에 한하여 1년까지 연장할 수 있다. 합계 2년을 초과할 수 없고, 초과했을 경우에는 그때의 법규를 적용받아 재허가 신청을 해야 한다.

■ 상가 입점자들이 가장 불만족스러워하는 설계요인

기본설계와 실시설계는 동시에 이루어진다. 실시설계는 기본설계를 바탕으로 전 공종의 설계가 병행된다. 따라서 시간이 많이 걸리므로 기본설계로 건축허가를 받고 실시설계는 착공시 착공신고서에 첨부한다.

상가를 분양하면 분양할 때는 입점자들이 모르지만 입주할 때는 건물의 형태를 알 수 있다. 이때 장사에 방해되는 요인들이 나타나고 불만을 터뜨리게 된다.

영업이 잘 되어야 건물이 활성화되고 건물이 활성화되어야 건물의 재산가치가 향상된다. 따라서 불만사항을 사전에 예방할 수 있으면 도움이 될 것이다. 입점자들의 의견이 꼭 맞는다고 할 수는 없지만 가장 많이 대두되는 요인만 여기서 거론하겠다. 채택 여부는 건축주들이 판단하면 된다.

1) 각층 층고 관계

사무실 용도를 제외하고는 업종에 따라 각양각색의 인테리어를 한다. 그런데 층고가 낮다면 인테리어에 지장을 초래하고 공간이 폐쇄된 듯한 느낌이 든다.

각종 제한규정에 해당되지 않는다면 가급적 층고는 3.5m를 초과하는 것이 좋다. 3.5m 이상일 경우에는 다양하게 공간을 구성할 수 있지만 그 이하일 경우에는 공간구성에 제약을 받을 수 있다. 3.3m 이하일 경우에는 많은 불만이 나온다. 분양자들이 분양상담을 할 때 가장 많이 묻는 부분도 층고가 어느 정도인지이다.

또한 1층은 분양가격이 높고 다양한 업종이 들어올 수 있으므로 충분한 층고가 확보되는 것이 좋다. 최소 3.8m 정도는 되어야 불만을 해소할 수 있다.

예를 들어 고도제한을 받아 9층짜리 건물에 일률적으로 각 층당 층고를 3.4m로 설계한 건물과, 모텔방 등 층고가 낮아도 무방한 층의 층고를 줄이고 1층을 비롯해 높은 층고가 필요한 층은 층고를 높여서 효율적인 설계를 한 경우가 있는데, 전자의 경우 1층 분양에 항상 제약이 있었다.

간단한 문제지만 이런 경우가 허다하게 발생하므로 건축주는 층고 관계를 사전에 반드시 점검해야 한다.

2) 1층 바닥 높이와 도로 바닥 높이의 관계

일반 사옥이나 관공서의 경우에는 〈그림 A〉와 같이 도로면과 건물 1층 바닥면이 몇 계단을 둘 정도로 차이가 나는 것이 보통이다.

그러나 상업용 건물은 차이가 별로 나지 않는 유형의 건물을

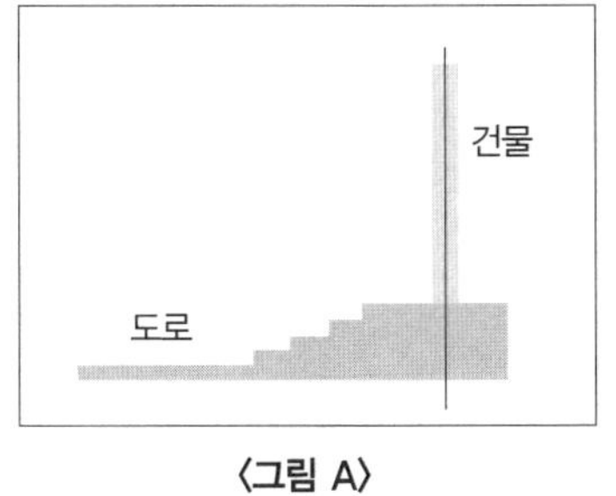

〈그림 A〉

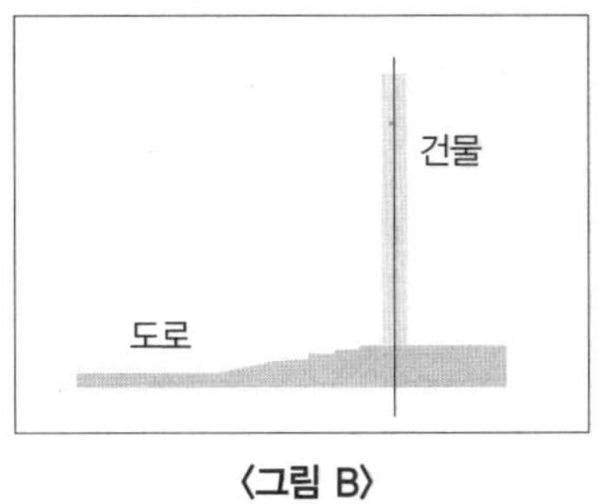

〈그림 B〉

선호한다. 〈그림 A〉와 같이 계단이 있으면 건물의 접근성이 떨어져 영업에 좋지 않은 영향을 미치고 분양성도 현저히 떨어지는 것이 사실이다.

될 수 있으면 〈그림 B〉와 같이 단을 없애고 비가 들어오지 않을 정도로 설계하는 것을 입점자들은 선호한다.

높이 차이가 많이 나는 원인은 설계가 그렇게 되었거나, 시공 시 건물 1층 바닥 높이 선정이 잘못되었거나, 경사지일 경우에 나타날 수 있는데, 이러한 문제는 기술적으로 충분히 보완할 수 있다.

3) 1층 조경 관계

법적으로 조경을 해야 하는 면적이 있는데 될 수 있으면 뒷면이나 측면 혹은 옥상으로 이동하고, 지상 전면 조경은 최소화하는 것이 유리하다. 옥상 조경면적은 2/3까지 법적 조경면적으로 인정받을 수 있으나 법적 조경면적의 1/2을 초과하지 못한다.

예를 들어 설명해보겠다.

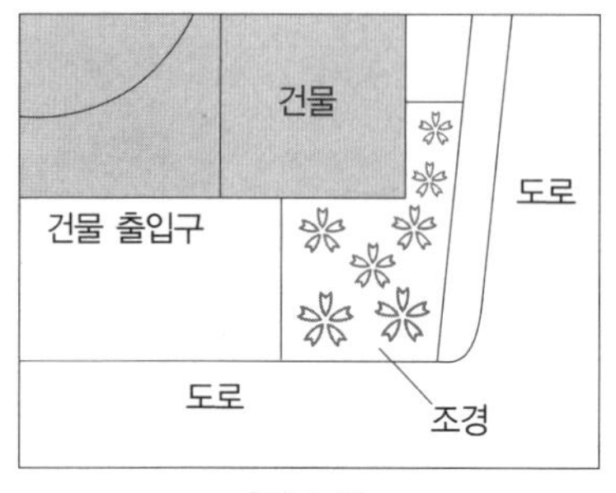

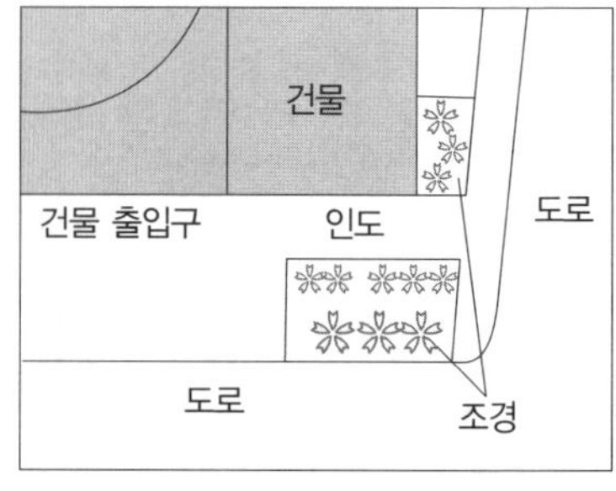

<그림 C>　　　　　　　　　<그림 D>

　법적으로 필요한 조경면적이 100이라면 옥상 조경면적을 90으로 했을 때 2/3까지 적용받아 60이지만 법적 조경면적 1/2을 초과하지 못하므로 50까지 옥상 조경면적으로 인정받고 지상 조경을 50으로 해야 한다.

　전면 조경이 꼭 필요할 때라도 〈그림 C〉와 같이 고객의 동선을 차단하여 둘러가게 한다면 영업에 영향을 받을 수 있다. 따라서 고객의 동선을 차단하지 않고 언제든지 주 출입구로 이동할 수 있는 〈그림 D〉와 같은 설계를 입점자들은 선호한다.

　산의 오솔길도 조경면적에 포함될 수 있다. 따라서 꼭 동선을 차단할 경우에는 오솔길 원리를 이용하여 동선을 확보해도 오솔길 면적은 조경면적에 포함되므로 설계사무소와 협의하면 좋은 방법이 나올 수 있다.

　조경은 설치 후 철거를 못 하도록 조경 높이를 70cm 이상으로 해야 하고 수시로 점검하므로 철거도 용이하지 않다.

　전면 조경수는 작고 아담하고 예쁜 것으로 하는 것이 유리하다. 만일 조경수가 커서 1층 상가를 가린다면 입주자의 불만을 살 수 있다. 법이 허용한다면 1m 이내의 소형 나무를 식수하는 것이 좋을 것이다.

4) 건물이 다른 건물보다 들어간 설계(후방배치형)

상가는 남의 눈에 잘 보여야 하는데 건물을 옆에서 보았을 때 다른 건물보다 들어가게 〈그림 E〉와 같이 건축되었다면 간판도 안 보이고 건물을 찾기가 힘들어 장사에 불리할 것이다. 이 점은 입점자들에게 불만의 소지가 될 수 있다.

각지에 위치한 건물은 무방하겠지만 건물과 건물 중간에 위치한 건물이 들어가 있다면 〈그림 F〉와 같은 설계를 입점자들은 선호한다.

건물의 위치선정은 주차와 조경 등의 영향을 받을 수 있으므로 기술적으로 충분히 극복할 수 있다.

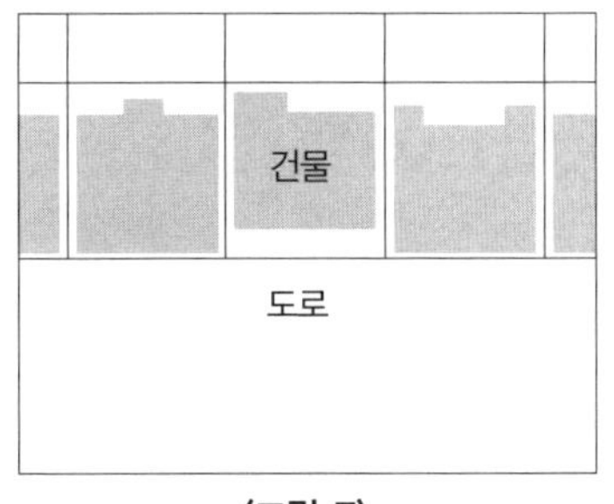

〈그림 E〉

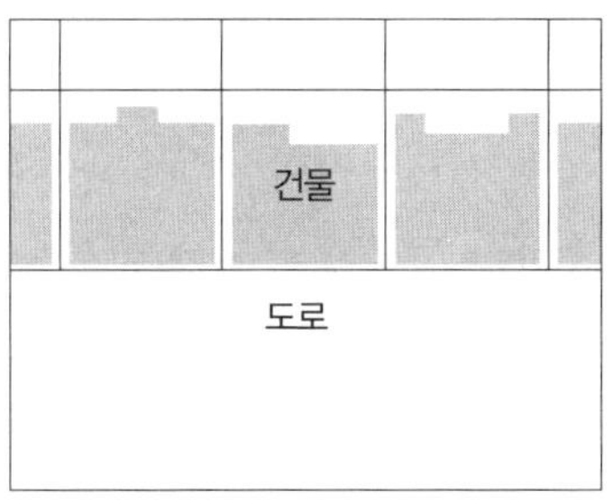

〈그림 F〉

5) 주차문제

주차는 법적 주차대수를 충족해야 하는데 크게 자주식 주차와 기계식 주차로 나눌 수 있다.

자주식 주차는 운전자가 주차장에 바로 진입할 수 있는 평범한 방식으로 입점자들이 가장 선호한다. 그러나 자주식 주차를 하기 위해서는 지하의 층수를 늘리든지 해서 법적 주차대수를 확보해야 한다. 이는 공사비가 늘어날 수 있고 공사기간이 길어질 수도 있으며 건물의 전용률이 낮아진다. 그러나 입주 후 주차 관리요원이나 운영경비가 필요하지 않아 관리비를 적게 낼 수 있고 고객의 접근성이 좋아 영업에 직접적인 영향을 미친다.

기계식 주차는 건물의 전용률을 높일 수 있고 지하 층수를 줄일 수 있지만, 관리요원이 필요하고 고객이 이용을 꺼려한다.

따라서 필자의 의견을 피력한다면 지반의 문제가 없는 한 자주식 주차가 분양에 유리할 것이다.

6) 1층 셔터설치 관계

옛날에는 1층에 점포마다 방범셔터를 설치한 경우가 많았지만 근래에는 설치하지 않는 경우가 더 많다. 하지만 입주자들이 요구하는 경우에는 설치해야 할 것이다.

셔터를 설치할 경우 설치하는 공간이 필요한데 이 부분은 실제 영업에 사용하지 못하는 부분이다. 분양평수에는 영향이 없으나 입점자의 경우 비싼 분양을 받고 50~70cm의 공간을 사용하지 못하므로 불만이 많을 수 있다.

따라서 1층 면적을 그대로 사용하면서 셔터를 설치할 수 있는 방법을 연구해야 한다. 이는 설계사무소에 문의하면 충분히 기술적으로 가능하다.

7) 1층 주 출입구 접근성 관계

어떤 건물을 찾아갔는데 건물은 찾았지만 주 출입구가 어디인지 몰라 헤맨 경험이 누구나 있을 것이다.

건물의 어느 방향에서도 주 출입구를 쉽게 찾을 수 있는 구조를 입점자들은 원한다. 그렇지 못한 경우에는 입점 후 주 출입구를 눈에 띄게 하기 위해 보완하는 경우를 여러 번 보았다. 이 문제도 설계할 때 미리 고려하면 분양에 유리할 것이다.

특히 각지의 건물은 양 방향에서 고객이 들어올 수 있도록 한다면 분양할 때 유리하고 상층 입점자들이 효과를 톡톡히 볼 수 있다.

8) 간판의 위치선정 관계

상가의 경우 간판이 영업의 생명이다. 크게 건물 입간판과 호실별 간판을 설치한다. 건물 입간판은 건축주가 하는 것이 보통이며, 고객들이 가장 잘 볼 수 있는 곳이 좋다. 임의대로 설치하여 나중에 이동하는 경우도 많이 볼 수 있다.

개별 호실 간판은 분양할 때 위치와 크기를 합리적으로 결정하여 명기하는 것이 좋다. 그렇지 않으면 입점자들끼리 서로 좋은 위치에 눈에 잘 띄게 하려고 분쟁이 많이 발생한다. 간판은 사전에 계획하여 이런 분쟁을 줄일 필요가 있다.

9) 호실별 계량기 미설치 관계

계량기는 수도 계량기와 전기 계량기, 도시가스 계량기 등이 있을 수 있다. 도시가스 계량기와 전기 계량기는 호실별로 많이 하므로 문제가 덜 발생하지만, 수도 계량기는 간혹 층별로 설치하여 공동 분배하는 경우가 있다.

이럴 경우 수도 사용료가 업종에 따라 차이가 나서 분쟁이 발생할 수 있으므로, 공사할 때 계량기를 설치해주는 것이 분양에 유리하다.

10) 기타

다음은 입점자들이 입점요소로 가장 많이 고려하는 사항을 00 지역의 입점자를 대상으로 설문조사한 결과이다.

① 위치의 선호도

입점 후 장사가 잘 될 것인지에 영향을 받는 위치를 제1순위로 꼽았다.

② 구조

장사가 잘 될 수 있는 접근상의 구조가 그 다음이다. 그 중에서도 도로에서 건물로 진입하는 주 출입구의 효율성을 꼽았다.

③ 건물의 외관

외관이 영업에 미치는 영향은 크게 대두되지 않았지만 외관의 재료를 유리로 하는 것을 선호했고, 유리의 종류는 반사형 유리보다는 약간의 색이 가미된 미반사 유리를 선호했다.

건물의 형태는 각형보다는 곡면이 가미된 것을, 곡면도 작은 것보다는 큰 유형을 선호했다. 옥상에 장식 조형이 있는 건물을 선호하는 것도 알 수 있었다. 이는 건물이 눈에 쉽게 띄는 역할을 하기 때문이다.

> **Point**
>
> • 허가시 교부받는 부담금은 건축주가 납입한다.
> • 입주자 불만사항은 건축주가 검토한 후 설계시 반영할 것인지 여부를 결정한다.

4. 실시설계

편의상 기본설계, 실시설계를 나누었으나 보통 동시에 진행된다. 기본설계 내용으로 건축허가를 받고, 모든 도면이 완료된 실시설계로 착공한다.

실시설계는 보통 다음과 같이 진행된다.

■ 도면 구성

- 토목도면
- 전기도면
- 통신도면
- 구조계산서
- 내역서
- 기타

- 건축도면
- 소방도면
- 설비도면
- 시방서
- 조감도

■ 설계방법

모든 구색을 갖추고 설계를 완료하는 대형 설계회사도 있지만, 대부분의 설계사무소는 건축 이외의 부분은 기본설계를 기준으로 해서 각 공종별(토목, 전기, 소방, 통신, 설비구조)로 평당 얼마씩 정하여 공종 전문 설계회사에 외주를 준다. 설계사무소는 각 도면을 납품받아 이것을 취합하여 건축주에게 완성된 설계서를 납품한다.

이때 한 업체라도 납품시기를 못 맞추면 착공지연이 발생하고, 각 공종별로 서로 일치하지 않을 때는 나중에 설계변경이 일어나기도 한다. 그러므로 건축주는 설계사무소에 각 공종별로 일치성을 확인하도록 지시해야 할 것이다.

실시설계 도면을 기준으로 시공회사를 선정할 때 견적을 받는데 이런 부분이 발생하여 추가비용이 발생한다면 시공사는 건축주에게 추가 공사금액을 요구하게 된다. 이때는 보통 건축주가 전액 부담할 수밖에 없다.

따라서 건축주는 도면 상호간의 일치성을 유지할 수 있도록 직접 지휘 감독해야 한다.

■ 호실 분할과 분양면적 산정

보통은 설계사무소에서 건축주와 협의해서 호실을 나눈다. 호실의 크기 및 형태는 분양에 영향을 미칠 수 있다. 설계사무소는 분양에 대한 지식이 부족할 수도 있고 처음 시행하는 건축주도 협의는 하지만 잘 모르는 경우가 많다.

이 분야는 상가분양을 많이 해본 공인중개사들이 전문가이다. 따라서 공인중개사들에게 의뢰하는 것이 가장 효율적인 방법이다. 이들은 어느 층은 어느 크기가 분양이 잘 되는지 알고 있으므로 호실 구획을 정할 때는 반드시 공인중개사의 자문을 구해서 산정하는 것이 좋다.

따라서 실 구획을 할 때는 건축사가 법규를 검토하고 공인중개사가 분양성을 고려한 안을 건축주가 확정하는 것이 바람직하다.

한국민 씨의 경우 이렇게 하여 구획한 실의 구분은 다음 표와 같았다.

단위 : 평

층	호실	전용면적	층별 공유면적	지하층 공유면적	분양면적	전용률
1층	101호	25	7.06	8.99	41.05	
	102호	25	7.06	8.99	41.05	
	103호	25	7.06	8.99	41.05	
	104호	36	10.17	12.94	59.11	
	105호	20	5.65	7.19	32.84	
	소계	131	37	47.1	215.1	61%
2층	201호	61	17.3	21.93	100.23	
	202호	70	19.7	25.17	114.87	
	소계	131	37	47.1	215.1	61%
3층	301호	52	14.69	18.7	85.39	
	302호	47	13.27	16.7	76.97	
	303호	32	9.04	11.7	52.74	
	소계	131	37	47.1	215.1	61%
4층	401호	52	14.69	18.7	85.39	
	402호	47	13.27	16.7	76.97	
	403호	32	9.04	11.7	52.74	
	소계	131	37	47.1	215.1	61%
5층	501호	52	14.69	18.7	85.39	
	502호	47	13.27	16.7	76.97	
	503호	32	9.04	11.7	52.74	
	소계	131	37	47.1	215.1	61%
6층	601호	52	14.69	18.7	85.39	
	602호	47	13.27	16.7	76.97	
	603호	32	9.04	11.7	52.74	
	소계	131	37	47.1	215.1	61%
7층	701호	30	8.47	10.79	49.26	
	702호	30	8.47	10.79	49.26	
	703호	30	8.47	10.79	49.26	
	704호	41	11.59	14.73	67.32	
	소계	131	37	47.1	215.1	61%
8층	801호	131	37	47.1	215.1	61%
9층	901호	131	37	47.2	215.2	61%
합계		1,179	333	424	1,936	

공유면적 산정방법

공유면적을 산정할 수 있어야 정확한 분양면적을 파악할 수 있다. 다음과 같은 순서로 공유면적의 비율에 따라 산정할 수 있다.

분양면적＝전용면적＋층별 공유면적＋지하층 공유면적
- 건물 전체의 전용면적을 구하고
- 각 층별 공유면적을 구한 후
- 지하층 공유면적을 구한다.

위의 면적을 토대로 각 호실별 전용면적의 비율에 따라 공유면적을 구한다. 공유면적은 분양 후 개인 재산권에 영향을 미치고 민원발생 소지가 있으므로 분양 전에 건축주가 반드시 확인할 필요가 있다.

101호의 공유면적을 구하는 방법

1. 층별 공유면적 산출방법

건물 전체 전용면적 : 층별 공유면적 합계 = 101호 전용면적 : X

$$1,179 : 333 = 25 : X$$

$$333 \times 25 / 1,179 = 7.06평$$

2. 지하층 공유면적 산출방법

건물 전체 전용면적 : 지하층 공유면적 합계 = 101호 전용면적 : X

$$1,179 : 424 = 25 : X$$

$$424 \times 25 / 1,179 = 8.99평$$

■ 호실 분할과 용도결정의 배경

층	호실	용도	분양면적
1층	101호	근린생활시설	41.05
	102호	근린생활시설	41.05
	103호	근린생활시설	41.05
	104호	근린생활시설	59.11
	105호	근린생활시설	32.84
2층	201호	근린생활시설	100.23
	202호	근린생활시설	114.87
3층	301호	위락시설	85.39
	302호	위락시설	76.97
	303호	근린생활시설	52.74
4층	401호	위락시설	85.39
	402호	위락시설	76.97
	403호	근린생활시설	52.74
5층	501호	위락시설	85.39
	502호	위락시설	76.97
	503호	근린생활시설	52.74
6층	601호	위락시설	85.39
	602호	위락시설	76.97
	603호	근린생활시설	52.74
7층	701호	업무시설	49.26
	702호	업무시설	49.26
	703호	업무시설	49.26
	704호	업무시설	67.32
8층	801호	모 텔	215.1
9층	901호	근린생활시설	215.2

공인중개사에 의뢰한 결과(실 분할의 효율성)

- 1층은 근린생활시설 용도로 5개 등분하여 분양하는 것이 효율적이다.
- 2층은 2등분이 분양에 효율적이며, 용도는 대형 식당 등을 구상하여 근린생활시설로 하는 것이 좋다.
- 3~6층은 위락시설을 희망했으나 한 층 전용면적이 100평을 초과하면 옥외 비상계단이 있어야 한다는 소방법의 저촉을 받아 1, 2호 단위는 위락시설, 3호 단위는 근린생활시설로 용도를 결정하였다.
- 7층은 업무시설.
- 8층은 모텔로 결정했는데 모텔은 공사비가 많이 소요되지만 분양이 잘 되고 위락시설의 손님들을 확보하기 위한 것이다. 복합건물의 경우 식사 후 유흥업소에서 숙박으로 고객의 이동이 이루어지고, 숙박시설이 없을 경우에는 위락시설의 영업에 제약이 있을 수 있으므로 모텔로 결정했다.
- 9층은 스카이라운지로 활용하는 것이 효율적이라는 판단에서 결정했다.

여기서 주의할 점은 용도의 결정은 주차장 대수에 영향을 많이 받으므로 위락시설은 근린생활시설보다 주차대수를 많이 확보해야 한다. 따라서 주차의 여유가 없을 때는 근린생활시설에서 위락시설로의 용도변경이 불가능하고 소방법의 저촉도 받으므로 용도를 결정할 때 이 점을 충분히 고려해야 한다.

건물을 잘 짓는 방법

설계를 완료하면 공사를 착공해야 한다. 공사를 착공하려면 착공신고시 시공업체가 결정되어야 한다. 여기서는 공사를 어떠한 형태로 운영할 것인지, 공사업체는 어떻게 선정하는지 검토하기로 한다.

1. 공사발주의 유형

자금이 풍부한 건축주는 자신의 입맛대로 시공업체를 선정할 수 있겠지만, 자금이 부족할 때는 자금조달 능력을 토대로 여러 형태의 시공방법을 검토하여 가장 타당한 방법을 선택해야 한다.

건설현장에서 실제로 통용되고 있는 여러 가지 형태의 공사발주 유형을 살펴보고 각자의 능력에 맞게 발주방식을 선택하면 된다.

공사발주 유형

- 완전도급 방식
- 지주 공동사업 방식
- 대물방식
- 부동산 투자신탁회사 활용방안
- 프로젝트 파이낸스(Project Finance, 개발계획 융자)

■ 완전도급 방식

자금력이 풍부할 때 하는 방식으로 공사대금을 기성률에 따라 현금으로 지불하므로 준공까지의 위험성을 줄일 수 있다. 각종 관공서의 발주방식이 여기에 해당한다. 민간인도 공사를 했으면 당연히 현금으로 지급하는 이 방식이 가장 합리적이다.

민간공사의 (지방의 중소형 상업용 건물) 경우 이 방식이 적용되는 비율은 60% 정도 될 것이다. 이 방식을 채택하는 것이 사업의 안정성을 높일 수 있다.

이 방식에서 유의할 점은 공사대금을 지불할 때 우리 공사 기성금은 반드시 우리 공사에 사용하도록 해야 할 것이다.

■ 지주 공동사업 방식

지주는 토지를 제공하고 시공사는 준공까지의 공사비를 포함한 제반 경비를 조달하여 시공하고 이익을 분배하는 방식이다. 요즘은 서로의 위험을 줄이기 위해 중대형 업체들은 선호하지 않지만, 내실 있는 중소업체들은 이 방법을 선호하는 경향이 있다.

시중에 통용되는 이윤배분 방식은 이윤을 반반 나누는 경우가 많다. 모델 건물 공사를 예로 들어 이윤배분 방식을 산정해보면 다음과 같다.

예상 분양이익금이 약 39억 6,000만 원이므로 반이면 19억 8,000만 원 정도이다. 완전 분양 후 이익을 공유하는 방법이 있을 수 있고, 시작할 때 이 부분만큼 자기 지분화해서 나누는 방식이 있을 수 있다.

첫 번째 방식은 분양 후 이익을 공유하되 미분양 발생시 분양될 때까지 지속할 수도 있고, 그렇지 않으면 분양 잔여분은 그 시점에서 분배하여 자기 소유화하면 될 것이다.

두 번째 방식은 1, 2층의 분양 예상금액이 35억 4,000만 원 정도인데 여기서 토지비용 15억 4,000만 원을 공제하면 20억 원 정도 된다. 따라서 1, 2층은 건축주가 소유하여 분양을 하든 혹은 장사하든 건축주 몫으로 정해서 운용의 폭을 넓히고, 3~9층까지는 시공사의 이윤 몫으로 하여 시행하는 것이 유리하다.

이 방법을 채택할 때는 될 수 있으면 건축주는 저층을 맡고 시공사는 고층을 맡는 것이 건축주에게 유리하다. 왜냐하면 건물이 노후화되면 1, 2층은 그래도 장사가 되지만 고층은 장사가 잘 안 되어 공실로 남는 경우도 있을 수 있다.

그 예로 부산 00시장에 가보면 건물들이 노후해도 1, 2층은 장사를 하고 있지만 고층 부분은 거의 공실로 남아 있어 자신이 장사를 했을 경우 재산가치가 하락한다. 그리고 고층보다는 저층이 분양이 잘 된다.

몇 층까지는 건축주 소유로 하고 몇 층까지는 시공사 소유로 하는가의 구분은 분양 이익금액 중 토지금액을 제외한 상태에서 반반 정도 되는 층을 기준으로 하면 된다.

결국 건축주는 땅값만 제공하고 약 20억 원의 이윤을 얻는 데 반해 시공사는 41억 원을 투자하여 19억 정도의 이윤을 가지므로 토지 소유자가 항상 유리하다. 그래서 토지를 가져야 이익을 크게 볼 수 있다.

■ 대물방식

완전도급 방식 중 하나로 공사비를 현금으로 지불해야 하지만 건축주의 자금력이 부족하고 분양이 안 될 경우를 대비하여 공사비의 일정 비율을 대물로 지불하는 방식이다. 바람직하지는 않지만 실제로 현실에서 통용되고 있는 방식임을 부인할 수 없다.

자금력이 부족한 건축주는 한 번쯤 생각해볼 수 있다. 단 대물부분은 분양 예상금액보다 5~10% 정도 싸게 책정하는 것이 통례이다.

한국민 씨의 경우 대물부분이 16억 원인데 할인율을 5% 할증하여 16억 8,000만 원 정도를 대물대금으로 지불한다.

대물의 지급비율은 보통 30~70%까지 업체에 따라 가능하지만 50% 정도로 하면 큰 무리가 없고 할 수 있는 업체들도 나타난다. 만약 대물비용이 50% 이상이라면 건설업체의 자금력을 충분히 검토해봐야 한다. 그렇지 못할 경우에는 문제가 발생했을 때 건축주에게 부메랑으로 되돌아올 수 있다는 점을 유의해야 한다.

■ 부동산 투자신탁회사 활용방안

토지가 대형일 때 대형 건설회사들이 이용하는 방식으로 소규모 공사에는 적용하기 어렵지만 어떤 것인지 알아두는 차원에서 간단하게 기술하겠다.

지주는 토지를 제공하고 부동산 투자신탁회사는 자금을 조달하며, 신탁에서 시공사를 선정하여 시공사는 시공이익을 갖는 형태의 사업이다.

1) 절차

개발신탁은 회사마다 영업방식이 다르지만 개략적으로 기술한다면 다음과 같다. 사업 입안자는 사업계획서를 작성하여 신탁 실무자를 만나 신탁을 의뢰한다. 그러면 실무자는 사업계획서를 바탕으로 현장을 점검하여 사업성을 재분석한다. 타당하다고 인정되면 내부 결재 후 신탁위원회를 개최하여 최종 시행 여부를 결정한다.

시행이 결정되면 신탁회사가 시행사가 되고, 신탁보증서를 발급하여 금융권의 자금지원을 받아 토지구입에 필요한 자금부터 제 경비, 시공공사비의 70%까지 자금지원을 한다. 대규모 아파트 공사 등에 주로 이용된다.

2) 이윤의 배분방식

계약하기에 따라 혹은 회사에 따라 다르지만 보통 분양보수(분양총액의 약 3%), 건설보수(공사비의 약 2%), 성과보수 등으로 일정 비율을 신탁회사에서 가져가고, 금융권은 자금지원에 대한 이자를 얻으며, 그 나머지 이익은 토지 소유자(위탁자)가 갖는 형태이다. 건축주는 자금의 부담을 덜고 고객들에게 안전성을 높일 수 있다.

분양사업에서 원가를 공제한 분양이익을 30% 정도로 본다면 분양총액에서 분양보수(3%)를 책정하므로 분양보수액이 순수이윤의 1/10 정도 되어 부담이 큰 것이 단점이다.

이렇게 할 수 있는 회사는 군인공제회, 대한토지신탁, 한국토지신탁, 생보사부동산신탁, KB부동산신탁, 국민자산신탁 등이 있다.

■ 프로젝트 파이낸스(Project Finance, 개발계획 융자)

사업주체가 특정 사업을 진행하는 데 소요되는 자금을 대주로부터 차입하여 공사를 진행하는 방법이다. 사업의 타당성과 합리성에 중점을 두고 프로젝트에 투자하는 방식이다. 중형 상업용 건물 등에서는 지주가 토지를 제공하고 사업성을 검토하여 금융권 등에서 공사비를 제공받는 형태이다.

시공 중인 건물을 대상으로 대출을 할 수 없으므로 시행하는 방법인데, 금융권에서는 가장 먼저 사업의 타당성과 안정성을 고려하여 까다로운 조건을 제시하는 경우가 많다.

가장 까다롭게 요구하는 조건이 준공까지 공사를 진행할 수 있는가이다. 그러기 위해서는 튼튼한 1군 업체를 시공사로 요구하고, 그 시공사로 하여금 시공보증을 요구한다. 만일 시행사가 부도나도 시공사가 책임지고 공사를 완료하도록 요구하여 금융권의 부실을 막자는 것이다.

1군 회사를 시행사로 할 때는 제1금융권의 자금지원을 받을 수 있으며 이 경우 이자율이 싸다. 1군 회사는 결국 자기들이 없으면 이 사업을 할 수 없으므로 시공보증을 서준 대가로 공사단가를 비싸게 요구한다.

2군 이하의 시공사가 시공을 할 경우에는 제1금융권의 자금지원을 기대하기 어려우므로 제2금융권에서 자금을 조달해야 한다. 이럴 경우 대출금의 연 이자율이 10~12% 정도에 수수료 5%를 선이자로 공제하는 경우가 많고 진행도 비교적 어렵다.

이 방식으로 진행되는 사업은 사업성이 아주 좋은 프로젝트가 아니면 대부분 힘들다.

2. 시공업체 선정기준

4~5년 전 한때는 건설회사가 아니더라도 건물은 건축주가 직접 지을 수 있었는데, 건설회사들이 자신들의 영업적인 측면을 보호하고자 일정 규모 이상의 건축물은 반드시 건설업자가 시공하도록 건설산업 기본법을 개정하였다.

건설산업 기본법 제41조에는 주거용 건축물은 661m² 이상, 기타 건축물은 495m² 이상 다중 이용시설의 건축물은 반드시 건설업자가 시공하도록 하고 있다.

따라서 모델 건물의 경우와 같은 건축물은 반드시 건설업자가 시공해야 하므로 어떤 건설업체가 자신의 조건과 규모에 적합한지 충분히 검토해서 선정해야 한다.

일반적으로 유명한 건설업체, 즉 메이커가 있는 건설업체가 건물을 잘 지을 수 있다고 생각한다. 브랜드 이미지가 여기서도 중요하게 작용하기 때문이다. 그래서 유명 건설회사는 일정 규모 이상이 아닐 때는 시공을 해주지 않는 경향이 있고 공사금액도 20~30% 비싸게 책정된다.

필자는 꼭 유명한 건설회사, 혹은 실적이 많은 회사가 공사를 잘 한다고 생각하지는 않는다. 건설이란 공사를 할 수 있는 기술자의 개인 기술능력과 공사를 진행할 수 있는 자금만 있다면 건설회사가 아니더라도 시공을 할 수 있다. 단 건설회사가 반드시 시공해야 한다는 법조문 때문에 건설회사가 시공하는 것이다.

시공업체 선정기준은 공사자금을 조달할 수 있는 자금력이 첫 번째이고, 현장에 배치되는 현장소장의 기술능력이 두 번째이다. 그 다음이 회사인데, 아무래도 이러한 조건을 동시에 충족할 수 있다고 판단하여 대기업을 선호하는 것이다.

■ 자금력

2001년 말 현재 우리나라 건설업체는 1만 2,000개 사에 달한다고 한다. 최근에 건설은 예전에 비해 이윤이 많이 나지 않는다. 민간인들의 단가파악 능력이 뛰어난데다 업체들의 과당경쟁, 설립의 기본요건 강화 등으로 재무구조가 취약한 회사들이 많다.

회사의 자금력을 파악하기 위해서는 어음의 발행 여부를 조사해볼 필요가 있다. IMF 이후 건설산업에도 어음발행이 많이 줄어들었다. 지방의 중소 회사들도 내실경영을 바탕으로 하는 회사들은 대부분 어음을 발행하지 않는다.

회사가 망할 때는 3개월, 4개월, 6개월, 1년 등의 순으로 어음 발행 개월수가 늘어난다. 어음발행 개월수가 늘어나면 위험하다고 보면 된다. 어음을 발행하지 않는 업체 중에서 선정하는 것이 유리하다. 어음발행을 남발하는 업체는 그만큼 불안하고 부실하다는 증거이다.

회사의 내실화 수준을 알기 위해서 직원 급료의 연체를 알아보는 방법도 있다. 우리나라 기업들은 대체로 자금이 조금만 돌아가면 직원 급료를 연체하지 않으려는 경향이 있다. 특히 건설회사는 대외수주로 운영되므로 대외신뢰도를 고려하여 급료를 최

210

우선적으로 처리한다. 그런데도 급료가 연체된다면 위험한 회사이다.

건설공제조합에서는 자본금, 도급능력, 재무제표 등을 고려하여 각 건설회사별로 신용등급을 매겨 연말을 기준으로 발표해 수주에 이용하도록 하고 있다. 등급은 AAA, AA, A, BBB, BB, B, CCC, CC, C, D, 총 10개 등급으로 분류한다. 적어도 B 정도 이상이면 무난할 것이다.

건설회사 등급 분류

건설회사를 보통 1군, 2군, 3군……으로 분류하는데 이는 어떻게 나누는지 알아보자. 조달청 기준 시공능력 평가액 50억 원 이상을 기준으로 6등급으로 나누고 있다.

2004년 등급 기준

등급	시공능력 평가액 (토건, 토목, 건축)	공사배정 규모(추정금액 기준)		비고
		토목공사	건축공사	
1	700억 원 이상	700억 원 이상	400억 원 이상	
2	700억 원~230억 원	700억 원~270억 원	400억 원~230억 원	
3	230억 원~120억 원	270억 원~120억 원	230억 원~120억 원	
4	120억 원~85억 원	120억 원~85억 원	120억 원~85억 원	
5	85억 원~65억 원	85억 원~70억 원	85억 원~70억 원	
6	65억 원~50억 원	70억 원~50억 원	70억 원~50억 원	

■ **보증서 발급능력**

실적에 따라 각종 보증서의 발행규모가 달라진다. 계약할 때 계약이행 보증서, 선급금이행 보증서, 하자이행 보증서 등을 받아야 하는데 실적미달로 이런 보증서를 발급받지 못하는 업체들도 많다. 그러므로 보증능력을 사전에 충분히 검토해봐야 한다.

3. 공사금액 산정방법

건축주들은 공사금액이 어느 정도이면 적당한지 알고 싶어한다. 물론 정확히 수량을 산출해서 공사비를 구하면 되지만, 그래도 견적금액이 전적으로 정확하다고 할 수는 없지 않겠는가.

전문 기술자에게 물어보면 건축의 내용에 따라 다르다고 원론적인 이야기만 하고 건축주의 궁금증을 충분히 해소해주지 못한다. 물론 건물의 내용에 따라 다르므로 일률적으로 금액을 정한다면 무식하다고 할 것이다. 그런데 사업성을 고려할 때 도면도 나오지 않아 정확한 금액은 알 수 없지만 공사금액이 어느 정도인지는 예상해야 한다.

필자는 사업계획을 세울 때 활용할 수 있도록 상가건물의 유형에 따라 일정 금액을 제시하겠다.

■ 조건

1) 토질이 보통일 때

공사비 변동요인은 토질의 영향이 가장 크다. 일반적으로 토류판 시공을 모델 건물 정도 규모로 할 때 암반이 있을 경우 암반의 종류에 따라, 또 매립지역이나 연약지반일 경우에는 지반 개량의 형태에 따라 공사비가 크게 좌우된다. 여기서는 보통 토질을 기준으로 한다.

2) 중앙집중식 냉난방 시설을 하지 않을 때

대형 유통상가나 사옥 등의 건물이 아닌 중소형 상업용 건물은 중앙집중식 냉난방을 하지 않고 입주자가 개별 냉난방을 하는 경우가 대부분이다. 따라서 우리는 입주자가 개별 냉난방을 하는 경우를 기준으로 한다.

3) 타워주차가 아닐 때

타워주차는 지하실을 축소할 수 있지만 별도의 주차 건축물을 시공해서 주차설비를 해야 하므로 공사비가 늘어나는 것이 보통이다. 지하 터파기의 난점이 있거나 법적 주차대수 확보에 문제가 있을 경우 대형 건물에서 이용하는 경우가 많다. 우리는 이러한 주차빌딩을 설치하지 않는 것을 기준으로 한다.

■ 공사금액 산정

우리나라에서 쓰는 외장재료로는 화강석, 알루미늄 판넬, 유리, 타일, 기타 재료가 있는데, 이를 정면과 한쪽 측면에 사용하고 뒷면과 남은 한쪽 측면은 페인트, 드라이비트 등의 재료를 사용하여 시공하는 경우가 80% 이상이다.

내장 재료는 출입 홀 바닥 벽체는 화강석 또는 내장타일, 계단실 바닥은 화강석, 벽체는 미장 후 페인트 종류, 1층 바닥은 화강석 또는 타일, 전층 전용면적 바닥은 비닐타일 계통, 천장은 텍스의 유형이 80% 이상이다.

위의 재료를 바탕으로 건물의 층수에 따라 공사 예정금액을 산정할 예정인데 오차는 그리 크지 않을 것이다.

여기서 이야기하는 공사금액은 공사에 소요되는 금액을 정한 것이고, 설계비, 분양경비, 각종 분담금, 세금 등은 제외된 공사 발주금액이다.

1) 건물규모에 따른 분류(2003년 기준)

층수가 높아지면 엘리베이터나 소방시설, 수전설비, 가설공사비 등이 추가로 소요되므로 공사비가 늘어난다. 구조는 철근 콘크리트 건물을 기준으로 산정하면 다음과 같다(부가가치세 별도).

- 지하실이 없는 3층 이하의 상가건물 : 평당 160만 원
- 지하실이 있는 5층 정도의 상가건물 : 평당 175만 원

〈그림 A〉

〈그림 B〉

구분	그림 A	그림 B
내장재료	건물 출입홀 바닥 벽체 : 화강석 또는 내장타일 계단실 바닥 : 화강석 벽체 : 미장 후 페인트 종류 1층 바닥 : 화강석 또는 바닥타일 기타 층 전용면적 부분 바닥 : 비닐타일 계통 천장재료 홀 부분 : 알루미늄 천장재 계통 전층 천장 재료 : 텍스 종류 화장실, 바닥 벽체 : 타일 종류	좌동
외장재료	주요 외장재료 : 유리, 알루미늄 판넬 배면 : 드라이비트	주요 외장재료 : 유리, 화강석 배면 : 드라이비트, 페인트 계통
주요 설비	엘리베이터	좌동
해설	그림 A, B는 내장재료는 비슷하고 외장재료는 알루미늄 판넬 계통과 화강석 계통이지만 전체 시공비는 비슷하다. 단가상으로 보면 알루미늄 판넬이 화강석보다 5,000원/㎡당 정도 비싸지만 견적시 전체 계약금에서 5% 정도는 조절되므로 재료에 대한 단가차액은 이때 포함된다고 보면 된다.	

- 지하실이 있는 7층 정도의 상가건물 : 평당 180만 원
- 지하실이 있는 9층 정도의 상가건물 : 평당 185만 원

(특수용도인 모텔, 목욕탕 등의 시설이 없을 경우)

<표>
〈그림 C〉　　　　〈그림 D〉　　　　〈그림 E〉

구분	그림 C	그림 D	그림 E
내장재료	건물 출입홀 바닥벽체 : 화강석 또는 내장타일 계단실 바닥 : 화강석 벽체 미장 후 페인트 계통 1층 바닥 : 화강석 또는 바닥타일 기타 층 전용면적 바닥부분 : 비닐타일 계통 천장재료 홀부분 : 알루미늄 천장재 계통 전층 천장재료 : 텍스 종류 화장실 바닥 벽체 : 타일 계통	좌동	좌동
외장재료	주요 외장재료 : 유리 배면 : 드라이비트, 미장 후 페인트 계통	알루미늄 판넬, 유리 배면 : 좌동	화강석, 유리 배면 : 좌동
주요 설비	엘리베이터, 수전설비, 스프링쿨러, 기타	좌동	좌동
해설	그림 C, D, E는 내장재료가 비슷하고 외장재료는 알루미늄 계통과 화강석, 유리 계통이지만 전체 시공비는 비슷하다. 주요 설비에서 공사금액이 추가될 수 있고, 가설공사비가 소요되므로 5층 정도의 공사보다는 조금 많이 소요되는 평당 185만 원 정도로 산정하면 무리가 없을 것이다.		

위의 금액보다 공사가격이 터무니없이 비쌀 경우에는 지하 터파기 공사, 중앙집중식 냉난방 시공 혹은 타워주차 중에 비싼 원인이 반드시 있을 것이다.

위의 공사금액은 일반인들이 단위 프로젝트를 수행하는 공사금액이다. 만일 1군 회사에서 한다면 30% 정도 더 요구할 것이고, 2군 정도면 20% 정도는 더 주어야 할 것이다.

2) 철골구조에 따른 분류(완전 건식일 때)

철골구조는 공사비도 철근 콘크리트보다 저렴할 수 있고 공사기간도 단축할 수 있으나, 장비반입과 자재적재의 공간이 필요하고 철골대금을 현금으로 구입하는 경우가 많으므로 초기투입비가 철근 콘크리트에 비해 많이 든다. 따라서 자본이 적은 건축주들은 초기자금 조달능력을 고려하여 공사방식을 선택해야 할 것이다.

철골구조는 습식과 건식을 병행하는 경우와 최대한 건식으로 하는 경우가 있는데, 전자의 경우는 공사비가 철근 콘크리트 구조보다 늘어난다. 후자의 경우는 조금 저렴할 수 있다. 근래에는 철골에 대한 내화피복의 기술이 발전하여 중소형 건물들은 후자로 시공하는 경우가 많다. 습식구조는 시멘트 제품과 물을 이용하여 구조를 만드는 것이고, 건식은 철골 등의 기성제품을 이용하여 물을 적게 사용하는 구조이다. 여기서는 후자를 기준으로 단가를 산정할 것이다.

- 지하실이 없는 3층 이하의 상가건물 : 평당 155만 원
- 지하실이 있는 5층 정도의 상가건물 : 평당 170만 원
- 지하실이 있는 7층 정도의 상가건물 : 평당 175만 원
- 지하실이 있는 9층 정도의 상가건물 : 평당 180만 원

3) 복합건물에서 모텔 인테리어 공사비

- 미장 완료된 시점에서 인테리어 집기비품을 포함하여 객실 당 900만 원 정도(보통 정도의 인테리어 수준)
- 집기비품은 TV, 냉장고, 냉온수기, 전화기, 침대, 소파, 장식장, 옷걸이, 화장실 타일, 욕조, 변기, 세면기, 거울, 샤워기, 기타 장식품, 외부간판 등이 포함될 수 있다.

4. 견적

업체 선정조건을 고려하여 적당한 업체 3~4개 정도에 견적을 의뢰하여 업체를 선정할 수 있을 것이다. 이때 각 업체별로 똑같은 조건으로 견적을 받아야 한다.

■ 견적시 교부해야 할 서류

- 전 공종이 포함된 완편된 설계도면
- 건축주가 요구하는 견적 특기사항 및 현장 설명서

건축주는 설계도면에 나와 있는 재료나 기타 변경사항이 있으면 기록하여 견적시 반영할 수 있도록 하고, 결제관계를 표기하여 업체들이 판단할 수 있는 기준을 제시해야 한다.

공사금액은 만족하지만 모델 건물같이 대물일 경우에는 업체들이 포기하는 경우도 있으므로 이 부분을 반드시 명기하는 것이 좋다.

■ 견적기간

규모에 따라 소요기간이 다를 수 있겠지만 모델 건물 정도의 규모라면 10~15일 정도는 주어야 정확한 자료를 받아볼 수 있다. 견적 마감일시는 일률적으로 정하여 각 업체에 통보한다.

■ 견적 대비

설계를 계약할 때 내역서를 계약조건에 포함시킨 적이 있을 것이다. 이는 공사업체를 선정할 때 활용하고 예산을 잡기 위한 것이 목적이다.

설계사무소에서 제출한 내역서는 실제 시공하는 금액보다 10~20% 정도 비싸게 책정되어 있다. 이것은 관공서를 기준으로 세밀하고 단가도 시중보다 많이 책정되어 있어서 그렇다. 그러나 금액은 많아도 수량은 어느 정도 정확하다고 보면 된다.

1) 수량 비교

설계사무소의 내역과 제출된 복수의 견적서와 수량을 비교해 보면 오차는 반드시 있다. 그러나 오차가 지나치게 크게 발생하는 업체가 있다면 이것은 잘못된 것이다. 수량을 비교할 때는 수량이 큰 것을 중점적으로 검토한다.

2) 단가 비교

설계사무소에서 제출한 단가는 시중의 단가와 맞지 않다. 따라서 제출된 복수의 견적서 단가를 비교하여 오차가 많이 발생하는 것은 잘못된 것이다. 단가를 비교할 때는 금액이 큰 것을 중점적으로 보면 된다.

5. 계약

업체 선정조건과 공사금액, 결제조건이 서로 맞다면 계약을 하는데 계약서의 구성은 다음과 같다. 쌍방 날인 후 1부씩 보관하고 연대보증인이 있을 경우 연대보증인도 날인한다.

계약서의 구성

- 민간 건설공사 표준도급계약서
- 공사계약의 특수조건
- 공사금액 산출내역서
- 기타 시공회사 구비서류

■ 민간 건설공사 표준도급 계약서 기록사항

• 공사명	• 공사장소
• 착공 연월일	• 준공예정 연월일
• 계약금액	• 계약보증금
• 선금	• 기성 부분금
• 지급자재의 품목 및 수량	• 하자담보 책임
• 지체 상금률	• 대금지급 지연 이자율
• 기타 사항	• 붙임서류 목록
• 도급인	• 수급인
• 도급 보증인	

- 공사명, 공사장소, 착공 연월일 : 공사별로 작성한다.
- 준공예정 연월일 : 앞에서 예정 준공기간을 산정한 바 있다. 착공시점을 기준으로 소요기간을 산정하여 기록한다.
- 계약금액 : 계약금액을 표기하되 부가가치세 포함 여부를 기

록한다.

- 계약보증금 : 계약보증금은 계약 불이행시를 대비하여 일정 요율을 정한다. 국가를 당사자로 할 때는 연대보증회사를 세울 경우 계약금의 10%, 그렇지 않은 경우에는 20%를 산정한다. 민간 건설공사일 경우에는 쌍방 합의하에 결정할 수 있고, 연대보증은 의무사항이 아니므로 건축주의 판단에 의해 결정할 수 있다.

- 선금 : 선금을 지불할 경우에는 지급예정 금액을 기록하고 선금이행 보증서를 제출받은 후에 선금을 지급해야 한다.

- 기성 부분금 : 기성은 월 1회로 할 것인지, 층수로 할 것인지 정하여 기록한다.

- 지급자재의 품목 및 수량 : 공사금액을 결정할 때 자재비를 절약하기 위해 일부 자재를 건축주가 지급할 경우에는 지급자재를 기록한다. 초보자들은 될 수 있으면 지급자재가 없이 일괄 도급하는 것이 운영상 유리하다.

- 하자담보 책임 : 복합공종일 경우에는 공종별로 기재하지만 보통 계약에서 하자담보 책임기간은 3년으로 하고, 하자보수 보증금률은 계약금액의 3% 정도가 무난하다.

- 지체 상금률 : 공사지연시 지체 상금률은 1/1,000 정도이다.

- 대가지급 지연 이자율 : 보통은 기록하지 않지만 적용하는 것이 바람직하다.

- 기타 사항 : 도급계약 일반조건 및 공사 특수계약 조건에 따른다.

- 붙임서류
  - 민간 건설공사 도급계약 일반조건 1부
  - 공사계약 특수조건 1부
  - 설계서 및 공사금액 산출내역서 1부
- 도급인 : 건축주 인적사항
- 수급인 : 도급회사 인적사항
- 도급 보증인 : 보증회사 인적사항

■ 공사계약의 특수조건

건설 일반조건이 현장과 상이하거나 건축주의 요구사항, 설계에 대한 재료변경, 구조변경 등의 내용이 있을 때 상세하게 기재한다.

한국민 씨의 경우 기성금 지불에서 대물로 한 부분이 있었기에 이 부분을 상세히 기록했다. 대물을 50%로 했으므로 기성금 지급시 예를 들어 3억 원의 기성이 발생했으면 1억 5,000만 원을 지급하고 대물 1억 5,000만 원을 지급하는 것으로 기록하고 있다.

모텔의 인테리어를 분리 발주했으므로 공사의 한계를 명확히 기록한다. 건축공사에서는 바닥 벽체 미장을 할 수 있는 단계로 결정하고 전기설비, 소방·통신 등의 설비는 모두 건축공사에 포함시켰다.

각종 분담금은 건축주가 부담하고 시공자는 납부에 관한 업무를 대행하는 사항들이 기록됐다.

■ 공사금액 산출내역서

　견적시 공사금액 내역서를 받아 가격조절을 거쳐 최종 공사금액이 결정되면 계약할 때는 최종 결정된 공사금액에 맞추어 내역서를 다시 제출받는다. 이것을 공사계약을 할 때 첨부한다.

■ 시공회사 구비서류

- 사업자등록증 사본
- 법인등기부 등본
- 건설업 면허증 사본
- 건설업등록 수첩 사본
- 계약이행 보증금 증서
- 인감증명
- 사용인감계
- 국세 · 지방세 완납 필증
- 예정 공종표
- 기타 필요서류

시작이 반이다 – 착공

건설업체가 결정되면 공사를 착공하는데 착공의 구비서류 및
절차는 다음과 같다.

■ 설계사무소 구비서류

- 착공신고서
- 착공도면(완편 도면)
- 설계감리 계약서
- 구조계산서
- 토목 흙막이 구조도면(지하 2층 이상일 때)
- 상주감리 선임계(건축 · 전기 · 기계 · 토목)
- 공사감리 선정신고서(기술자격증 사본, 경력증명원)
- 기타 관청별로 요구하는 사항들

■ 시공회사 구비서류

- 비산 먼지발생 신고필증
- 건설업 표준 도급계약서 사본
- 사업자등록증 사본
- 건설업면허증 사본
- 건설업등록 수첩 사본
- 법인등기부 등본
- 사용인감계
- 인감증명서
- 현장 대리인계
- 현장 대리인 자격증 사본
- 현장 대리인 재직증명서
- 갑종 근로소득세 원천징수 확인서(현장 대리인 부분)
- 납세증명서
- 품질관리 선임계(재직증명서, 품질계획서)
- 측량성과표 사본
- 특정 공사 신고필증(관할 관청 문의)
- 위험방지 계획서(관할 관청 문의)
- 기타

■ 착공신고

위의 구비서류를 작성하여 건축주와 착공일자를 협의한 후 관할 관청 건축민원과에 접수하면 서류에 이상이 없는 경우 착공승인을 해준다. 착공승인 필증을 교부받는 데는 1주일 정도 소요된다.

■ 착공식

공사를 진행할 때 하는 행사로는 착공식, 상량식, 준공식 등이 있다. 시공자와 협의해서 착공식을 할 수 있다. 건축주와 공사 관계자들이 모여서 고사를 지내며, 준비는 시공사에서 하는 것이 관례이다.

건축주는 맨 먼저 절을 하고 일정 금액을 고사상에 올린다. 초보 건축주들은 상에 어느 정도의 금액을 올려야 할지 몰라 마음의 부담을 갖는데 모델 건물 정도의 규모라면 착공식 때는 30~50만 원 정도, 상량식 때는 100만 원 정도가 적당하다. 이 돈은 현장 소장이 재량껏 사용하는 것이 관례이다.

층 구분	착공식	상량식
3층 이하	20~30만 원 정도	30만 원 정도
5층	30만 원 정도	50만 원 정도
7층	30만 원 정도	70만 원 정도
10층	30~50만 원 정도	100만 원 정도

■ 벌칙 규정

한착오 씨 바로 옆 필지에 다른 건축주가 건축을 위해 터파기 공사를 하고 있었다. 한착오 씨는 자기도 공종상 빨리 착공하고자 착공신고를 하지 않고 터파기를 했다. 그런데 공사 중인 옆 필지에 영향을 주어 민원이 제기되었다.

착공신고를 하지 않고 공사를 하여 피해를 주었다는 요지인데 이때 어떤 처벌을 받는지 알아보자.

건축법에 의한 벌칙으로 현실에서 가장 많이 대두되는 항목은 허가를 받지 않고 건축한 행위, 착공신고를 하지 않고 착공한 경우, 설계변경 요청을 받고도 설계를 변경하지 않은 경우, 건물 사용승인 이전에 건물을 사용한 경우 등으로 볼 수 있다.

1) 허가를 받지 않고 건축한 경우

도시지역에서는 3년 이하의 징역 또는 5,000만 원 이하의 벌금을 내야 하고, 도시외 지역에서는 2년 이하의 징역 또는 1,000만 원 이하의 벌금을 내야 한다.

2) 착공신고를 하지 않고 착공한 경우

200만 원 이하의 벌금을 내야 한다.

3) 설계변경을 요청받고 정당한 사유 없이 변경하지 않은 경우

200만 원 이하의 벌금을 내야 한다.

4) 사용승인 이전에 건물을 사용한 경우

2년 이하의 징역 또는 1,000만 원 이하의 벌금을 내야 한다.

Point

- 착공서류는 설계사무소와 시공회사가 준비하여 착공신고를 한다.
- 건축주는 착공 예정일을 파악하여 고사돈만 준비하면 된다.

잘 파는 것도 기술이다 – 분양

이 사업은 분양을 목적으로 하는 사업이다. 여기서는 분양성 향상을 위해 어떻게 해야 하는지, 어떤 과정을 알고 있어야 하는지 검토할 것이다.

1. 분양의 유형

1) 건축주 직접 분양

건축주가 직접 분양을 하면 분양경비를 절감하고 업무의 진행이 빠르지만 분양의 전문지식이 없는 초보자일 경우에는 실질적으로 적용하는 데 난점이 있을 수 있다.

2) 분양대행

이 방법은 분양대행업자를 선정하여 분양에 관한 업무를 대행하는 것으로, 분양경비는 소요되지만 분양의 효율성을 높일 수 있다. 분양대행의 유형은 다음과 같다.

① 일반중개 계약

중개의뢰인이 불특정 다수의 중개업자에게 경쟁적으로 중개를 의뢰하고 가장 먼저 중개를 성사시킨 중개업자에게 보수를 지급하는 유형이다.

② 독점중개 계약

중개의뢰인이 특정 중개업자 1인에게 중개에 관한 독점권을 부여하여 계약기간 내 거래계약이 성사되면 계약의 성립원인을 불문하고 보수를 지급하는 형태의 중개계약이다. 중개의뢰인인 건축주 스스로 발견한 상대방과 거래를 성사시킨 경우에도 보수를 지급해야 한다.

③ 전속중개 계약

특정 중개업자 1인에게 중개의 독점권을 부여하여 거래성사시 보수를 지급하지만, 중개의뢰인 스스로 발견하여 계약을 성사시킨 경우에는 보수를 지급하지 않는다는 것이 독점중개 계약과 다른 점이다.

④ 공동중개 방식

중개업자들이 서로 공동으로 거래를 성사시킨 후 보수를 나누어 가지는 형태로 독점중개 계약의 방식을 변형 내지는 보완한 방식이다.

■ 분양대행업자 선정

1) 분양대행 방식 선정

분양경험이 없는 초보자는 1개 업체에 전속 계약을 하되, 건축주도 지인들을 통해 분양을 할 수 있고 전속업체가 분양정보를 공개하여 일반 중개업자들도 중개를 의뢰할 수 있는 공동중개 방식을 복합적으로 적용하여 계약하는 것이 분양의 효율성을 높일 수 있을 것이다. 한국민 씨는 이러한 방법을 채택했다.

2) 분양대행업자의 선정조건

다음의 사항을 고려하여 적정한 업체를 선정하면 무난할 것이다.

① 전문성

공인중개사들도 아파트, 상가, 토지 등 어느 정도의 전문분야를 가지고 중개사업을 하는 경우가 많다. 물론 모든 부분을 취급하지만 그래도 상가분양을 전문적으로 하며 신용 있고 주위의 평판이 좋은 업체를 선정하는 것이 좋을 것이다.

② 분양수수료

건설교통부령이 정하는 수수료는 매매교환의 경우 0.2~0.9%,

임대차의 경우에는 0.2~0.8%로 정하여 매도인과 매수인 양쪽에서 수수료를 받게 되어 있다.

공인중개사들은 분양대행 업무를 할 수 없다. 다만 중개업법령에서 대통령이 정하는 주택 및 상가를 분양할 수 있는 것은 주택건설촉진법상의 사업승인 대상이 아닌 주택 및 상가(아파트 단지 내 상가 의미)와 주택건설촉진법의 규정에 의한 입주자 모집결과 신청자가 공급하는 수에 미달하는 경우에는 분양대행을 할 수 있다. 그러나 상업용 건물에 대한 규정은 없으므로 분양대행을 해도 무방하다.

일반 상업용 건물의 분양대행은 공인중개사가 할 수도 있는데 수수료율은 정해져 있지 않으므로 협의하여 수수료를 산정할 수 있을 것이다. 보통 상업용 건물 분양사업의 경우 분양대금의 1.5~3% 정도로 책정한다.

아파트 시행사들이 예산을 책정할 때 분양대행 경비로 세대당 이름 있는 대형 회사는 150만 원 정도, 인지도가 떨어지는 지방 중소업체는 세대당 180만 원 정도로 산정하는 것이 보통이다

한국민 씨는 2%를 책정하여 분양대행료를 지급하는 조건으로 계약하고, 임대의 경우는 건축주 부분을 0.8%로 하여 시행한다.

분양수수료 지급방식은 계약하기 나름이다. 각 호실별로 분양계약시 1% 지급하고 중도금 지불시 1%를 지급하면 무방하다. 계약금 지불 후에는 해약이 가능하지만(위약금 발생) 중도금 지불 후에는 해약이 불가능하다.

수수료 지급에 따른 증빙서류 중 세금계산서를 발행하는 것이

원칙이다. 중개업자들이 영세하고 세금계산서 발행을 꺼리기 때문에 발행하지 않는 경우가 많은데 나중에 원가산정에 문제가 있을 수 있으므로 될 수 있으면 발행하는 것이 좋다.

건물시공을 담당하고 있는 건설기술자 김씨에게 분양을 받고자 하는 사람이 찾아와 건물에 관한 사항을 묻는 과정에서 김씨가 건축주에게 분양자를 알선하고 수수료를 받았다면 어떻게 될까?

중개업법령은 중개사로 등록하고 계속적인 업무를 하며 일정 수수료를 받는 중개사를 대상으로 규율하고 있다. 중개자격이 없는 일반인이 소개를 하고 중개수수료를 받아도 1회 정도 소개했다고 해서 중개업법령으로 처벌하기에는 부적합할 것이다.

2. 분양시기

공동주택은 사업승인을 취득한 후에 분양을 하도록 되어 있으나 상가는 그러한 규정이 없다. 상가분양이 시회적 문제를 유발하여 2005년 하반기부터는 분양요건이 강화된다.

연면적 3,000㎡ 이상의 상가나 오피스텔, 아파트형 공장, 펜션 등은 분양보증을 받거나 골조공사가 끝난 뒤에 분양해야 하고, 토지 소유권 확보와 건축허가를 받아야 분양이 가능하도록 바뀌었다. 전에는 그렇지 않은 경우도 분양이 가능했다.

건축주 재량에 의해서 분양시기를 결정하되 상가건물 분양임대 활성화 시기는 1~3월, 8~11월로 이 기간에 분양이 잘 된다고 한다. 이 시기의 한 달 전쯤을 분양시기로 잡는 것이 좋고, 착공일시가 이 기간이 아닐 때는 착공과 동시에 분양을 시작하는 것이 사업에 유리할 것이다.

3. 분양단가 산정

사업계획을 세울 때 분양단가를 개략적으로 조사하여 계획을 수립했다. 이제는 호수별 특성과 적정 가격을 책정하여 이 금액으로 분양을 하게 될 것이다. 중개업자가 분양가를 조사하고 건축주가 검토하여 적정 금액을 산정한다.

한국민 씨는 분양가를 호실별로 조사하여 다음 페이지의 표와 같이 결정하고 분양했다.

모텔 방 개수 산정방법

실 구성이 되지 않은 상태에서 개략적인 방 개수를 정할 때는 바닥면적 10평당 방 하나로 산정하면 큰 오차는 없을 것이다.

모델 건물은 8층 바닥면적이 168평이므로 16개의 객실을 구성할 수 있을 것이다(모텔급 기준).

분양단가는 보통 객실당 얼마로 하는 경우가 많다. 지역에 따라 다를 수 있지만 한국민 씨의 경우 객실당 분양가를 5,200~5,400만 원 사이로 파악했다.

층	호실	분양면적	분양단가	분양금액
1층	101호	41.05	12,000,000	492,600,000
	102호	41.05	12,500,000	513,125,000
	103호	41.05	13,000,000	533,650,000
	104호	59.11	12,000,000	709,320,000
	105호	32.84	10,000,000	328,400,000
	소계	215.1		2,577,095,000
2층	201호	100.23	5,300,000	531,219,000
	202호	114.87	5,250,000	603,067,500
	소계	215.1		1,134,286,500
3층	301호	85.39	4,850,000	414,141,500
	302호	76.97	4,900,000	377,153,000
	303호	52.74	4,800,000	253,152,000
	소계	215.1		1,044,446,500
4층	401호	85.39	3,800,000	324,482,000
	402호	76.97	3,900,000	300,183,000
	403호	52.74	3,500,000	184,590,000
	소계	215.1		809,255,000
5층	501호	85.39	3,800,000	324,482,000
	502호	76.97	3,900,000	300,183,000
	503호	52.74	3,500,000	184,590,000
	소계	215.1		809,255,000
6층	601호	85.39	3,600,000	307,404,000
	602호	76.97	3,650,000	280,940,500
	603호	52.74	3,400,000	179,316,000
	소계	215.1		767,660,500
7층	701호	49.26	3,500,000	172,410,000
	702호	49.26	3,500,000	172,410,000
	703호	49.26	3,600,000	177,336,000
	704호	67.32	3,400,000	228,888,000
	소계	215.1		751,044,000
8층	801호	215.1	4,000,000	860,400,000
9층	901호	215.2	4,000,000	860,800,000
합계		1,936		9,614,242,500

4. 분양계약서 작성

분양할 때 분양계약서는 분양대행자가 작성하고 건축주, 분양
자, 중개업자가 3부를 작성하여 날인하고 각자 1부씩 보관하되
중개업자는 5년간 보관해야 한다.

1) 거래당사자의 인적사항

거래당사자의 성명, 주소, 주민등록번호, 전화번호 등을 기록
하고, 매수자가 다수일 경우에는 다수의 인적사항을 모두 기록한
다. 중개업자의 인적사항도 기록할 수 있다.

2) 물건의 표시

토지와 건물을 구분하여 소재지, 호수, 면적 등을 기록한다. 분
양을 위해 토지의 면적을 산정할 때 전용면적의 비율에 따라 산
정한다.

다른 호수의 전용면적의 증감에 따라 영향을 미칠 수 있으므로
나중에 미미한 변경이 발생할 수 있다는 조항으로 계약하고, 건
물을 인도할 때 정확하게 토지지분을 산정하는 것이 민원발생을
줄일 수 있는 합리적인 방법이다.

3) 물건의 인도일시

준공 후 인도하는 것으로 하되 준공이 지연될 경우를 대비하여
1개월 정도 여유를 두고 인도일시를 산정하는 것이 합리적이다.

4) 분양금 납입방법

분양대금은 계약할 때 10%, 중도금은 건축주 재량에 의해 차
수를 나누되 50% 정도, 잔금은 40% 정도로 하면 무난하다. 이
요율은 계약금만 10%로 정해져 있으므로 다른 부분은 납입횟수,
비율, 시기 등을 건축주가 임의로 조절하면 된다.

5) 기타 약정내용

기타 사항으로는 연체금 지체상금에 관한 사항, 분양면적의 증
감, 소유권 이전, 제세공과금, 계약해지, 화재보험, 상가용도, 관
리, 시설물 유지관리, 간판부착, 기타 사항으로 구성할 수 있다.

5. 분양받는 자의 사업자등록증 교부방법과 교부시기

분양받는 자는 분양금을 납부할 때 원칙적으로 부가가치세를
납부해야 한다. 분기말을 기준으로 다음달 25일까지 부가가치세
신고를 하고, 일반과세자의 경우 신고 후 15일 이내에 환급받을
수 있다. 그런데 개인이 상가를 분양받는 조건이면 부가가치세를
환급받을 수 없고 개인사업자 중 일반과세자일 경우에는 환급받
을 수 있다.

원칙은 계약할 때, 중도금 납부, 잔금 납부할 때 세금계산서를
발행해야 한다. 부가가치세를 환급받기 위해서는 사업자등록증
을 계약일로부터 20일 이내에 교부받아야 한다. 분양계약서와 인

적사항을 적어 관할 세무서에 가져가면 사업자등록증을 교부받을 수 있다.

여기서 분양자가 알아야 할 사항은 개인등기 등록 이후 20일 이내에 사업자등록증을 교부받지 않으면 부가가치세를 환급받을 수 없다는 것이다.

홍길동 씨의 경우 이 부분에 대한 지식이 부족하고 분양자들도 지식이 부족하여 개인등기 이전 후 일정 날짜가 지난 후에 이 사실을 알고 급히 서둔 경험이 있다. 건축주는 피해가 없을 수 있으나 분양자는 피해가 있을 수 있다. 건축주는 될 수 있으면 분양할 때 사업자등록증을 교부하도록 해서 서로의 피해를 줄이는 것이 최상책이다.

업태는 부동산, 종목은 건물 임대로 한다. 아직 업종이 정해진 상태가 아니므로 우선 임대로 정해놓고 나중에 자기 영업을 할 때 업종에 따라 업태와 종목을 변경하면 된다. 처리기간은 1일 정도면 가능할 것이다.

6. 세금계산서 발행방법

상가는 부가가치세가 발생하지만 건물부분만 발생하고 토지부분은 부가가치세가 발생하지 않는다. 따라서 건물부분은 세금계산서를, 토지부분은 면세계산서를 발행해야 한다.

분양금에서 토지지분에 대한 가격을 공제한 부분이 건물분으로 세금계산서 발행금액이 된다. 토지지분 면적에 토지원가를 곱하면 토지금액이 되고, 이 금액이 면세계산서 발행금액이 된다.

토지지분 면적 산정방식은 전용면적 합계에 대해 호실별 전용면적의 비율을 산정하여 토지면적을 호실별로 분배한다.

■ 토지면적 산정방식

- 전체 토지면적 : 958.682m²(290평)
- 토지구입 대금 : 1,537,000,000원
- 토지단가 : 1,537,000,000/958.68m²=1,603,246원
- 건물 전체 전용면적 : 1,179×3.3058=3,897.5m²

101호의 토지지분 산정방식

101호의 전용면적은 25(평) × 3.3058=82.65m²

3,897.5：958.68=82.65：X

X=958.68 × 82.65/3,897.5

X=20.33m²

모델 건물의 분양가는 부가가치세 별도이므로 101호의 경우 분양자로부터 납입받아야 하는 금액은 분양금 492,600,000원에 대한 부가가치세, 세금계산서 발행금액 460,006,009원의 10%인 46,000,600원을 더하여 합계 538,600,600원이며, 부가가치세

호실별 계산서 발행금액표

호실	전용 면적 (평)	① 분양금액 (원)	② 토지 지분(m²)	③토지단가	면세계산서 발행금액 ④=②×③	세금계산서 발행금액 ⑤=①-④
101호	25	492,600,000	20.33	1,603,246	32,593,991	460,006,009
102호	25	513,125,000	20.33	1,603,246	32,593,991	480,531,009
103호	25	533,650,000	20.33	1,603,246	32,593,991	501,056,009
104호	36	709,320,000	29.27	1,603,246	46,927,010	662,392,990
105호	20	328,400,000	16.26	1,603,246	26,068,780	302,331,220
201호	61	531,219,000	49.6	1,603,246	79,521,002	451,697,998
202호	70	603,067,500	56.92	1,603,246	91,256,762	511,810,738
301호	52	414,141,500	42.28	1,603,246	67,785,241	346,356,259
302호	47	377,153,000	38.22	1,603,246	61,276,062	315,876,938
303호	32	253,152,000	26.02	1,603,246	41,716,461	211,435,539
401호	52	324,482,000	42.28	1,603,246	67,785,241	256,696,759
402호	47	300,183,000	38.22	1,603,246	61,276,062	238,906,938
403호	32	184,590,000	26.02	1,603,246	41,716,461	142,873,539
501호	52	324,482,000	42.28	1,603,246	67,785,241	256,696,759
502호	47	300,183,000	38.22	1,603,246	61,276,062	238,906,938
503호	32	184,590,000	26.02	1,603,246	41,716,461	142,873,539
601호	52	307,404,000	42.28	1,603,246	67,785,241	239,618,759
602호	47	280,940,500	38.22	1,603,246	61,276,062	219,664,438
603호	32	179,316,000	26.02	1,603,246	41,716,461	137,599,539
701호	30	172,410,000	24.4	1,603,246	39,119,202	133,290,798
702호	30	172,410,000	24.4	1,603,246	39,119,202	133,290,798
703호	30	177,336,000	24.4	1,603,246	39,119,202	138,216,798
704호	41	228,888,000	33.32	1,603,246	53,420,157	175,467,843
801호	131	860,400,000	106.52	1,603,246	170,777,764	689,622,236
901호	131	860,800,000	106.52	1,603,246	170,777,889	690,022,111
합계	1,179	9,614,242,500	958.68		1,537,000,000	8,077,242,500

46,000,600원을 국세청에 납부하면 된다.

■ 세금계산서 작성방법

분양사업에서 세금계산서를 발행하는 것은 공사비 형태로 지출되는 부분과 분양자에게 납입받는 분양금에 대한 세금계산서 발행의 두 가지 형태가 있다. 이 부분의 작성방법이 조금 다르므로 다음을 참고하여 파악해보자.

1) 공사비 세금계산서 발행방법
예를 들어 공사비 1억 원을 시공사에 지급할 때

- 공급자는 시공업체, 공급받는 자는 건축주가 되고 사업자등록증을 보고 기재한다. 공급자는 성명란에 도장을 날인해야 하고 공급받는 자는 날인 유무와 상관없다.
- 연, 월, 일을 작성한다. 공급가액은 100,000,000원이고 세액은 10,000,000원이다. 공란수에는 공급가액의 공란수, 즉 100억, 10억 단위의 공란 2를 기재한다.
- 월, 일을 작성하고 품목은 공사비면 공사비, 설계 중도금이면 설계 중도금 등으로 기재한다. 공급가액과 세액은 위의 사항 그대로 작성한다.
- 합계 금액은 공급가액에 세액을 합한 금액이 기재된다.
- 돈을 지급했을 때는 영수란에 체크한다.

[별지 제11호 서식] (청 색)

세금계산서 (공급받는자 보관용)	책번호	권	호
	일련번호	-	

공급자	등록번호	- -	공급받는자	등록번호	- -
	상호(법인명) / 성명(대표자)	㉿		상호(법인명) / 성명(대표자)	㉿
	사업장 주소			사업장 주소	
	업태 / 종목			업태 / 종목	

작성			공급가액												세액										비고
년	월	일	공란수	백	십	억	천	백	십	만	천	백	십	일	십	억	천	백	십	만	천	백	십	일	
			2			1	0	0	0	0	0	0	0	0			1	0	0	0	0	0	0	0	

월	일	품목	규격	수량	단가	공급가액	세액	비고
		공사 기성금				100,000,000	10,000,000	

합계금액	현금	수표	어음	외상미수금	이 금액을 영수/청구 함
110,000,000					

22226-28132일 '96. 2. 27개정 182㎜×128㎜ 인쇄용지(특급) 34g/㎡

2) 분양금에 대한 세금계산서 발행방법

303호를 기준으로 할 때(실거래가 기준)

- 공급자는 건축주가 되고 공급받는 자는 분양받는 자가 된다. 공급자는 성명란에 날인해야 하고, 공급받는 자는 날인 유무와 상관없다.
- 연, 월, 일을 작성하고 공급가액은 토지금액을 제외한 금액을 기록한다. 세액은 공급가액의 10%를 기재한다. 공란수는 공란이 두 칸이므로 2를 작성한다.
- 월, 일을 기재하고 품목은 303호 분양대금(건물분)으로 작성한다.

	세 금 계 산 서	(공급받는자\n보 관 용)	책 번 호		권		호
			일련번호	−			

세 금 계 산 서 (공급받는자 / 보 관 용)

공급자	등록번호		−	−			공급받는자	등록번호		−	−	
	상 호 (법인명)		성 명 (대표자)	㉞				상 호 (법인명)		성 명 (대표자)	㉞	
	사업장 주 소							사업장 주 소				
	업 태		종목					업 태		종목		

작 성			공 급 가 액											세 액									비 고
년	월	일	공란수	백	십	억	천	백	십	만	천	백	십	일	십	억	천	백	십	만	천	백	십	일
			2			2	1	1	4	3	5	5	3	9		2	1	1	4	3	5	5	4	

월	일	품　　　　목	규 격	수 량	단 가	공 급 가 액	세 액	비 고
		303호 분양대금				211,435,539	21,143,554	
		(건물분)						

합계금액	현 금	수 표	어 음	외상미수금	이 금액을 영수/청구 함
232,579,093					

- 공급가액, 세액은 위의 사항 그대로 작성한다.
- 합계금액은 공급가액에 세액을 더한 금액을 적는다.

3) 면세계산서 작성방법

303호를 기준으로 할 때(실거래가 기준)

- 공급자는 건축주가 되고 공급받는 자는 분양받는 자가 된다. 공급자는 성명란에 날인해야 하고, 공급받는 자는 날인 유무와 상관없다.
- 연, 월, 일을 작성하고 공급가액은 토지분에 대한 금액이 기재된다. 공란수는 빈 칸이 두 칸이므로 2를 기재한다.

244

계　산　서 (공급자 보관용)	책 번 호		권		호
	일련번호	—	—		

공급자	등록번호			공급받는자	등록번호	—	—
	상호(법인명)	성명	㊞		상호(법인명)	성명	㊞
	사업장주소				사업장주소		
	업태	종목			업태	종목	

작 성 / 공 급 가 액 / 비 고

년	월	일	공란수	십	억	천	백	십	만	천	백	십	일
			2			4	1	7	1	6	4	6	1

월	일	품　　　목	규 격	수 량	단 가	공 급 가 액	비 고
		303호 분양대금(토지분)				41,716,461	

합 계 금 액	현 금	수 표	어 음	외상미수금	이 금액을 영수 / 청구 함
41,716,461					

2207-325A　95. 1. 25 승인　　　　　　　　　　182㎜×128㎜ 인쇄용지 (특급) 34g /㎡

- 월, 일을 작성하고 품목은 303호 분양금(토지분)을 적는다.
- 합계 금액은 공급가액이 된다.

> **Point**
>
> 세금계산서나 면세계산서를 발행할 때 글자가 잘못되면 원칙적으로 재작성한다. 이렇게 하는 것이 나중에 문제가 발생하지 않는다.

7. 임대금액 산정방법

건축주 또는 분양받는 자가 분양 후 임대를 할 때 임대금액을 어떻게 산정하는지 알아보자.

임대금액은 주위 환경을 파악하여 분양가의 몇 % 정도로 임대하는지 먼저 알아보아야 한다. 보통 상가일 때 1층의 경우 분양가의 55~60%, 2~3층은 60% 정도, 4층 이상은 65% 정도에서 결정될 것이다.

그 다음은 그 지역의 월세금리를 몇 % 정도 적용하는지 파악해야 한다. 보통 상가의 경우 월세금리는 시세변동이 있지만 월 1.5~1.2% 정도의 금리를 적용하는 경우가 많다.

계산방식

301호를 기준으로 임대가는 분양가의 60% 수준, 월 금리 1.5% 수준으로 할 때 임대보증금은 임의로 정할 수 있으나 4,000만 원을 가정하고 나머지를 월세로 했을 때를 알아보자.

임대가는 분양가 414,141,500원의 60%=248,484,900원
월세 대상 금액은 임대가
248,484,900−40,000,000(임대보증금)=208,484,900원
1년 월세 총액은 208,484,900×1.5%(월 금리)×12개월=37,527,282원
월세금액은 37,527,282 / 12개월=3,127,274원

　따라서 301호의 경우 임대보증금 4,000만 원, 월세 3,127,274
원이 된다.

> **Point**
>
> - 분양대행자를 선정할 때 어떤 방식으로 분양계약을 하는 것이 좋을지
>   연구한다.
> - 분양수수료는 얼마로 결정할 것인지 검토한다.
> - 분양시기를 잘 선택한다.
> - 분양계약서를 보관한다.

새는 돈을 없애라

공사를 시행하면 여러 가지 형태로 설계변경이 이루어질 수 있다. 설계변경 없이 진행할 수 있다면 다행이지만 필자의 경험으로는 설계변경이 없는 공사는 단 한 번도 보지 못했다.

설계변경은 곧 공사비 증감으로 이어진다. 보통 사람들은 반드시 공사금액이 증가되는 것으로 알고 있으나 꼭 그런 것은 아니다. 하지만 90% 이상은 공사비가 증가된다고 보면 된다.

일반인들은 설계변경이 발생하여 공사비가 증가되면 시기당한 듯한 기분을 느끼는데 정당하게 발생했으면 정당하게 처리하는 것이 합리적이다. 건설이라 처음 계획한 대로 완벽하게 진행되기는 어려운 경향이 있다.

여기에서는 가장 빈번하게 일어날 수 있는 설계변경 사안들을 검토하여 설계변경을 줄이고 공사금액도 줄일 수 있는 방법을 연구하도록 한다.

1. 돈이 새는 이유

어떤 경우에 설계변경이 발생할 수 있는지 알아보자.

■ 현장과 도면의 불일치

현장과 설계도 간에 맞지 않는 경우는 여러 가지 요인이 있을 수 있지만 빈번하게 발생하는 문제는 다음 두 가지로 요약될 수 있다.

1) 지질조사를 생략했을 경우

설계사무소에서 설계 전에 지질조사를 실시한 후에 설계하는 것이 보통이지만 이를 생략했을 경우 변수가 발생할 수 있다.

따라서 반드시 지질조사 후에 지질조사 보고서를 토대로 설계해야 한다. 그렇지 못하여 설계를 변경하는 사태가 발생하면 추가부분은 전액 건축주가 부담하는 것이 통례이다.

2) 대지경계 측량을 설계 후에 했을 경우

설계 후 공사를 착공할 때 대지경계 측량을 하는 경우가 90% 이상이다. 측량 후 설계도와 비교했을 때 맞지 않는 경우는 근래의 토지구획 정리지구를 제외하면 거의 30% 이상이라고 할 수 있다.

이때 설계를 변경하면 공사금액이 늘어나는 경우가 많다. 설계

전에 설계업자에게 측량을 하도록 하고, 여기에 부담되는 측량경비를 설계계약시 포함시키면 나중에 대지경계와 관련된 공사금액 증가와 공사지연 등의 문제를 줄일 수 있다.

2004년 00광역시의 택지개발지 내 00대지에 경계측량을 하지 않고 3층짜리 건물을 지었다.

건축사는 지적도 등을 바탕으로 설계를 하였고, 시공사는 도면대로 건물을 짓고 준공까지 마쳤다. 준공 후 등기를 완료하고 건물을 담보로 대출을 신청했는데 실사과정에서 남의 땅에 건물을 지은 것으로 확인되었다.

이런 경우가 발생할 수 있었던 것은 건축사는 지적도 및 토지공부로 설계가 가능하고, 관청은 서류상 하자가 없으면 허가 및 준공이 가능하다. 물론 준공 때 검사를 하지만 도면대로 시공되었는지 건물 자체의 문제는 지적하기 쉽지만, 비슷비슷한 땅에 건축되어 있는 건물을 지적하는 경우는 쉽지 않다.

등기소는 서류상 맞으면 등기가 가능하다. 이는 형식적인 심사제도를 취하고 있는 우리나라 등기법의 특성에서 충분히 발생할 수 있는 문제이다. 즉 등기는 공신력이 없다.

이런 상황에서는 원 토지 소유자의 처분을 기다려야 한다. 건축사에게는 경계측량의 감독업무를 소홀히 한 책임이 있을 것이고, 시공사에게는 경계측량을 하지 않은 책임이 돌아올 수밖에 없을 것이다.

택지개발지구의 필지는 비슷비슷하지만 충분히 발생할 수 있는 사례이므로, 경계측량을 중요한 사안으로 인식해야 한다.

■ 건축주가 구조변경 또는 재료변경을 요구할 때

공사 도중 건축주가 구조를 변경하거나 재료를 변경할 때 금액 변동이 발생할 수 있다.

더 좋은 재료로 했을 경우 건축주가 추가금액을 부담해야 한다. 이때는 변경 전 재료의 수량과 단가 등을 파악하여 정산해야 한다. 그러나 일반인들은 이 부분을 잘 알 수 없으므로 현장에 판견한 공사감독관에게 정확한 파악을 요구하면 된다.

설계변경 사항 중에 건축주의 요구에 의해 변경되는 부분이 전체 설계변경 부분의 30% 이상을 차지한다.

■ 설계누락 및 자재수급 문제가 발생할 때

설계사무소의 직원들은 대부분 졸업 후 설계 쪽의 업무만 해왔으므로 시공경험이 적은 편이다. 기본설계를 바탕으로 표준상세도를 첨가하여 도면이 완성되는데 마감 공종에서 미표기된 부분이 발생할 수 있다.

시공할 때는 마감을 위해 미표기된 부분도 시공할 수밖에 없으므로 이런 부분들이 설계변경의 대상이 된다.

■ 분양자의 요구가 있을 때

분양자가 자기 업종에 맞게 변경을 요구하는 경우도 있다. 주로 마감재의 변경을 요구하는 경우가 대부분이다. 이럴 때는 금액의 가감요인을 누가 부담할 것인지를 계약서상에 명기하여 나중에 문제가 발생할 때 책임 소재를 밝혀두는 것이 합리적이다.

2. 가장 빈번하게 발생하는 설계변경 사안

■ 토목부분

대지경계 측량이나 지질조사의 사항과 변동이 없다면 크게 설계변경이 발생하지 않는다. 다만 지하실 층고 등의 문제로 터파기 면적이 증가하는 부분에서 발생할 수 있다.

설계사무소는 각종 장비사양을 미처 파악하지 못하여 공사 도중 층고를 높이는 경향이 허다하게 발생한다. 변경량이 공사비에 크게 영향을 미치진 않지만 설계할 때 충분한 높이를 산정하는 것이 바람직하다.

■ 건축부분

수량 산출내역에 따라 발주하면 시공사는 각 공종별로 하도급을 시행할 때 보통 평 단위로 시행한다. 따라서 재료의 변경이 아닌 경우에는 크게 문제시되지 않지만 수량으로 발주하는 공종의 경우에는 빈번하게 발생한다.

여기서는 어느 현장에서나 공통적으로 발생할 수 있는 사안만 파악하여 설계할 때 반영하도록 한다.

1) 엘리베이터

엘리베이터의 인승용량을 늘렸을 경우. 설계사무소에서 적정 인승을 산정하지만 조금의 여유를 두는 것이 좋다. 여기에서 가격변동 요인이 발생한다.

엘리베이터는 일반인용과 장애인용이 있는데 장애인용은 법적인 제약에 따라 설치해야 하는 규정이 있다. 그런데 장애인용을 설치하지 않아도 무방하므로 설계사무소는 규정대로 하지만 건축주의 요구에 의해서 장애인용으로 대체하여 시공하는 경우가 많다. 일반인용에 비해 금액이 10% 정도 증가될 수 있으므로 설계할 때 검토하여 반영하는 것이 합리적이다.

2) 잡철공사 부분

잡철공사는 수량에 의해 발주하므로 하나 증가할 때마다 반드시 원가상승이 따른다. 하도급 업자는 추가를 요구하고 시공사는 건축주에게 추가를 요구한다. 크게 대두되는 부분은 다음과 같다.

① 방범셔터 부분

근래에는 셔터를 설치하지 않는 경우가 많으나 건축주는 하고 싶은데 도면상 없다든지 했을 경우 추가비용이 발생한다.

또한 일반셔터로 표기되어 있는 것을 전동셔터로 변경했을 때 많이 발생한다. 전동셔터의 경우 금액이 커지므로 셔터의 유무와 종류를 설계할 때 명기하여 설계변경을 줄인다.

② 기타 잡철부분

마감을 위해 도면에 미표기된 부분이 많은데 이때 추가비용이 발생한다.

주로 소방법의 적용을 받는 방화문의 각종 첨가물, 도어클로즈 설치유무, 비상탈출을 위한 각종 사다리, 지하실 배수를 위한 트렌치, 엘리베이터 사용검사를 받기 위한 엘리베이터 기계실의 각종 창호, 각종 재료의 이음부분에 미관을 고려하여 설치하는 재료분리대 등이 가장 많이 대두된다. 모델 건물 공사의 규모로 볼 때 2,000만 원 내외의 추가비용이 발생할 것이다.

따라서 계약할 때 특약사항에 마감공사를 위한 각종 잡철 추가부분은 건축주가 요구시 설치한다고 명기하면 추가비용을 줄일 수 있다.

계약서에 명기하느냐, 안 하느냐의 차이는 안 했을 경우 대부분의 금액을 건축주가 부담해야 한다. 그러나 명기하고 계약하면 계약할 때 원가상승의 요인은 있으나 견적 후 가격조절 단계에서 이 부분이 묻힐 수 있으므로 꼭 추가된 것이라고 볼 수는 없다.

추가요구는 대부분 잡철부분에서 발생하여 다른 것도 첨가하여 요구하게 되므로, 잡철부분의 추가를 최소화하면 추가에 대한 문제는 쉽게 넘어갈 수 있다.

■ 전기부분

대체로 평당으로 하도급 계약을 하므로 이런 문제는 발생할 소지가 적다. 그러나 건축주가 등의 종류를 바꾼다든지, 수전설비의 용량을 증가시킨다든지, 수전설비의 설치위치에 따라, 안전보호망의 유무에 따라 설계변경이 발생할 수 있다.

설계할 때 등의 종류를 검토하고 수전설비의 용량을 파악하며, 옥상에 수전설비를 설치할 때는 안전보호망의 유무를 확인하면 추가 발생요인은 별로 없을 것이다.

■ 설비공사

설비공사도 발생요인이 적지만, 화장실 각종 도기의 종류를 건축주가 변경했을 때 많이 발생한다.

화변기를 좌변기로 하든지, 소변기에 자동센서를 부착하든지, 타일 종류를 고가품으로 하면 추가비용이 발생할 수 있다. 장비 부분에서는 크게 문제가 발생하지 않으나 한 개라도 생략됐다면 고가품이므로 문제가 크다.

건축주는 변기의 종류가 자동인지 수동인지 파악하고, 장비가 누락됐는지도 파악해야 한다. 또한 물탱크의 재질이 무엇인지, 용량은 적합한지 등을 종합적으로 확인하면 된다. 물탱크의 용량이 부족하거나 일반 재질을 스테인리스로 변경할 때도 추가비용이 발생할 수 있는데 이 부분은 금액이 고가이다.

3. 설계변경시 대처방안

위의 사항을 검토하여 설계에 반영하든지 특약사항에 기록하면 설계변경을 70% 이상 줄일 수 있을 것이다.

제대로 된 회사라면 설계변경이 하나 발생할 때마다 추가비용을 받기 위해 건축주의 확인을 요구한다. 정당하게 추가비용이 발생하면 추가비용을 지불하는 것이 도리일 것이다.

추가비용이 발생할 때마다 하나하나 정산할 수는 없으므로 준공 후에 정산하는 것으로 진행하되 공사감독에게 정확히 파악할 것을 지시한다.

추가 설치된 것이 있으면 빠지는 부분도 발생하는데 빠지는 부분을 잘 알아야 한다. 예를 들어 바닥이 비닐타일로 되어 있는 것을 화강석으로 변경했을 경우, 비닐타일을 시공하기 위해서는 바닥미장이 필요하므로 정산할 때는 바닥미장과 비닐타일 두 부분이 빠진다.

비전문가는 이런 부분을 잘 모르므로 공사감독관에게 지시하여 파악하는 것이 합리적이다.

어떤 공사든 추가비용은 발생한다. 건축주는 공사금액의 5% 내외에서 추가비용이 발생한다고 생각하고 앞에서와 같이 검토하면 2% 이내로 줄일 수 있을 것이다.

- 건축주는 지질조사와 경계측량을 설계 전에 시행하도록 설계사무소에 지시한다.
- 빈번하게 발생하는 사안은 설계할 때 검토하도록 설계사무소에 지시한다.
- 설계변경이 발생할 때 감독에게 직접 검토를 지시하면 된다.

각종 분담금

공사를 하면 각종 분담금을 납부해야 된다. 이 금액은 지역 및 조건에 따라 변동사항이 발생하므로 공사계약시 제외했는데 어떠한 것들이 있는지 알아보자.

상가를 기준으로 한 것이고, 사업계획을 세울 때 개략적인 금액을 알아야 사업계획서를 작성할 수 있으므로 개략적인 내용이 될 것이다.

1. 전기인입 분담금

공사를 시작할 때 시공사에서는 임시가설 전기를 인입하여 공사를 진행한다. 준공 때 본 전기를 인입해야 각종 장비의 사용승인을 받을 수 있고, 각종 장비의 사용승인을 받아야 준공을 받을 수 있을 것이다.

본 전기인입 신청은 시공사가 대행하고 소요되는 금액은 건축주가 부담한다. 한국전력에 본 전기인입 신청을 하면 한전에서 건물의 전기용량과 각종 여건을 검토하여 분담금을 산정하고, 비용을 납부하면 시설작업을 한 후 통전시험을 거쳐 수전을 실시한다.

사업계획시 대략 어느 정도의 전기 분담금이 소요되는지 파악할 수 있어야 계획서를 작성할 수 있다. 평당 8,000원 정도 산정하면 무리가 없을 것이다. 모델 건물의 경우는 1,936(평)×8,000원=15,488,000원 정도 예산에 반영될 것이다.

사업계획시 건축에 관한 기본 도면만 있으므로 전기 등의 도면은 없다. 그러므로 전기 분담금을 알 수 없는데 산정하는 방식을 개략적으로 기술해보겠다. 먼저 건물의 전기 사용용량을 파악하고, 그 다음 그 용량에 대한 한국전력 표준단가비를 대입하면 예산을 잡을 수 있을 것이다.

■ 건물의 전기 사용용량 계산방법

설계사무소에서 건물 전기용량을 계산할 때는 산정기준에 의해 설계를 하게 된다.

인텔리전트 빌딩이나 상가점포의 경우 전력부화 밀도를 133~177va/m² 정도로 볼 때 보통 150 정도로 산정하면 무리가 없다(설계도면 작성 이전에 건축주가 임시로 계산해볼 수 있는 개략치임).

한국민 씨의 경우 1,936(평)×3.3058＝6,400m²

전력부화 밀도는 6,400×150＝960,000va

따라서 용량은 960kW로 설계될 것이고, 이에 대한 분담금이 어느 정도인지 예상할 수 있다.

1) 한국전력 분담금 산정방식

한국전력 표준공사비 단가는 기본공사비와 거리공사비로 나누어 금액을 산정한 다음 합산하여 부과한다.

기본공사비　　　　　　　　　　　　　　　　　　　부가가치세 별도

구분		금액	
		가공공급(원)	지중공급(원)
저압	계약전력 5kW까지	137,000	280,000
	5kW 초과분에 대한 매 1kW에 대하여	64,000	92,000
고압 또는 특별고압	신증설 계약전력의 매 1kW마다 (수전시설이 된 곳)	11,000	24,000

거리공사비　　　　　　　　　　　　　　　　　　　부가가지세 별도

구분			금액	
			가공공급(원)	지중공급(원)
신설거리 공사비	기본거리를 초과하는 신설거리 매 1m에 대하여	저압	47,000	63,000
		고압 또는 특별고압	47,000	120,000
첨가거리 공사비	기본거리를 초과하는 첨가거리 매 1m에 대하여		22,000	

> ### 예산산정의 예
>
> 모델 건물의 예상 사용전력은 960kW
>
> 가공공급이고 수전설비인 관계로 단가는 11,000원 적용
>
> 960 × 11,000 = 10,560,000(기본거리 내)
>
> 실제 금액은 한국전력에서 산정하여 부과한다.

2) 분담금 납부시기

한전의 소요시간을 고려하여 보통 준공 45일 정도 전에 신청하여 금액이 결정되면 이때 납부한다. 준공시기를 고려하여 충분히 여유를 두고 신청해야 준공에 차질이 없다.

2. 수도인입 분담금

주위의 여건과 관의 규정에 따라 다르고 지역별로 다르다. 수도과나 수도사업소에 신청하면 신청 후 5일 이내에 현장점검을 하여 시설분담금을 통지하고, 납부 후 15일 정도 지나면 인입이 가능할 수 있다.

예산을 작성을 할 때 스프링쿨러가 없는 5층 이하의 건물은 관경 50mm 정도로 산정하고, 스프링쿨러가 있는 10층 정도의 건물은 관경 75mm로 책정하여 예산을 잡으면 된다.

자치단체의 조례에 시설기준이 나와 있으므로 시설분담금과

시설공사비를 합하여 책정하면 된다. 다음 예는 어떤 자치단체의
조례이므로 참고로 살펴보자.

시설분담금

구경별	분담금액	
	동 지역(원)	읍·면 지역(원)
13mm	212,000	176,000
20mm	576,000	420,000
25mm	1,626,000	960,000
40mm	3,148,000	2,000,000
50mm	5,012,000	3,340,000
75mm	10,388,000	6,680,000
100mm	17,736,000	11,720,000
150mm	38,624,000	24,420,000
200mm	52,000,000	35,080,000

한국민 씨는 75mm 10,388,000원에 시설공사비 5,000,000원
정도를 더하여 15,388,000원 정도 산정되었다.

이것을 기준으로 예산작성시 반영하면 큰 무리는 없을 것이다.

납부시기는 보통 준공 1개월 전에 신청하면 준공에 차질이 없
다. 이 경우는 구획정리가 된 지역이나 기존 상가들의 기반시설
이 완료돼 있다는 것을 전제로 한 것이다.

3. 하수처리 분담금

각종 분담금 중에서 다른 것은 금액이 크지 않으므로 대충 알고 있어도 무방하지만 하수처리 분담금은 금액이 크므로 자금계획과 예산산정시 반드시 고려해야 하는 사항이다.

하수처리 분담금은 약 3가지 형태로 나타나는데 다음과 같다.

■ 하수종말 처리시설이 없는 지역

옛날에는 하수종말 처리시설이 없는 관계로 건물 내에 자체 정화조 시설을 했다. 아직도 하수처리가 되지 않은 지역은 공사할 때 자체 정화조 시설을 하여 건물 준공시 정화조 사용검사를 받아야 한다.

보통 정화조 시설을 하는 것이 시에서 부과하는 하수처리시설 분담금보다 공사금액이 적게 든다. 평당 5만 원 정도로 공사비를 책정하면 될 것이다.

앞에서 공사를 발주할 때 하수비용은 제외하는 것으로 발주했기에 추가금액이 평당 5만 원 정도 더 발생할 것이다.

■ 하수처리시설 분담금을 부담해야 하는 지역

하수종말 처리시설이 도시형성 이후 완료된 지역은 하수처리 분담금을 부담해야 한다. 하수처리 분담금은 자체 정화조 시설을 하는 것보다 훨씬 금액이 많이 소요된다. 사업계획서를 작성할 때는 대략 소요 예상금액을 평당 10만 원으로 산정하면 무리가 없을 것이다.

납부시기는 지자체의 조건에 따라 다르지만 건축허가시 일괄 납부 후 허가를 해주는 곳도 있고, 준공 때 준공서류에 하수처리 분담금 납부영수증을 첨부해야 준공을 해주는 두 가지 형태로 나타날 수 있다.

하수처리비용 적용방식

하수처리비용은 지역에 따라 톤(ton)당 비용이 다르지만 크게 용도와 업종에 따라 금액이 산정된다.

① 위락시설

위락시설일 경우에는 시의 산정금액을 그대로 납부하는 것이 좋다. 통상 연면적의 20% 정도이다. 즉 오수 발생량은 300 l /m² 이지만 실제 산정면적은 20%만 적용받으므로 60 l /m² 정도로 보면 될 것이다.

② 근린생활시설

근린생활시설은 용도에 따라 금액이 크게 다를 수 있다. 일반적으로 근린생활시설 중 음식점의 종류에 따라 금액변동이 크다. 따라서 준공할 때 분담금을 산정하기 위해 업종을 구체적으로 기록할 것을 요구한다.

업종별 오수발생량 산정기준(환경부 기준)

용도	업종	1일 오수발생량	인원 산정방식	면적 산정방식
숙박시설	관광호텔, 호텔, 모텔, 여인숙, 여관	250ℓ /인	0.04×연면적	
위락시설	캬바레, 나이트클럽	100ℓ /m^2		
	룸살롱, 단란주점 등	300ℓ /m^2		연면적의 20%
	무도장, 무도학원	16ℓ /m^2		
업무시설	일반사무소	15ℓ /m^2		
	오피스텔	200ℓ /인	(거실 개수−2)× 0.5+3.5+0.04× 연면적	
근린 생활 시설	즉석제조 판매점, 제과점	90ℓ /m^2		
	이 · 미용실	15ℓ /m^2		
	일반목욕탕	60ℓ /인		
	공중화장실	50ℓ /인	기준 참조	
	음식점(한식, 중식)	120ℓ /m^2		
	일반음식점	65ℓ /m^2		
	음식점(양식, 일식, 카페, 커피숍)	35ℓ /m^2		
	안마시술소	15ℓ /m^2		
	찜질방, 노래연습장, 비디오방	16ℓ /m^2		

음식점의 업종별 기준은 다음과 같은 적용을 받는다.

• 한식, 중식 음식점 : 가장 높은 120 l / m^2

• 일반음식점(휴게음식점으로 분식업 가능) : 65 l / m^2

• 양식, 일식, 커피숍, 카페 : 35 l / m^2

분양받는 사람들 중에는 업종을 정해놓은 사람도 있고 임대할 사람도 있다. 음식점 중에서 업종이 정해져 있지 않을 경우에는 먼저 휴게음식점으로 해서 분담금을 납입하고, 후에 세부 업종이 정해질 때 업종구분을 해도 무방하다.

4. 도시가스 분담금

건축주가 부담하지 않고 신청하면 가스공사에서 건물 외부까지 설비시설을 해주고 입점자들이 가스를 사용할 때 입주자 개인별로 시설비를 받는 경우가 많다.

학교용지 분담금

학교용지 확보에 관한 특례법은 시·도지사는 학교용지를 확보하기 위해 도시지역에서 300세대 이상 규모의 공동주택(임대주택 제외) 등을 분양받는 자에게 학교용지 분담금을 징수할 수 있다.

분담금 산정방식은 공동주택일 때 세대별 분양가격의 8/1,000, 단독주택 건축을 위한 토지일 경우에는 단독주택지 분양가격의 15/1,000를 납부해야 한다.

미납시에는 5%의 가산금이 부과된다. 하지만 헌법재판소는 학교용지 분담금의 부과는 위헌이라는 결정을 내린 바 있다.

준공

준공은 자금조달과 연계되므로 어느 시행자, 시공회사를 막론하고 항상 바쁘게 준비해야 한다. 준공이 이루어져야 보전등기를 하고 보전등기를 해야 분양자에게 소유권 이전등기를 할 수 있다. 또한 소유권 이전등기를 해야 잔금을 대출할 수 있고 잔금대출이 되어야 분양잔금이 입금될 수 있을 것이다.

준공은 적어도 2개월 전부터 준비를 해야 한다. 시공사, 설계사무소 등에 준공 예정일을 산정하여 통보하고 감독을 통하여 진행사항을 체크해야 할 것이다.

여기에서는 준공에 어떤 서류가 필요한지, 어떤 과정을 통하여 준공이 이루어지는지, 건축주는 무엇을 해야 하는지를 상세하게 기술할 것이다.

건축법 제8조, 제9조 및 제15조 제1항에 의하면 허가를 받거나 신고를 한 건축물의 경우 공사를 완료한 후 완료한 날로부터 7일 이내에 건축물의 사용승인을 신청해야 하며, 사용승인서를 교부받지 않으면 그 건축물을 사용할 수 없다. 이를 위반했을 경우 2년 이하의 징역 또는 1,000만 원 이하의 벌금에 처해진다.

사용승인을 허위로 받는 경우에는 200만 원 이하의 벌금에 처해진다. 준비사항은 다음과 같다.

1. 설계사무소 구비서류

- 사용승인 신청서
- 사용승인조사 및 검사조사서
- 감리보고서
- 배수설비 준공검사 신청서
- 도로점용 완료 확인 신청서
- 건축물 관리대장
- 집합건축물 소유자 현황
- 주차장 관리카드
- 건물 전경사진
- 조경사진
- 설계변경 신청서

■ 사용승인 신청서(작성 및 기록사항)

- 건축 허가번호 : 건축허가시 허가해준 번호가 있음

- 건축주 인적사항 : 성명, 주소, 주민등록번호 등이 기록된다.
- 대지에 관한 사항 : 대지의 위치, 번지, 지역, 지구, 구역에 관한 사항 등이 기록된다.
- 착공일시 : 착공 승인일

건물의 개요

① 건축물 전체 개요

대지면적, 건축면적, 건폐율, 연면적, 용적률, 건물 명칭, 주 건축물 동수, 부속 건축물 동수, 주 용도, 총 주차대수, 주차형식 등이 기록된다.

② 동별 개요

주·부속 구분, 동 명칭 및 번호, 건축주 성명, 설계자, 감리자, 시공자, 주 용도, 주 구조, 지붕 형식, 건축면적, 연면적, 용적률, 지하층수, 지상층수, 승용 승강기 대수, 비상용 승강기 대수 등이 기록된다.

③ 층별 개요

층 및 호실별로 층 구분, 건축 구분(신축·증축으로 구분), 구조, 형식, 용도, 면적 등이 기록된다.

④ 집합건축물 전유·공유면적표

호실별 용도, 전용면적, 공유면적을 구분해서 기록한다.

- 전유면적 : 그 호수에 사용되는 실제 면적
- 공유면적 : 건물 전체에서 공동으로 사용하는 면적, 주차장, 기계설비실, 엘리베이터홀, 계단실 등
- 호실별 면적 : 그 호실의 전유면적＋그 호실에 해당하는 공유면적

호실별 공유면적 산출방식

해당 호실 전유면적 / 건물 전체 전유면적 × 전체 공유면적

■ 사용승인조사 및 검사조사서

건축법 제23조 건축법 시행규칙 제21조 1항은 건축법 제23조 제2항의 규정에 의거 '현장조사, 검사 또는 확인 업무를 대행하는 자는 시장·군수·구청장에게 별지서식 제24호의 건축허가조사 및 검사조사서를 제출하여야 한다' 라고 되어 있다. 즉 설계감리를 한 업체가 아닌 제3의 건축사에게 건물의 적정 시공 여부를 확인받고 이를 사용승인서 제출시 첨부하도록 되어 있다.

제3의 검사대행자 선정방식은 관할 건축사협회에서 제비뽑기로 선정하여 검사대행을 시키는데, 대행자는 대행수수료를 수령하지만 금액이 미미하고 추후 책임문제가 수반되므로 설계한 업체와 친분이 있는 업체가 하는 경우도 있다.

사용승인조사 및 검사조사서의 검사사항들

① 대지 및 도로사항

대지의 안전조치, 도로 굴착부분에 대한 조치, 대지 내의 조경, 건축선 지정, 건축선에 대한 건축제한 등을 조사한다.

② 피난시설

직통계단의 설치, 피난·특별피난·옥외피난 계단의 설치, 관람석으로부터의 출구 설치, 계단 설치기준 및 구조, 거실의 채광·환기, 거실의 바닥, 경계 및 칸막이벽의 구조, 건축물이 설치하는 굴뚝 등을 조사한다.

③ 내화구조
④ 건축재료
⑤ 건축제한
⑥ 건폐율·용적률
⑦ 높이제한

⑧ 승강설비

승용 승강기의 설치, 승용 승강기의 구조, 비상용 승강기의 설치, 비상용 승강기의 승강장 및 구조, 배연설비의 설치 등을 조사한다.

⑨ 도시설계

도시설계의 적합 여부, 공개공지 확보 등을 조사한다.

⑩ 종합의견

위의 사항을 현장 조사한 후 검사자의 종합의견을 첨부하여 날인한다.

■ 감리보고서

건축법시행령 제19조에 의거해 바닥면적의 합계가 5,000m² 이상인 건축공사, 연속된 층이 5개 층 이상으로 바닥면적의 합계가 3,000m² 이상인 건축공사, 아파트 등은 감리요원이 현장에 상주하여 상주감리를 해야 하고, 준공시 감리보고서를 제출하도록 되어 있다.

1) 감리보고의 시기
- 기초공사 철근 배근 완료시
- 5층 이상인 건축물의 경우 지상 5개 층마다 상부 슬래브 배근 완료시
- 지붕 슬래브 배근 완료시

2) 감리보고서 제출
사용승인시 신청서와 함께 제출

■ 배수설비 준공검사 신청서

최근에는 환경문제가 중요시되므로 관청 하수과에서 배수설비 시설을 확인하여 사용승인 부서에 이상 유무를 확인해준다. 시공 전, 시공 중, 시공 후의 진행과정을 사진으로 첨부한다.

■ 도로점용 완료 확인 신청서

도로점용 완료 및 복구현황을 사진으로 첨부하여 신청하면 담당 부서에서 확인하여 사용승인 부서에 이상 유무를 알려주고 도로점용 사용료 납입영수증을 첨부한다.

■ 건축물 관리대장

층별·호실별 면적용도 등을 기록하여 작성하고 디스켓을 첨부하여 제출한다.

서류작성에 1주일 정도의 시간이 소요되므로 건축사는 사전에 준비해야 준공지연이 발생하지 않는다. 김대박 씨의 경우 건축사가 이 부분을 지연시켜 연말에 공사가 지연되었는데 이로 인해 잔금대출 등의 문제가 발생했다.

건축물 관리대장에 작성되는 면적과 용도는 추후 민원발생 대상이 되므로 정확히 해야 한다. 면적이 다를 경우 소유권 이전시 문제가 발생하고, 용도는 나중에 용도변경 과정에서 주차장, 정화조 등의 영향을 받으므로 변경이 불가능할 수 있다. 따라서 분양할 때 제시했던 용도로 기재해야 민원을 줄일 수 있다.

■ 집합건축물 소유자 현황

개인이 사업을 시행했을 경우에는 개인 명의로 건축물 관리대장에 소유자를 기록하면 되지만 공동사업자일 경우에는 사전검토가 필요하다.

1) 분양이 완료된 경우

공동 명의로 소유자를 기록해도 무방하다.

2) 잔여 분양호수가 있을 경우

분양 완료시점까지 진행하여 분양 후 이익을 분배할 것이라면 문제가 없지만, 미분양 세대를 개인 지분으로 분배할 경우 혹은 건축주 중에서 자기 사업을 위해 특정 호수를 개인 소유로 원할 경우에는 소유자를 공동으로 했다가 다시 개인으로 이전하면 취득세 · 등록세를 이중으로 부담하게 된다.

그러므로 자기 소유화할 건축주들은 해당 호수의 소유자를 개인으로 집합건축물 소유자 현황에 기록하여 추후 이중세금을 절약하는 것이 효율적이다.

예를 들어 101호를 건축주 중 한 명의 소유로 할 것인데 이것을 집합건축물 소유자 현황에 공동으로 기록하면 보전등기시 3%

내외의 지방세를 부담한다. 또한 보전등기 후 개인으로 다시 등기이전하면 약 6%의 지방세를 다시 물게 되는데 4억 9,200만 원의 6%이면 약 2,9050만 원을 개인이 추가로 부담해야 한다.

보통 이때쯤이면 미분양 호수는 개인별로 분배하는 경우가 많으므로 집합건축물 소유자 현황에 형식적 분할을 하여 개인별로 기록하는 것을 검토해야 한다.

■ 주차장 관리카드

양식에 의거해 실제 시공된 사진을 첨부하여 작성하고, 관할관청은 이를 기준으로 준공 후에도 주차문제를 관리한다.

■ 건물 전경사진

건물 전경을 2면 이상으로 촬영하여 첨부한다.

■ 조경사진

조경부분을 지상과 옥상으로 나누어 촬영하여 첨부한다.

■ 설계변경에 관한 사항

• 경미한 설계변경의 경우 : 준공시 일괄 처리

• 중요 부분 설계를 변경할 경우 : 허가사항 변경에 대한 건축 허가 신청서, 변경 후 도면 첨부

2. 건설회사 구비서류

준공신청시 시공회사에서 준비할 사항은 다음과 같다.

시공회사에서 구비해야 할 서류

• 통신사용 전 검사필증

• 주차 검사필증

• 소방완공 검사필증

• 승강기 검사필증

• 도시가스 공급 확인원

• 지하수 검사 확인필증

• 사업자 폐기물 배출자 확인필증

• 환경정비 확인서

• 정화조 검사필증

■ 통신사용 전 검사필증

통신공사 완료 후 통신감리의 확인을 받아 통신공사에 신청하

면 현장 확인 후에 필증을 교부한다.

■ 주차 검사필증

일반주차일 경우에는 관계없으나 기계식 주차일 경우에는 한국주차기관리협회에 신청하면 현장 확인 후에 한국주차기관리협회장 필증을 교부한다.

■ 소방완공 검사필증

준공 구비서류 중에서 소방완공 검사필증의 교부가 가장 어렵다. 준공시점의 규제를 적용받으므로 수시로 시공자는 지침 변경을 확인해야 한다. 준공의 지연은 대부분 소방검사에서 발생하고 보완하기도 대단히 어렵다.

이때의 검사필증은 건물 전체의 준공을 위한 것이고, 입점자가 인테리어 후에 영업을 할 경우에는 또다시 개인별로 검사를 받아야 한다. 소방감리의 확인을 받아 소방서에 신청하면 시설의 적합성, 피난부분 등을 현장 확인 후에 소방서장이 필증을 교부한다.

■ 승강기 검사필증

1990년대 중반까지는 승강기 설치공사가 3개월 이상 소요되었으나 근래에는 2개월 이내에 설치 완료할 수 있다.

승강기 사용 검사시 가장 많이 지적되는 사항이 승강기 기계실의 창호 부분이다. 설계사무소는 이 부분을 잘 모르고 설계하므로 대부분 준공할 때 지적사항이 발생한다. 골조공사를 할 때 이 부분을 검토하여 작업하면 문제가 별로 없을 것이다.

승강기 설치 후 한국승강기 안전관리원에 사용승인을 신청하면 현장 확인 후에 검사필증을 교부한다.

■ 도시가스 공급 확인원

요구하는 건축물만 준비하면 되고 필수사항이 아닌 경우가 많다.

■ 지하수 검사 확인필증

지하수 굴착을 조건으로 사업 승인된 공사에만 필요하다.

■ 사업자 폐기물 배출 확인필증

공사 도중 발생한 건축 폐기물을 배출했을 때 폐기물 처리업체에서 확인증을 교부한다. 이는 무단투기 등의 환경오염을 방지하는 데 목적이 있다.

■ 환경정비 확인서

공사 완료 후 공사로 인해 파손된 도로, 인도 및 주위 환경을 공사 전과 같이 복원하여 관할 동장에게 확인받고 확인서에 사진 등을 첨부한다.

■ 정화조 검사필증

① 현장 내 자체 정화조 시설을 한 경우
하수처리시설이 구비되지 않은 자치단체의 경우 건물에 자체 정화조 시설을 정화조 설치규정에 맞게 시행한 후 관청의 확인을 받아 검사필증을 교부받는다.

② 하수처리 분담금 납부를 조건으로 사업을 승인받은 경우
분담금 납부 영수증으로 대체한다.

3. 준공절차 및 소요시간

이상의 서류를 구비하여 사용승인을 신청하면 담당부서는 협조부서의 확인을 받아 승인한다. 모델 건물 정도라면 보통 1주일가량 소요될 것이다.
사용승인이 나면 관청에서 건축물 관리대장을 작성하는 부서

로 이관하여 건축물 관리대장을 작성하고 보관하는데 보통 1주
일 정도 소요된다. 이 건축물 관리대장이 작성, 완료되어야 보전
등기를 할 수 있고 보전등기 후 개인 소유권 이전등기를 할 수
있다.

Point

• 구비서류가 많지만 건축주는 설계사무소 시공사에게 준공지시만 하면
된다.
• 집합건축물 소유자 현황을 작성할 때는 몇 억 원을 줄일 수도 있으므
로 확인이 필요하다.

보전등기, 소유권 이전등기, 잔금대출

건물사용 승인서가 교부되면 지적과에서 건축물 관리대장을 작
성하여 이 대장을 기준으로 최초로 등기를 하게 되는데 이것을 보
전등기라고 한다. 보전등기 후 개인 소유권 이전등기, 잔금대출
등이 발생할 수 있다. 여기서는 이러한 부분을 검토하도록 하자.

1. 보전등기

건물에 대한 최초의 등기를 보전등기라고 한다. 보전등기는 어
떤 절차를 거치는지 알아보자.

보전등기는 법무사를 통하여 시행하는 것이 대부분이다. 개인
이 해도 무방하지만 업무를 잘 모르므로 법무사를 선정하는 방법
이 보편적이다. 이때 단순히 법무사만 고려하여 선정하는 것보다
잔금대출과 연계하여 선정하는 것이 타당할 것이다.

잔금대출시 각 금융기관은 기관별로 거래하는 법무사가 있으므로 대출 예정은행과 협의하면 법무사를 안내해준다.

■ 호실별 토지지분 확정

준공시 건축물 관리대장에 건물에 대한 면적은 기록했지만 토지에 대한 사항은 기록되지 않았다. 따라서 보전등기를 할 때 호실별로 토지지분을 산정하여 면적을 정확히 기록해야 한다. 이것이 다르면 민원이 발생하고 전체를 바꾸어야 하는 경우가 생길 수 있다.

법무사에게 토지지분을 산정하도록 지시하면 법무사에서 정해진 규정에 의해 산정한다. 우리는 앞의 분양부분에서 토지지분 산정하는 방식을 배웠다. 법무사도 그러한 방법으로 산정한다.

■ 보전등기를 할 때 원가산정 방법

보전등기를 하려면 원가를 산정해야 이를 기준으로 취득세·등록세를 산정할 수 있다. 여기에는 취득가액에 의한 방법과 시가표준에 의한 방법이 있다.

1) 건축원가 산정방식

① 취득가액에 의한 방법(공사비에 의한 방법)

지방세법 제111조 취득세의 과세표준은 취득 당시의 가액으로 본다. 공사의 경우 공사에 투입된 직·간접 비용 전액과 각종 수수료, 허가경비, 철거비용, 할인된 어음금액 등이 모두 원가에 포함된다. 다만 연부로 취득하는 경우에는 연부금액으로 한다. 공사를 시작한 후 각종 공사에 계약한 계약서들이 있는데 이것이 기준이 된다.

모델 건물의 경우 공사계약 내용은 설계, 시공, 인테리어 계약, 각종 분담금 납부 영수증 등이 있다. 합계액이 많으면 많을수록 보전등기 세금은 많아지지만 추후 소득세는 원가로 계산받을 수 있으므로 적게 부담할 수 있다. 합리적으로 어느 선까지 결정하는 것이 유리한지 각자 판단해야 한다.

홍길동 씨의 경우에는 설계비와 시공계약서만 첨부하여 금액을 산정하고 인테리어, 각종 분담금은 공사가 계속 진행되는 관계로 산정에서 제외했다(여러 가지 유형을 보기 위해 참고로 산정하는 예임).

> **공사원가 산정액＝설계 계약금액＋시공 계약금액**
> 116,160,000＋3,097,600,000＝3,213,760,000원

② 시가표준에 의한 방법

취득 당시의 가액은 취득자가 신고한 가액에 의한다. 다만 신고 또는 신고가액의 표시가 없거나 신고가액이 시가표준에 미달하는 경우에는 그 시가표준에 의한다.

2) 취득세

취득세는 공사원가의 2%와 여기에 대한 농어촌특별세 10%, 즉 0.2%를 더하여 2.2%를 납부한다.

취득세는 보전등기 후 30일 이내에 납부해야 하고 하루라도 지연되면 가산세 20%를 물어야 한다. 따라서 정해진 시간 내에 납부한다.

취득세

3,213,760,000 × 0.02 = 64,275,200원

농어촌특별세

64,275,200 × 0.1 = 6,427,520원

합계 : 70,702,720원

3) 등록세

부동산의 등록세는 3% 정도지만 보전등기를 할 때는 0.8%와 등록세에 대한 20%의 지방교육세를 함께 부담해야 한다.

등록세는 준공 후 60일 이내에 납부해야 하며 하루라도 늦어질 경우에는 20%의 가산세를 물게 된다. 그러나 등록세는 등록세 납부 영수증이 없으면 법원에서 등록을 받아주지 않으므로 가산세를 무는 경우는 거의 없다고 보면 된다.

보전등기시 취득세와 등록세는 공사원가를 어떻게 산정하느냐에 따라 금액의 차이가 크므로 나중에 소득세와 비교해서 검토하

는 것이 바람직하다.

등록세

3,213,760,000 × 0.008 = 25,710,080원

지방교육세

등록세의 20% / 25,710,080 × 0.2 = 5,142,016원

합계 : 30,852,096원

4) 기타 공과금

국민주택채권 구입비, 법무사 비용 등

■ 보전등기시 구비서류

1) 건축주 준비사항

① 개인 단독사업일 때

- 건축물 관리대장

- 준공필증

- 주민등록 등본 1통

- 도장(일반도장도 무방)

- 공사도급 계약서 사본(시공계약서, 설계계약서 등)

- 호실별 토지지분 확정 내역서(법무사 준비)

② 공동사업일 때

- 건축물 관리대장
- 준공필증
- 주민등록 등본 개개인분 1통씩(건축허가시 등재된 건축주 전부)
- 도장(개개인 전부)
- 공사도급 계약서(시공계약서, 설계계약서 등)
- 호실별 토지지분 확정 내역서(법무사 준비)

■ 보전등기 절차

위의 서류를 구비하면 법무사에서 등록세를 산출하고 납부 후 납부 영수증과 국민주택채권을 매입한 영수증을 첨부하여 법원에 보전등기 신청을 하면 보전등기를 할 수 있다. 소요시간은 보통 1주일 정도이고, 완료되면 등기권리증이 교부된다.

■ 효율적인 보전등기 방법(형식적인 분할등기)

준공서류 제출시 미분양분을 건축주들에게 분배했을 경우 건축물 소유현황에 개개인별로 기록하도록 했다. 이것이 공동 명의로 된 후 다시 개인 명의로 이전하면 이중으로 세금을 납부해야 한다고 말한 바 있다.

이런 경우가 여러 건일 경우에는 이 부담액이 몇 억 원씩 되므로 반드시 확인해서 효율적인 보전등기가 되도록 해야 한다. 단 이미 분양된 호실과 끝까지 분양할 호수는 공동으로 해야 할 것이다.

■ 알아두면 도움이 되는 사항

1) 보전등기는 의무사항이 아니다

등기는 재산을 처분할 때 또는 재산권을 행사할 때 필요하다. 하지만 법인의 자체영업용 건물은 보전등기를 하지 않아도 영업에 별로 영향을 받지 않으므로 보전등기를 하지 않는 경우도 종종 있다.

00광역시의 경우 대형 건물(주로 대형 마트, 백화점, 호텔 등)들이 보전등기를 하지 않고 영업을 하여 지방세수에 차질이 발생한 건물만 10곳이 넘는다고 한다.

취득세·등록세는 자진납부인데, 지방자치단체에서 미등기 건물에 대해 취득세를 부과한다면 건물사용 시점, 또는 준공일을 기준으로 빠른 날로 적용받아 60일 이내에 납부해야 하고, 지연 시 가산금을 부과받을 수 있다.

등록세는 등록하는 시점에 납부하면 되고 가산금은 없다. 그래서 건물들이 등록하지 않고 있어도 별 제제사항이 없는 것이다.

2) 미등기시 가압류하는 방법

김 목수는 공사를 완료하고 잔여 공사금을 건축주로부터 받지 못했다. 부득이 건물에 대해 가압류 신청을 했는데 보전등기가 되어 있지 않은 미등기 상태여서 가압류를 할 수 없었다.

이때 합당한 사유를 들어 타당하다고 판단되면 등기소의 등기관은 직권으로 소유권 보전등기를 실행하고 건물에 대해 처분제한을 할 수도 있다.

Point

- 건축주 구비서류는 건축주가 준비해야 한다.
- 서류대행은 법무사에게 지시한다.
- 보전등기를 할 때 원가산정은 어느 정도로 할 것인지 건축주가 결정해야 한다.
- 효율적인 등기방법은 건축주가 결정하면 된다.

---

2. 소유권 이전등기

부동산의 소유권 이전을 내용으로 계약을 체결한 자는 잔금일로부터 60일 이내에 소유권 이전등기를 신청해야 한다. 소유권을 취득한 후 등기할 수 있는 날로부터 3년이 지나도록 소유권 이전등기를 신청하지 아니한 등기권리자에 대해서는 부동산 평가액의 100분의 30에 해당하는 금액의 범위 안에서 과징금이 부과될 수 있다.

소유권 이전방법은 다음과 같다.

소유권 이전서류를 구비하여 계약서에 검인을 받아 국민주택 채권을 매입하고 등록세를 납부한 후, 인지를 구입하여 계약서에 첨부해 이전등기를 신청한다.

■ 소유권 이전등기시 구비서류

1) 매도자 구비서류

① 단독사업일 때

- 인감증명 : 용도는 부동산 매매용이고, 매수자의 성명, 주민등록번호, 주소 등을 반드시 기록할 것. 매수자가 2인 이상일 때는 매수자 전원의 인적사항이 기록되어야 한다.
- 주민등록 등본 1통
- 주민등록 초본 1통 : 가능하면 주소 변동사항이 나타나는 것으로 발부
- 등기필증
- 인감도장

② 공동사업일 때

- 인감증명 각자 1부씩 : 공동사업자 전체 인원이 모두 준비해야 하고, 용도 등은 단독사업일 때와 동일하다.
- 주민등록 등본 각자 1부씩
- 주민등록 초본 각자 1부씩 : 가능하면 주소 변동사항이 나타

나는 것으로 발부

- 등기필증
- 인감도장 각자 준비

2) 매수인 준비사항

① 단독매수일 때

- 계약서
- 주민등록 등본 1통
- 도장(일반도장도 무방)
- 건축물 관리대장

② 2인 이상 공동매수일 때

- 계약서 원본
- 주민등록 등본 각자 1통씩
- 각자 도장
- 건축물 관리대장

■ 검인계약서

계약을 원인으로 소유권 이전등기를 신청할 때는 다음 사항이 기재된 계약서에 검인신청인을 표시하여 소재지를 관할하는 시장·군수·구청장의 검인을 받아 관할 등기소에 제출해야 한다.

검인계약서를 기준으로 각종 세액이 산정되고 부과된다. 세율의 적용기준이 되는 금액은 취득 당시의 가액으로 하기 때문이다.

다만 신고 또는 신고가액이 없거나 지방세법상 시가표준액에 미달할 때는 시가표준액을 과세표준으로 한다. 즉 신고하지 않을 경우나 미달된 금액을 신고할 경우에는 시가표준액만큼 과세하겠다는 내용이다.

그런데 시가표준액은 실거래가의 70% 이하로 형성되어 있기에 정상적인 실거래가로 신고할 경우 세금을 많이 내는 결과가 되므로 실제 거래계약서와 검인계약서를 다르게 2중으로 작성하는 것이 관행처럼 공공연히 일어나고 있다.

이것은 매도자의 경우 소득세를 줄일 수 있고 매수자의 경우 취득에 관한 세금을 줄일 수 있으므로 쌍방 합의하에 이루어지는데, 매수자의 경우 추후 재매도시 양도소득세와 관련된 문제가 발생할 수도 있다. 원칙은 실거래가 신고이다.

계약서 원본에 검인신청자를 표시하여 관할 관청에 제출하면 검인을 받을 수 있다.

1) 검인계약서의 기재사항

당사자, 목적 부동산, 계약 연월일, 대금 및 대금 지급일자, 부동산 중개업자가 있을 경우 부동산 중개업자, 계약조건 또는 기한 등이 기재된다.

2) 검인신청자(신청할 수 있는 사람)

• 계약을 체결한 당사자

- 그 위임을 받은 자
- 계약서를 작성한 부동산 중개업자
- 변호사, 법무사 등

3) 검인계약서의 교부사항

부동산 매매계약서의 검인신청을 받은 관할 시장·군수·구청장은 그 기재의 흠결이 없다고 인정되면 지체 없이 검인신청인에게 검인계약서를 교부해야 한다.

4) 계약서의 사본 작성 및 송부

검인신청시 원본과 사본 2통을 제출하면 원본은 검인 후 교부하고 사본 1부는 관청이 보관하며, 사본 1부는 관할 세무서장에게 송부한다.

■ 건물 취득에 따른 각종 세금

건물 취득시 각종 세금은 다음과 같다.

모델 건물의 경우는 보전등기시 세율은 신축에 해당하고 분양자에게 소유권 이전등기를 할 때는 매매에 해당한다.

세금 이외에 국민주택채권 구입비, 인지세액 등이 있다.

1) 취득유형별 세율

취득유형에 따라 다른 세율

세금유형(취득가액의)	매매	신축	상속 · 증여		교환
등록세	3%	0.8%	0.8%	1.5%	3%
취득세	2%	2%	2%	2%	2%
등록세에 따른 교육세	20%	20%	20%	20%	20%
취득세에 따른 농어촌특별세	10%	10%	10%	10%	10%
계	5.8%	3.16%	3.16%	4%	5.8%

모델 건물의 경우 303호 분양자는 분양금과 부가가치세 이외의 취득에 대한 세액이 어느 정도인지 분석해보자.

실거래가 신고의 경우

세금	실거래가액(원)	적용요율	금액(원)
등록세	253,152,000	3%	7,594,560
취득세	253,152,000	2%	5,063,040
등록세에 따른 교육세	7,594,560	등록세의 20%	1,518,912
취득세에 따른 농어촌 특별세	5,063,040	취득세의 10%	506,304
국민주택채권 매입금액	253,152,000	4.5%	11,391,840
수입인지 구입비	–		150,000
계	26,224,656		

기타 법무수수료가 있을 것이다.

2) 국민주택채권 매입금액

채권매입은 1만 원 단위이므로 1만 원 미만일 경우는 1만 원으로 하고 그 이외에는 5,000원 단위에서 반올림하여 산정한다.

예를 들어 576,000원일 경우 구입액은 580,000원이 되고 574,000원일 때는 570,000원이 된다.

과세 표준금액	서울특별시, 광역시	기타 지역
500만 원 이상 ~ 5천만 원 미만	2.5%	2%
5천만 원 이상 ~ 1억 원 미만	4%	3.5%
1억 원 이상	5%	4.5%

채권 매입방법

과세대상 금액이 기록된 계약서에 검인도장이 날인되면 국민주택채권 매입 영수증을 첨부한다. 매입방법은 다음과 같다.

- 구입처 : 국민은행 전 지점
- 매수자 인적사항 : 이름, 주민등록번호
- 용도 : 등기용
- 제출처 : 등기소

참고사항

채권은 5년간 보관 후에 되팔면 그 금액을 받을 수 있다. 자금의 여유가 없다면 은행에서 바로 처분할 수 있는데 처분금액은 그때그때 시세에 따라 변동된다.

3) 수입인지 구입비

과세표준 금액	수입인지 금액(원)
1천만 원 이상 ~ 3천만 원 미만	2만 원
3천만 원 이상 ~ 5천만 원 미만	4만 원
5천만 원 이상 ~ 1억 원 미만	7만 원
1억 원 이상 ~ 10억 원 미만	15만 원
10억 원 이상	35만 원

> **Point**
>
> • 소유권 이전등기시 건축주는 매도용 구비서류를 준비해야 한다.
> • 계약서 검인시 실거래가를 채택할 것인지, 기준시가 정도로 할 것인지 결정해야 한다. 이것은 추후 소득세에 영향을 미칠수 있고, 실거래가 신고가 원칙이다.

3. 잔금대출

부동산을 매입하는 사람들 중에 순수 자기 자본으로 매입하는 경우는 많지 않고 대부분 금융대출을 받아 일부 금액을 충당한다.

대부분의 분양사업은 분양할 때 분양자에게 어느 정도 융자가 가능하다고 제시해준다. 그러기 위해서는 분양 전에 어떤 금융권으로 할 것인지, 이자율은 어떤지, 대출규모는 어느 정도인지 검토해야 한다.

3년 전만 해도 상가의 경우 대출비중이 시중가의 60~70%까지 가능했다. 그러나 상가임대차보호법과 가계대출 억제 정책으로 대출규모가 축소되는 추세이다. 따라서 대출 가능률을 분양자에게 제시할 때는 신중을 기해야 한다.

일례로 홍을동 씨는 분양자에게 60% 정도 대출이 가능하다는 전제로 분양했는데, 실제 대출할 때는 45% 정도밖에 대출되지 않아 자금계획에 차질을 빚어 해약되는 경우를 경험했다.

따라서 분양사업을 할 때는 금융권의 현실을 정확하게 파악하고 시행하는 것이 필수이다. 다음은 대출에 대한 기본적인 것을 검토해볼 텐데 이는 금융권별로 다르다는 사실을 알고 있어야 한다.

위의 사항은 준공 후 개인 등기이전을 전제로 대출이 발생하는 것이다. 그런데 일반인들은 공사자금 조달을 위해 공종이 어느 정도 진행된 후 완공이 안 된 상태에서 건물을 담보로 대출이 가능하다고 생각하여 자금계획을 잡는 경우가 종종 있다. 상가의 경우 준공 이전에는 건물을 담보로 대출은 불가능하므로 반드시 자금계획을 수립할 때 검토해야 하는 사항이다.

아파트의 경우 중도금 등의 대출이 가능한데 이는 각종 보증기관들이 보증을 하기 때문이다. 하지만 상가는 그렇지 않다.

■ 대출상담

돈 빌리러 간다고 두려워할 필요는 없다. 은행은 대출을 해야 이익을 얻는 사업이다. 대한민국에서 부동산만큼 담보가치가 있는 것은 드물다. 따라서 당당하게 은행문을 두드리면 친절하게 상담받을 수 있다.

토지일 경우 지번과 토지대장을 가지고 가고 건물일 경우 번지와 건축물 관리대장만 가지고 가면 해당은행 대출계에서 상담을 받을 수 있다.

■ 건물 감정평가

상담 후 금융권은 은행 자체 감정평가 또는 외부 감정기관에 의뢰하여 감정가를 산정해 대출규모를 정한다.

1) 감정한도

보통 대출금액이 5억 원 이하일 경우에는 은행 자체 감정을 실시하고 5억 원 이상일 경우에는 외부 감정기관에 의뢰한다.

자체 감정일 경우에는 은행 내부의 산정금액이 데이터로 형성되어 있다. 3억 원 정도가 넘으면 본점 승인을, 그 이하일 경우에는 지점 승인을 하는 경우가 많다.

2) 감정 소요시간

지점 결정사항은 3~4일 정도면 가능하고 본점 승인일 경우 5일 정도, 외부 감정기관에 의뢰할 때는 10일 정도의 시간을 고려해야 할 것이다.

3) 감정수수료

감정수수료 지불방법은 관행상 후불이고 대출할 때 대출금액에서 공제하는 경우가 많다.

감정평가 업자의 보수에 관한 기준

평가금액	수수료 요율
5천만 원까지	150,000
5천만 원 초과 ~ 5억 원까지	0.0011 + 95,000
5억 원 초과 ~ 10억 원까지	0.0009 + 195,000
10억 원 초과 ~ 50억 원까지	0.0008 + 295,000
50억 원 초과 ~ 100억 원까지	0.0007 + 795,000
100억 원 초과 ~ 500억 원까지	0.0006 + 1,795,000
500억 원 초과 ~ 1,000억 원까지	0.0005 + 6,795,000
1,000억 원 초과	0.0004 + 16,795,000

4) 감정평가 보고서 제출

외부 감정일 경우 감정기관은 현장을 정밀 조사하여 감정금액을 산정하고 사진 등의 자료를 첨부해 해당은행에 결과서를 제출한다.

5) 토지의 감정평가시 고려할 사항

주택, 상가건물, 아파트 등의 건축물에 대한 감정평가는 비교적 쉽고 객관성이 높다. 그러나 많은 변수를 고려해야 하는 토지는 감정평가액을 그대로 믿기에는 위험한 경우도 종종 있다. 물론 전문기관이 전문기법으로 한다고 하지만 객관성이 결여되는 경우가 가끔 나타난다.

김곽새 씨는 토지를 평당 10만 원에 경매로 낙찰받고 크게 실망한 대표적인 케이스이다.

보통의 경우 감정가격은 실거래가의 70% 정도이기에 경매 낙찰자들은 싸게 낙찰받았다고 좋아한다. 감정가격 산정에서 보고서의 항목 중 주변 시세가 영향을 많이 미친다. 주변 시세 파악은 대부분 감정기관의 직원들이 그 지역의 부동산 중개업소 몇 군데에서 물어보고 가격을 파악하는 것이 보통이다.

김곽새 씨의 경우는 중개사무소 및 인근 주민을 대상으로 주변 시세를 파악할 때 실제(평당 8만 원)보다 많이 부풀려진 가격(평당 12만 원)을 시세로 잘못 파악한 것이다.

따라서 감정가격 자체가 실거래가액보다 훨씬 많이 나와 김곽새 씨는 싸게 낙찰받았다고 생각했지만 실제는 현지 거래가격보다 비싸게 낙찰받았던 것이다. 이후 매도하여 시세차익을 얻으려고 중개사무소에 매물로 내놓은 후에야 김곽새 씨는 실거래가보다 비싸게 낙찰받았다는 사실을 알고 크게 실망하였다.

또한 김장래 씨는 경매물건 중 등록된 사진을 보고 임야를 구입하기로 한다.

사진에 나와 있는 임야는 묘지터로 너무나 적합했기에, 감정가액이 평당 1만 원 정도이므로 낙찰 후 평당 10만 원 정도에도 충분히 팔 수 있을 것이라고 생각했다.

하지만 현지 답사 후 사진과 실제가 크게 다르다는 것을 알 수 있었다고 한다. 사진에 나타난 산은 그리 높지 않아 보였는데 실제 산은 그보다 훨씬 높았던 것이다.

결론적으로 말한다면 토지에서는 감정평가액을 그대로 믿지 말고 반드시 현지를 답사하여 판단하고, 자료의 사진도 100% 믿지 않는 것이 현명하다.

■ 대출심사

감정보고서를 검토하고 개인 신용도 정보를 조회하여 타당하다고 인정되면 대출규모를 확정하여 시행한다.

보통의 대출규모를 보면 토지일 경우에는 감정가격의 70% 전후, 주택일 때는 투기지역은 50%, 투기외 지역은 60% 정도, 싱가의 경우 45% 정도에서 산정될 수 있을 것이다.

■ 대출

1) 구비서류

① 토지일 때

토지대장, 공시지가표, 토지이용계획 확인원, 등기부 등본, 인

감증명서 2통, 인감도장, 신분증, 등기필증 등

② 건물일 때

건축물 관리대장, 등기부 등본, 인감증명서 2통, 인감도장, 신분증, 등기필증 등

2) 계좌개설

대출은 소유권 등기이전 신청과 잔금대출을 당일 동시에 실행하는 것이 보통이다. 건축주의 경우 소유권을 이전해주고 잔금을 못 받는 경우를 대비하여 동시에 실시하는 것이다. 대출자는 대출일 하루 전에 대출금 납입통장과 대출이자 납입통장을 개설해 둔다.

잔금대출은 대출시 대출금액이 대출자의 계좌에 납입된 후 바로 인출하여 건축주의 계좌에 입금되도록 은행에서 처리한다.

이때 건축주의 경우 토지를 담보로 기대출 사항이 있을 경우에는 대출금액을 상환해야 분양자 개인대출이 발생할 수 있으므로 사전에 토지분 대출금을 상환해야 한다.

3) 근저당 설정

은행은 근저당을 설정해야 대출을 실시할 수 있다. 등기이전 구비서류를 법무사가 등기소에 제출하면 등기접수증이 교부되고 접수증이 교부됨과 동시에 대출이 실행된다.

근저당을 설정할 때는 설정수수료가 발생한다. 이전에는 은행

에서 대신 납부했으나 근래에는 대출자가 부담하는 것이 대부분
이다.

4) 화재보험 가입

토지일 경우에는 화재보험이 없으나 건물일 경우 대출금액이
5,000만 원 이상이면 반드시 금융기관은 화재보험 가입을 요구한
다. 이것은 건물에 문제가 발생했을 경우 채권확보를 위한 것이
다. 보험료는 대출자가 부담해야 한다.

5) 사례

건물을 분양받아 임대사업을 할 김행복 씨는 분양대행업자에
게 대출이 60% 정도 가능하다는 이야기를 듣고 5억 원 정도에
분양을 받았다.

준공 전에 임대자가 나타나 인테리어를 하고 소유권 등기이전
시 잔금대출을 의뢰했다. 금융기관에서 현지 실사를 거친 후 임
대 유무를 물어와 임대한다고 했더니 대출비중이 30% 정도로 떨
어졌다.

그 결과 자금계획에 문제가 발생하여 무척 고생을 했다. 이럴
경우에는 자기가 영업을 한다고 하고 근저당 1순위로 은행을 설
정하면 대출비중을 높일 수 있는데 말 한마디 잘못하여 고생한
것이다.

공사에 관계된 각종 세금

세금을 파악하지 않고 공사를 했을 경우 공사비를 아무리 절약해도 남는 것이 별로 없을 것이다. 따라서 공사에 관계된 세금은 어떤 것이 있는지, 절약방안은 없는지 검토할 것이다.

여기에서 여러 가지 유형을 참고로 알아볼 것이지만 선택은 각자가 담당 회계법인이나 회계사무소와 협의해서 결정해야 한다.

양도소득세, 보전등기 등록세, 소득세, 부가가치세 순으로 검토할 것이다.

1. 양도소득세

건축주가 양도소득세를 부과받는 것은 다음 2가지 경우에 해당될 때이다.

■ 토지의 현물출자

소득세법 제94조는 내 땅에 내가 건물을 짓지만 공사할 때는
이 토지가 현물로 나에게 출자된 것으로 본다. 따라서 이때의 현
물출자 가격이 취득할 때의 가격과 비교하여 차액이 발생했다면
차액만큼 양도소득세를 물어야 한다.

현물가격 산정방식은 취득가를 그대로 하는 경우, 공시지가로
하는 경우, 실거래가로 하는 방식이 있을 수 있는데, 추후 원가산
정을 할 때 이 금액이 적용되어 소득세를 계산한다.

한국민 씨의 경우 토지가를 구입비 그대로 1,537,000,000원을
계산하여 공사원가는 5,634,190,000원이라고 사업계획시 산정했
다. 이것은 토지원가 그대로를 현물출자한 것으로 신고했기 때문
이다.

공시지가 가격이 올라 예를 들어 1,800,000,000원으로 신고한다면 차
액 1,800,000,000 −1,537,000,000＝263,000,000원에 대한 양도소
득세를 물게 되고, 공사원가는 5,897,190,000원이 될 것이다.

실거래가(감정평가액)로 신고한다면 그때 평당 800만 원에 팔 수 있다고
했으므로 현물가액은 290(평)×800만 원＝2,320,000,000원이 되므로
차액 783,000,000원에 대해 양도소득세를 물고, 공사원가는
6,417,149,000원이 된다.

토지구입가 그대로를 현물출자하는 것으로 하면 공사원가가 낮아지므로 나중에 소득세를 많이 물게 되고, 실거래가로 현물출자한 것으로 보면 소득세는 줄어들지만 양도소득세를 부과받으므로 대체로 후자가 전자보다 전체 세액부담이 커진다.

따라서 특별한 경우가 없으면 토지구입가 그대로를 현물출자하는 방식을 택하여 초기에 납부해야 하는 양도소득세를 없애고 공사 후 이익이 발생했을 때 종합소득세를 납부하는 것이 효율적일 수도 있을 것이다.

■ 건축주가 취득 후 되팔 경우

이 경우는 개인에 해당하므로 정상적인 양도소득세를 부과받는다.

2. 보전등기 등록세

이 부분은 앞에서 이미 검토한 바 있다.

3. 소득세

모델 건물은 조사한 분양단가를 실거래한다는 전제조건 아래

소득세를 검토하고 사회관행상 분양단가를 조절하여(이하 기준시가라 칭함) 신고하는 경우도 있다. 이는 어떤 차이가 있는지 방법론적인 측면에서 다음 세 가지 방법을 기준으로 비교 분석해보자.

■ 분양이 100% 완료되고 실거래가로 신고했을 경우

- 한국민 씨는 토지를 원가로 현물출자해서 공사원가는 5,634,190,000원
- 분양총액은 9,614,242,500원
- 소득세 과세 대상금액은 3,980,052,500원
- 7명의 공동사업으로 개인당 소득세 과세대상 금액은 568,578,929원
- 소득세 적용요율(그 당시 세율 적용)

과세대상 금액	세율	누진공제액
1천만 원 미만일 때	9%	없음
1천만 원 이상 ~ 4천만 원 미만	18%	900,000
4천만 원 이상 ~ 8천만 원 미만	27%	4,500,000
8천만 원 이상	36%	11,700,000

- 개인당 소득세액

  568,578,929×36%-누진공제액 11,700,000=192,988,414원

- 7명 전체 소득세 금액

  192,988,414×7명=1,350,918,890원

■ 분양이 100% 완료되고 기준시가로 신고했을 경우

기준시가는 실거래가액의 60~70% 정도로 가정하고, 예를 들어 63% 정도로 했을 경우 세금 산정법을 알아볼 것이다.

- 기준시가의 분양총액 :

  9,614,242,500×0.63　　　　　　　　=6,056,972,780

- 공사원가 :　　　　　　　　　　　　　5,634,190,000

- 과세대상 금액 :

  6,056,972,780-5,634,190,000　　　　=422,782,780

- 개인당 과세대상 금액 :

  422,782,780/7(명)　　　　　　　　　=60,397,540

- 개인당 소득세액 :

  60,397,540×0.27-4,500,000(누진공제액)=11,807,335

- 공동사업자 7명 전체 소득세 :

  11,807,335×7(명)　　　　　　　　　=82,651,350

■ 미분양이 발생한 경우

분양이 완료됐을 경우에는 위와 같이 소득세를 납부해야 한다. 그런데 미분양이 발생했을 경우에는 다음과 같은 유형으로 검토해야 할 것이다.

- 건축주의 배분호수는 자기 땅에 자기가 건물을 지어 미분양이 발생했으므로 실거래가를 취득한 것이 아니고 기준시가의 30% 정도를 감하여 취득할 수 있다.
예를 들어 기준시가가 1,000만 원이라면 취득가액을 700만 원 정도로 산정해도 무방할 것이다.
- 건축주는 공동투자자에게 기준시가 금액 정도로 분양하고, 공동투자자는 실거래가와 기준시가의 차액을 자신의 이윤으로 반영할 수 있을 것이다. 공동투자자의 이윤부분은 실제 기준시가 정도로 분양했으므로 건축주에게는 문제가 되지 않을 것이다.
- 한 해에 모두 분양될 경우와, 연차적으로 분양될 경우에는 소득세 금액이 다를 수 있다.

위의 사항을 바탕으로 임의 가상하여 유형별 소득세를 검토해보자.

분양현황

층	호실	실거래가	기준시가(63%) 기준	분양 유무	분양연도
1층	101호	492,600,000	310,338,000	건축주 A씨의 보유	2004년
	102호	513,125,000	323,268,750	건축주 B씨의 보유	2004년
	103호	533,650,000	336,199,500	건축주 C씨의 보유	2004년
	104호	709,320,000	446,871,600	건축주 D씨의 보유	2004년
	105호	328,400,000	206,892,000	분양	2001년
2층	201호	531,219,000	334,667,970	건축주 E씨의 보유	2004년
	202호	603,067,500	379,932,525	건축주 F씨의 보유	2004년
3층	301호	414,141,500	260,909,145	건축주 G씨의 보유	2004년
	302호	377,153,000	237,606,390	분양	2001년
	303호	253,152,000	159,485,760	건축주 G씨의 보유	2004년
4층	401호	324,482,000	204,423,660	분양	2001년
	402호	300,183,000	189,115,290	분양	2002년
	403호	184,590,000	116,291,700	분양	2003년
5층	501호	324,482,000	204,423,660	분양	2002년
	502호	300,183,000	189,115,290	분양	2003년
	503호	184,590,000	116,291,700	분양	2002년
6층	601호	307,404,000	193,664,520	분양	2003년
	602호	280,940,500	176,992,515	분양	2002년
	603호	179,316,000	112,969,080	분양	2003년
7층	701호	172,410,000	108,618,300	분양	2003년
	702호	172,410,000	108,618,300	투자자 보유	2001년
	703호	177,336,000	111,721,680	투자자 보유	2001년
	704호	228,888,000	144,199,440	투자자 보유	2001년
8층	801호	860,400,000	542,052,000	투자자 보유	2001년
9층	901호	860,800,000	542,304,000	분양	2004년
합계		9,614,242,500	6,056,972,775		

1) 분양현황 분석

• 2001년 12월 말 현재 분양완료 호수 : 105, 302, 401, 702,

703, 704, 801호

- 2002년 12월 말 현재 분양완료 호수 : 402, 501, 503, 602호
- 2003년 12월 말 현재 분양완료 호수 : 403, 502, 601, 603, 701호
- 2004년 분양호수 및 건축주 분배호수 : 101, 102, 103, 104, 201, 202, 301, 303, 901호

2) 소득세 분석

공사원가 투입액이 5,634,190,000원인데 기준시가로 분양된 호실의 2001년도 분양총액은 1,555,513,470원이고 나머지는 미분양이므로 소득이 없는 것으로 된다. 이런 경우라도 소득세가 없는 것이 아니고, 공사원가를 호실별로 암분하여 계산하므로 소득세가 발생한다.

① 105호의 소득액(기준시가액−105호분의 공사원가)

- 105호 기준시가 분양액 : 206,892,000원
- 105호분의 공사원가

  공사원가＝공사원가 총액×105호 기준시가 분양액 / 총 기준시가 분양액

  5,634,190,000×206,892,000 / 6,056,972,775＝192,450,731
- 따라서 105호의 소득은

  206,892,000−192,450,731＝14,441,269원

② 분양된 호실의 소득총액

분양된 각 호실의 소득을 위와 같은 방식으로 계산하여 종합하면 다음과 같다.

층	호실	기준시가 분양금액	호실별 공사원가	소득금액
1층	101호	310,338,000	288,676,096	21,661,904
	102호	323,268,750	300,704,267	22,564,483
	103호	336,199,500	312,732,438	23,467,062
	104호	446,871,600	415,679,514	31,192,086
	105호	206,892,000	192,450,731	14,441,269
2층	201호	334,667,970	311,307,810	23,360,160
	202호	379,932,525	353,412,854	26,519,671
3층	301호	260,909,145	242,697,425	18,211,720
	302호	237,606,390	221,021,226	16,585,164
	303호	159,485,760	148,353,494	11,132,266
4층	401호	204,423,660	190,154,684	14,268,976
	402호	189,115,290	175,914,853	13,200,437
	403호	116,291,700	108,174,423	8,117,277
5층	501호	204,423,660	190,154,684	14,268,976
	502호	189,115,290	175,914,854	13,200,436
	503호	116,291,700	108,174,423	8,117,277
6층	601호	193,664,520	180,146,543	13,517,977
	602호	176,992,515	164,638,260	12,354,255
	603호	112,969,080	105,083,725	7,885,355
7층	701호	108,618,300	101,036,634	7,581,666
	702호	108,618,300	101,036,634	7,581,666
	703호	111,721,680	103,923,395	7,798,285
	704호	144,199,440	134,134,175	10,065,265
8층	801호	542,052,000	504,216,229	37,835,771
9층	901호	542,304,000	504,450,639	37,853,361
합계		6,056,972,775	5,634,190,011	422,782,764

- 2001년 12월 말 현재 분양소득 총액 : 108,576,451원

  -건축주 7명 개인당 소득 : 15,510,922원(108,576,451 / 7명)

  -개인당 소득세액 :

  15,510,922×0.18-900,000(누진공제액)=1,891,965원

  -건축주 7명 전체 세액(2002년 5월 말 소득세 납부액) :

  1,891,965×7(명)=13,243,762원

호실	기준시가 분양금액	호실별 공사원가	소득금액
105호	206,892,000	192,450,731	14,441,269
302호	237,606,390	221,021,226	16,585,164
401호	204,423,660	190,154,633	14,269,027
702호	108,618,300	101,036,634	7,581,666
703호	111,721,680	103,923,395	7,798,285
704호	144,199,440	134,134,174	10,065,266
801호	542,052,000	504,216,226	37,835,774
합계	1,555,513,470	1,446,937,019	108,576,451

- 2002년 12월 말 현재 분양소득 총액 : 47,940,945원

  -건축주 7명 개인당 소득 : 6,848,706원

  -개인당 소득세액 : 6,848,706×0.09=616,384원

호실	기준시가 분양금액	호실별 공사원가	소득금액
402호	189,115,290	175,914,853	13,200,437
501호	204,423,660	190,154,684	14,268,976
503호	116,291,700	108,174,423	8,117,277
602호	176,992,515	164,638,260	12,354,255
합계	686,823,165	638,882,220	47,940,945

-건축주 7명 전체 세액(2003년 5월 말 소득세 납부액) :

616,384×7(명)=4,314,680원

• 2003년 12월 말 현재 분양소득 총액 : 50,302,711원

-건축주 7명 개인당 소득 : 7,186,102원

-개인당 소득세액 : 7,186,102×0.09=646,749원

-건축주 7명 전체 세액(2003년 5월 말 소득세 납부액) :

646,749×7(명)=4,527,243원

호실	기준시가 분양금액	호실별 공사원가	소득금액
403호	116,291,700	108,174,423	8,117,277
502호	189,115,290	175,914,854	13,200,436
601호	193,664,520	180,146,543	13,517,977
603호	112,969,080	105,083,725	7,885,355
701호	108,618,300	101,036,634	7,581,666
합계	720,658,890	670,356,179	50,302,711

• 2004년 12월 말 현재 분양소득 총액 : 215,962,713원

-건축주 7명 개인당 소득 : 30,851,816원

-개인당 소득세액 :

30,851,816×0.18-900,000=4,653,327원

-건축주 7명 전체 세액(2003년 5월 말 소득세 납부액) :

4,653,327×7(명)=32,573,288원

호실	기준시가 분양금액	호실별 공사원가	소득금액
101호	310,338,000	288,676,096	21,661,904
102호	323,268,750	300,704,267	22,564,483
103호	336,199,500	312,732,438	23,467,062
104호	446,871,600	415,679,514	31,192,086
201호	334,667,970	311,307,810	23,360,160
202호	379,932,525	353,412,854	26,519,671
301호	260,909,145	242,697,425	18,211,720
303호	159,485,760	148,353,494	11,132,266
901호	542,304,000	504,450,639	37,853,361
합계	3,093,977,250	2,878,014,537	215,962,713

③ 전체 소득세액

전체 소득세액은 다음 표와 같다.

소득세 납부연도	개인별 납부액	전체 납부액
2002년 5월 말	1,891,965	13,243,762
2003년 5월 말	616,384	4,314,680
2004년 5월 말	646,749	4,527,243
2005년 5월 말	4,653,327	32,573,288
합 계	7,808,425	54,658,975

④ 분석

위에서 본 바와 같이 소득세는 실거래가로 신고했을 경우와 기준시가로 신고했을 경우 세액이 다르고, 분양을 일시에 완료했을 경우와 연차적으로 분양했을 때의 소득세액이 다르다.

따라서 분양자의 세금계산서를 발행할 때는 실거래가로 할 것인지, 아니면 기준시가로 할 것인지가 결정되어야 분양받는 자의 부가가치세액을 결정할 수 있다.

보통의 분양사업에서는 가장 먼저 소득세액을 어느 정도 납부할 것인지 검토하고, 이 금액을 기준시가와 비교하여 타당성을 검토한 후 적정하다면 분양자에게 세금계산서를 적정 금액 발행하고 소득에 대한 소득세를 납부한다. 하지만 원칙은 실거래가 신고이다.

4. 부가가치세

부가가치세는 공사원가에 대한 부가가치세와 분양받는 자의 분양가에 대한 부가가치세가 발생한다.

■ 공사원가에 대한 부가가치세

모든 자금이 집행될 경우 원칙적으로 세금계산서를 발행해야 하고, 이것이 원가산정의 증빙 영수증이 된다.

우리는 모든 계약시 부가가치세 별도로 했으므로 공사금액 외에 부가가치세 10%를 지급하고, 이것을 다시 국세청으로부터 환급받는다.

모델 건물의 부가가치세가 발생할 수 있는 항목과 금액을 우선 파악해보자.

부가가치세 발생 공사대상 및 금액

공사 구분	공사 계약금액	부가가치세액
설계비	116,160,000	11,616,000
시공비	3,097,600,000	309,760,000
인테리어비	144,000,000	14,400,000
기타	각자 공사별로 산정	–
합계		335,776,000

1) 세금계산서 수취시기

기성금 지급시 기성금의 10%를 지불하고 발행한다.

2) 환급시기

분기 마감하여 다음달 25일까지 부가가치세를 신고하면 신고일로부터 15일 이내에 국세청으로부터 환급받는다.

그런데 설계비, 공사비의 경우에는 반드시 공사준공 이전 날짜로 전액 부가가치세를 지불하고 세금계산서를 수취해야 한다. 예를 들어 준공일까지 공사비를 전액 지불하지 않았다고 세금계산서를 발행하지 않고 준공 후 날짜로 발행한다면 원칙적으로 환급받지 못한다.

준공 전까지 공사비를 10억 원 지출한다고 가정했을 경우, 10억 원에 대한 1억 원만 세금계산서를 발행하고 나머지 금액은 준공 후 날짜로 발행한다면 1억 원만 환급받고 나머지 금액인 235,776,000원은 환급받지 못하므로 고스란히 손해보는 경우도 생길 수 있다.

준공 전 세금계산서를 모두 발행하여 환급받는다면 이 환급받은 금액 이상을 분양자에게 매출 부가가치세를 받아 국세청에 납부해야 한다. 이는 부가가치의 소비자에 대한 부과원칙에 의해서 그렇다.

만일 건축주가 공사원가에 대한 부가가치세액 335,776,000원을 환급받았는데 장기적인 미분양이 발생했다 하여 사업자등록증을 폐업 신고한다면 폐업시점과 건물 감가상각비를 고려하여 차액만큼 반납해야 한다. 단 사업 후 10년이 경과 후에 사업자등록을 폐업한다면 추가납부 세액은 없을 것이다.

따라서 분양자가 개인이든 사업자이든 무조건 부가가치세를 받아 국세청에 납부해야 건축주의 부담이 없어진다.

■ 분양받는 자에 대한 부가가치세

앞에서 분양가액이 실거래가인지 기준시가인지에 따라 소득세가 변하는 것을 보았다. 부가가치세액도 마찬가지로 그에 따라 달라질 수 있다.

그러면 기준시가에 대해 부가가치세를 어느 정도 호실별로 발행하는지와 건축주 개인이 소지한 호실의 부가가치세 처리는 어떻게 되는지 검토해보자.

분양받는 자의 부가가치세는 건물 부분에서는 발생하지만 토지부분에서는 발생하지 않는다고 했다. 앞의 분양편에서 세금계산서 발행방법을 설명하면서 실거래가를 기준으로 금액산출법을

배웠는데, 여기서는 소득세를 계산한 기준시가를 기준으로 산정
할 것이다.

호실별 부가가치세 발행금액

호실	세금계산서 발행금액	호실별 부가가치세액
101호	277,744,009	27,774,401
102호	290,674,759	29,067,476
103호	303,605,509	30,360,551
104호	399,944,590	39,994,459
105호	180,823,220	18,082,322
201호	255,146,968	25,514,697
202호	288,675,763	28,867,576
301호	193,123,904	19,312,390
302호	176,330,328	17,633,033
303호	117,769,299	11,776,930
401호	136,638,419	13,663,842
402호	127,839,228	12,783,923
403호	74,575,239	7,457,524
501호	136,638,419	13,663,842
502호	127,839,228	12,783,923
503호	74,575,239	7,457,524
601호	125,879,279	12,587,928
602호	115,716,453	11,571,645
603호	71,252,619	7,125,262
701호	69,499,098	6,949,910
702호	69,499,098	6,949,910
703호	72,602,478	7,260,248
704호	90,779,283	9,077,928
801호	371,274,236	37,127,424
901호	371,526,111	37,152,611
합 계	4,519,972,776	451,997,278

분석

- 분양금액에 대한 부가가치세는 전액 국세청에 납부해야 한다. 모델 건물의 부가가치세 납부금액은 기준시가를 기준으로 하면 451,997,278원이다.

- 전체를 분양 완료하고 분양금에 대한 부가가치세액이 환급금보다 적을 경우 10년 이전에 사업자등록을 폐업하면 차액분에 대하여 건물 감가상각비를 고려해 일부 금액을 반납해야 한다.

- 모델 건물의 경우 환급액이 335,776,000원 정도인데 분양 후 납부금액은 451,997,278원이므로 관계없으며, 납부날짜는 분양되는 시점을 기준으로 하면 된다. 단 적자를 보고 판매한 경우에는 그렇지 않다.

- 미분양으로 인하여 건축주가 소유하고 있는 호수의 부가가치세 처리방법은 101, 102, 103, 104, 201, 202, 301, 303호의 부가가치세도 납부해야 한다. 이때는 호실 소유자별로 개인사업자 등록을 하고 부가가치세를 납부받아 공동사업사는 국세청에 납부하고 개인은 다시 국세청에서 환급받는다.

건축주 보유부분의 부가가치세 발생시기는 원칙적으로는 보전등기시 개인으로 했으므로 이 시기가 된다. 그러나 관행은 최종 인도받는 시기로 하는 것이 대부분이며, 나중에 조사할 때 이것이 문제가 될 수도 있다.

호실	기준시가 분양금액	토지 지분	토지단가	면세계산서 발행금액	세금계산서 발행금액
101호	310,338,000	20.33	1,603,246	32,593,991	277,744,009
102호	323,268,750	20.33	1,603,246	32,593,991	290,674,759
103호	336,199,500	20.33	1,603,246	32,593,991	303,605,509
104호	446,871,600	29.27	1,603,246	46,927,010	399,944,590
105호	206,892,000	16.26	1,603,246	26,068,780	180,823,220
201호	334,667,970	49.6	1,603,246	79,521,002	255,146,968
202호	379,932,525	56.92	1,603,246	91,256,762	288,675,763
301호	260,909,145	42.28	1,603,246	67,785,241	193,123,904
302호	237,606,390	38.22	1,603,246	61,276,062	176,330,328
303호	159,485,760	26.02	1,603,246	41,716,461	117,769,299
401호	204,423,660	42.28	1,603,246	67,785,241	136,638,419
402호	189,115,290	38.22	1,603,246	61,276,062	127,839,228
403호	116,291,700	26.02	1,603,246	41,716,461	74,575,239
501호	204,423,660	42.28	1,603,246	67,785,241	136,638,419
502호	189,115,290	38.22	1,603,246	61,276,062	127,839,228
503호	116,291,700	26.02	1,603,246	41,716,461	74,575,239
601호	193,664,520	42.28	1,603,246	67,785,241	125,879,279
602호	176,992,515	38.22	1,603,246	61,276,062	115,716,453
603호	112,969,080	26.02	1,603,246	41,716,461	71,252,619
701호	108,618,300	24.4	1,603,246	39,119,202	69,499,098
702호	108,618,300	24.4	1,603,246	39,119,202	69,499,098
703호	111,721,680	24.4	1,603,246	39,119,202	72,602,478
704호	144,199,440	33.32	1,603,246	53,420,157	90,779,283
801호	542,052,000	106.52	1,603,246	170,777,764	371,274,236
901호	542,304,000	106.52	1,603,246	170,777,889	371,526,111
합계	6,056,972,775	958.68		1,537,000,000	4,519,972,775

분양자가 알아야 할 기본적인 사항

분양받는 자 또는 입점자가 기본적인 사항을 몰라서 영업에 차질을 가져오는 경우가 종종 있다. 특히 장사를 처음 하는 사람들은 점포를 얻어서 영업만 하면 되는 것이라고 생각하지만 건물에 대한 기본적인 사항을 파악하고 있어야 사업이 순탄하게 진행될 수 있다.

여기에서는 가장 빈번하게 일어나는 문제들과 건물의 인수인계에 대하여 정리해볼 것이다.

1. 입주자가 알아야 할 기본적인 사항

■ 분양받는 자의 사업자등록증 교부시기

분양받는 자는 원칙적으로 부가가치세를 납부해야 하는데 일반과세자로 사업자등록증을 교부받아야 환급받을 수 있다. 간이과세자나 사업을 하지 않는 일반인 자격으로 분양받는다면 부가가치세를 환급받을 수 없다.

사업자등록 시기는 원칙적으로 분양계약서 작성 후 계약금을 지불한 날짜로 하고 계약서와 기타 서류를 구비하여 세무서에 가면 교부받을 수 있다.

■ 임대사업자의 경우 전·월세에 대한 부가가치세 발행

분양받아 임대를 했을 경우 임대보증금에 대한 부가가치세와 월세에 대한 부가가치세가 발생한다. 이것을 국세청에 납부해야 하는데 산출방식은 다음과 같다. 앞의 분양편에서 임대금액을 산출하는 방식을 설명했다.

예를 들어 301호의 경우 임대보증금 4,000만 원에 월세 3,127,274원일 때를 기준으로 산정해보자. 보통 상가임대차보호법의 적용을 받기 위해서 임차인은 금액을 축소하여 이중계약을 하는 경우도 종종 있으나 여기서는 원칙적인 금액으로 산정할 것이다.

납부시기는 임대사업자 등록 후 매년 1월과 7월 부가가치세를 신고 납부해야 한다.

1) 전세보증금에 대한 부가가치세

임대보증금에 대한 부가가치세액은 임대보증금의 연간 4.2%

(국세청장이 매년 고시하는 세율. 4.2%는 2003년 고시율)에 해당하는 금액의 10%를 산정한다.

301호의 경우 4,000만 원×4.2%×10%=168,000원이 연간 부가가치세액이 된다.

2) 월세에 대한 부가가치세

임대자는 임차인에게 월세에 대한 10%의 부가가치세를 받아 국세청에 납부해야 한다. 임대계약서 작성시 부가가치세 별도인지 포함인지를 명기하여 책임 소재를 밝혀야 한다.

301호의 경우 월 부가가치세는 3,127,274원의 10%인 312,727원을 납부받고 국세청에 납부해야 한다.

3) 전·월세에 대한 부가가치세 합산액

전세보증금에 대한 연간 부가가치세액은 168,000원이고, 월세에 대한 연간 부가가치세액은 312,727×12개월=3,752,724원이며, 연간 합계액은 3,920,724원이다.

전세보증금에 대한 부가가치세액은 임대자가 부담하고 월세에 대한 것은 임차인이 부담하는 것이 보통이다.

■ 인테리어 시공시 소방법 적용

대중 이용시설의 경우 소방법이 엄격히 적용된다. 소방법은 수시로 바뀌고 대형 화재사고가 있을 때마다 적절한 보완책을 규정하여 적용시키므로 인테리어 도중에도 변하는 경우가 허다하게 발생할 수 있다.

인테리어 업자들은 규정을 잘 알고 시행하지만 처음 장사하는 사람이나 초보 인테리어 업자는 그 규정을 등한시하여 문제가 많이 발생한다.

건물 전체에 관한 소방점검은 준공할 때 받았으나 입주자 개별 호실의 경우 영업허가시 반드시 인테리어에 대한 소방점검을 다시 받아야 하고 이것을 통과해야 영업허가증을 받을 수 있다.

입점자가 알아야 할 사항은 처음 인테리어 계획도면이 나온 후 즉시 소방서 관계부서를 방문하여 이것이 적정한지 점검받고 상담자의 성명을 알아두어야 후에 문제가 발생했을 때 이의를 제기할 수 있다.

실례로 홍을동 씨는 이런 과정을 거치지 않고 인테리어 업자에게 일임했다가 소방점검시 문제가 발생하여 개업 예정일보다 1개월 이상 지연되었다. 인테리어 완료 후 지적사항이 발생하면 보완해야 하는데 일부분 철거 후 재시공하는 경우가 많으므로 시간과 경비가 생각보다 많이 소요된다. 그러므로 인테리어 계약시 소방허가에 관한 사항은 업자가 책임지도록 명기하는 것이 유리하다.

임시방편으로 통과하면 다음에 또다시 지적받을 수 있으므로 처음에 할 때 확실히 하는 것이 좋다.

■ **용도변경 절차**(건물의 경우)

준공시 건물 호실별로 용도를 정하여 준공한다. 그런데 준공 후 임차인이나 건축주가 지금의 용도 이외의 다른 업종을 할 경우 그 용도에 맞게 용도변경이 필요하다.

사용승인을 얻은 건축물의 용도를 변경하고자 할 경우에는 대통령령이 정하는 바에 의해 시장, 구청장, 군수에게 신고해야 하고, 변경하고자 하는 용도의 건축기준에 적합해야 한다.

시설군이 같은 경우에는 용도의 변경 가능하다.

- 영업 및 판매시설군 : 위락시설, 숙박시설, 판매 · 영업시설
- 문화 및 집회시설군 : 문화 · 집회시설, 운동시설, 관광휴게시설
- 산업시설군 : 공장, 창고시설, 자동차 관련 시설, 위험물 저장 및 처리시설, 분뇨 및 쓰레기 처리시설
- 교육 · 의료시설군 : 교육연구 및 복지시설, 의료시설
- 주거 및 업무시설군 : 단독주택, 공동주택, 업무시설, 공공용시설
- 기타 시설군 : 제1종 근린생활시설, 제2종 근린생활시설, 동물 및 식물 관련 시설, 묘지 관련 시설

일반인은 용도변경을 건축사만이 하는 것으로 판단하여 건축사에게 의뢰하는 경우가 많은데 일반인들도 신청 가능하다.

단순한 용도변경은 소유자 명의로 변경사항을 기재하여 건축민원과에 접수하면 담당자가 적법성을 검토하여 타당할 경우 하수처리 부서의 협조를 받아 1주일 이내에 용도변경을 할 수 있다. 하수처리 부서에 협조를 구하는 것은 이전 용도와 비교하여 오수발생량의 추가금액이 발생하면 추가로 분담금을 납부해야 용도변경이 가능하기 때문이다.

이런 단순한 용도변경이 귀찮으면 관할 요식업 조합에 가면 내용을 정확히 알고 있으므로 빠른 시간 내에 대행해주는 경우도 있다. 하지만 실의 면적변경이 발생한 용도변경의 경우에는 반드시 건축사의 날인이 필요하므로 건축사를 통해야 한다.

상업시설의 경우 위락시설에서 근린생활시설로의 변경은 대부분 별다른 문제가 없지만 근린생활시설에서 위락시설로 변경할 때는 소방법, 주차법, 정화조법 등의 영향을 받으므로 변경이 쉽지 않다.

따라서 임차인은 임대계약을 할 때 지금의 용도와 자기가 할 업종의 용도가 맞지 않을 경우에는 반드시 용도변경이 가능한지를 파악하여 계약해야 한다. 이것은 아주 기본적인 사항인데도 나중에 이 부분이 문제가 되어 계약을 해지하는 경우도 종종 있다. 필자의 경험상 10% 정도는 이런 문제가 발생한다.

■ 유흥세 세액 산출법(중과세)

식품위생법에 의한 유흥주점 같은 영업을 하는 장소에 대해서는 취득세, 재산세, 종합토지세가 중과세된다.

중과세의 대상으로는 카바레, 나이트클럽, 디스코클럽, 룸살롱, 요정영업 등이 있을 수 있다(단 일정 면적 이상일 때 적용).

취득세액의 10%, 농어촌특별세 · 재산세 및 종합토지세액의 20%, 지방교육세를 부과한다.

중과세 세율 적용

구분	세율	비고
취득세	1,000분의 100	일반세율 1,000분의 20의 5배
재산세	1,000분의 50	일반세율 1,000분의 3의 약 16.6배
종합토지세	1,000분의 50	일반세율 1,000분의 3의 약 16.6배

취득세의 중과세

여기서는 취득세 중과세만을 검토할 것이다. 건물 소유자는 소유권 이전시 취득세 2%만 부과받고 등기이전을 한다.

부동산 취득시 일반적인 세율은 2%인데 위락시설은 10%가 취득세가 된다. 일부 지자체는 등기이전시 유흥으로 용도가 되어 있으면 중과세 부분을 납부하도록 하는 경우도 있으나, 이럴 때는 이의를 제기하여 납부하지 않아도 될 것이다. 등기이전시 용도는 유흥으로 되어 있지만 소유자나 임차인이 실제 그 용도로 영업할지는 알 수 없으므로 유흥허가시 납부하면 된다.

등기이전을 받은 건물 소유자와 보전등기시 건축주 개인 명의로 형식상 분할된 경우의 중과세 부분을 알아보자.

① 매매계약서로 중과세하는 방법

위락시설의 취득세는 중과세이므로 10%의 취득세와 여기에
대한 농어촌특별세 10%를 매매계약서상의 매매금액을 기준으로
산정하는 것이 원칙이다. 분양이나 매매일 경우는 이 방법을 채
택한다.

301호를 분양받아 취득했을 때 취득세액 산출

- 253,152,000원 × 10% = 25,315,200원
- 농어촌특별세 25,315,200 × 10% = 2,531,520원
- 합계 27,846,720원이 되고, 위락시설 허가 때는 등록이전시 납부한
  2%를 공제한 잔액만 납부하면 된다.

유흥 중과세의 납세의무자는 원칙적으로 건물 소유주가 된다.
그러나 임대일 경우의 통례를 보면 임대가 잘 될 때는 임차인에
게 부과하도록 임대계약서를 작성하는 경우가 많고, 임대기 잘
안 될 때는 소유자가 부담하는 경우가 많다.

중과세 10% 중 임대차 계약시 임대인과 임차인이 협의해서 하
되, 보통 취득에 대한 취득세 2%는 소유자가 부담하고, 위락영
업시 중과세되는 8%는 임차인이 부담하며, 재산세 및 종합토지
세는 임대인이 부담하는 것으로 계약하는 경우가 많다.

납부방법은 원칙적으로 취득일로부터 30일 이내에 자진신고
납부하도록 되어 있고, 미신고시 20%의 가산세를 부과받는다.

그런데 보통은 취득일이 아닌 영업허가일을 기준으로 적용하는 경우가 많다. 이 금액은 관할 지자체에서 납부통지하는 것이 아니므로 자진해서 이 기간 내에 납부해야 한다. 이를 몰라 가산세 20%를 무는 경우가 종종 있다.

② 공사원가로 중과세를 계산하는 방법

건축주가 보전등기시 자기 명의로 했을 경우에는 매매계약서가 없으므로 보전등기시 산정한 공사원가에 대한 금액을 호실별 지분으로 분배하여 여기에 해당하는 금액에 대해 취득세를 납부해야 한다. 건축주가 직접 위락영업을 하든지, 임대를 하든지 하는 경우이다.

303호를 보전등기시 건축주 개인 명의로 하여 위락시설로 영업할 때 중과세를 산정해보자. 이때의 공사원가 기준은 보전등기시의 공사원가를 기준으로 산정한다.

가) 보전등기시 공사원가

공사원가 산정액＝설계 계약금액＋시공 계약금액

116,160,000원＋3,097,600,000원＝3,213,760,000원으로 앞에서 산정하였다.

나) 공사원가를 건물과 토지로 나누어 호실별 과표 산정

• 건물분 과표금액

과표금액＝호실의 등기면적／총연면적×공사원가

53(평)/1,936(평)×3,213,760,000원=87,980,000원

- 토지분 과표금액

  과표금액=호실별 토지지분/토지 전체면적×토지구입 원가
  (공과금 제외액)

  26.02m²/958.68m²×1,450,000,000원=39,355,155원

- 중과세 과표금액=건물 분과표+토지 분과표

  87,980,000원+39,355,155원=127,335,155원

- 중과세액

  취득세에 대한 중과세 : 127,335,155원×취득세 10%=
  12,733,515원

  취득세에 대한 농어촌 특별세(취득세액의 10%) : 12,733,51
  ×0.1=1,273,351원

  합계=12,733,515+1,273,351=14,006,866원

- 주의사항

매매계약서에 의한 중과세 금액 27,846,720원과 보전등기시 취득가액에 의한 중과세 금액 14,006,866원이 다르다는 것을 알 수 있다. 이는 건축주의 경우 매매계약서가 없으므로 보전등기 원가로 산정해서 그렇다.

등기이전 신청시 2%에 해당하는 취득세를 납부했는데 위의 금액은 10%로 계산되어 있다. 실질적으로는 8%와 이에 대한 농어촌특별세만 납부하면 된다.

■ 사업에 실패하면 어떤 부담이 있는가

한심해 씨는 105호를 3억 2,000만 원에 분양받아 임대수익을 얻고자 했다. 자금은 은행융자 2억 원, 임대보증금 4,000만 원, 자기 자본 8,000만 원으로 조달했다.

임대 후 몇 달 동안은 월세가 차질없이 납입되었지만 어느 순간부터 장사가 안 되어 월세 납입이 중단되는 바람에 은행 차입금 이자가 연체되었다. 자신도 이자를 갚아줄 여유가 없어 결국 은행에서 대출금 회수를 위한 경매를 실행한다면 이때 한심해 씨는 어떤 길을 예상해야 하는가?

1) 105호의 현재 상태

- 은행 저당권 설정 : 2003년 3월 5일 2억 원(차입원금 기준)
- 전세권이 설정되어 있지 않은 상태임(상가임대차보호법 적용대상)
- 국세 500만 원 미납 : 납부고지일 2003년 5월 31일
- 체납처분비 : 1,000만 원
- 경매낙찰가 : 2억 3,000만 원
- 변제순위
  - 경매가 : 2억 3,000만 원
  - 처분 1순위 : 체납처분비 1,000만 원
  - 2순위 : 임차인 소액 보증금 1,000만 원(수도권 기준, 전세권 설정시 설정 전액)

-3순위 : 은행 저당금액 2억 원

-4순위 : 국세 500만 원

한심해 씨는 경매가 2억 3,000만 원에서 위의 순으로 공제하고 잔액 500만 원을 받을 것이다.

2) 해설

① 체납처분비의 우선

체납처분비는 국세, 가산금 등에 우선한다.

② 공익비용의 우선

강제집행, 경매, 파산절차에 의한 재산매각에서 그 매각대상 중 공익비용이 국세, 가산금, 체납처분비에 우선한다.

③ 피담보채권의 우선

국세의 법정기한 전에 설정된 전세권, 질권, 저당권의 실정을 등기 또는 등록된 사실을 증명하는 재산의 매각에 있어서는 국세 가산금 등이 우선하지 못한다.

다만 담보재산에 대하여 부과된 국세(상속세, 증여세) 가산금 은 담보설정일과 관계없이 우선 징수한다.

④ 소액 임차보증금의 우선

주택 · 상가임대차보호법이 적용되는 건물을 매각할 때는 그

매각금액 중에서 국세 또는 가산금을 징수하는 경우 보증금 중 소액 보증금은 국세, 가산금보다 우선하여 변제한다.

단 소액 임차보증금이 체납처분비에 우선하지 못한다. 그리고 사업자등록이 된 자가 대상이 된다.

⑤ 임금채권의 우선

사용자의 재산을 매각 추심할 때 근로기준법에 의해 우선 변제되는 최종 임금 3월분, 최종 3년간 퇴직금, 재해보상금 등은 국세 또는 가산금보다 우선한다.

그러나 체납처분비를 우선하지 못한다. 소액 임차보증금과 임금채권은 같은 순위이므로 금액비율로 배분한다.

3) 기타

위의 사항 이외에 어떤 불이익이 발생할 수 있는지 알아보자.

- 임대사업을 위하여 분양할 때 국세청으로부터 부가가치세를 환급받았다면 이 금액이 문제가 될 수 있다.
- 취득가액 신고시 2중 계약으로 만일 취득가액을 2억 원에 신고했다면 경매금액 2억 3,000만 원과의 차액 3,000만 원에 대한 양도소득세가 발생할 것이다.
- 임차인은 보증금 4,000만 원 중 1,000만 원만 우선 변제받았으므로 잔액에 대한 변제를 계속 요구할 것이다.

2. 건물 기준시가 산정방식

기준시가는 재산세 부과 등의 기준이 된다. 강남의 건물가격이 강북에 비해 현저히 높지만 재산세는 적게 부과되어 형평성 문제로 민원이 야기된 적이 있다. 이는 기준시가의 산정방식에 문제가 있어서 그렇다. 현재 기준시가의 산정방식은 건물의 가치가 이니라 건물의 구조나 용도, 위치, 건축연한 등에 기인하기 때문이다.

재산세를 산정할 때 기준은 기준시가이고, 이 기준시가를 기준으로 지방자치단체에서 조례로 과세표준을 정한다.

과세표준은 기준시가의 몇 % 정도를 적용할 것인지 정하는데 보통 50% 이내가 대부분이다. 즉 기준시가의 50% 이내를 과세표준으로 잡는다. 과세표준에 재산세율을 곱하면 재산세가 산정된다. 따라서 국세청이 정하는 기준시가 산정방식을 상식적으로 알고 있으면 유리하다.

■ 건물 기준시가 산정방법

기본산식

- 기준시가＝m^2당 금액×평가대상 건물의 면적(m^2)
- m^2당 금액＝건물 신축가격 기준액×구조지수×용도지수× 위치지수×경과연수별 잔가율×개별 건물의 특성에 따른 조정률

구조지수, 용도지수, 위치지수, 경과연수별 잔가율, 개별 건물의 특성에 따른 조정률은 다음의 표를 참조한다.

구조지수

번호	구조별	지수
1	통나무조	140
2	철골(철골철근) 콘크리트조	120
3	철근 콘크리트조, 석조, PC조, 목구조	100
4	연와조, 시멘트 벽돌조, 황토조, 철골조, 스틸하우스조	90
5	보강 콘크리트조, 목조	80
6	시멘트 블록조	60
7	경량 철골조	50
8	철 파이프조, 석회 및 흙벽돌조, 돌담 및 토담조	30

위치지수

번호	건물 부속토지의 m²당 개별 공시지가	지수
1	5만 원 미만	80
2	5만 원 이상 ~ 20만원 미만	85
3	20만원 이상 ~ 50만원 미만	90
4	50만원 이상 ~ 80만원 미만	95
5	80만원 이상 ~ 120만원 미만	100
6	120만원 이상 ~ 200만원 미만	105
7	200만원 이상 ~ 300만원 미만	110
8	300만원 이상 ~ 500만원 미만	115
9	500만원 이상 ~ 700만원 미만	120
10	700만원 이상 ~ 1,000만 원 미만	125
11	1,000만 원 이상	130

용도지수

구분	용 도		번호	대 상 건 물	지수
A	주거용 건물	주거 시설	1	• 아파트	110
			2	• 단독주택	100
			3	• 다중주택, 다가구주택, 연립주택, 다세대주택, 기숙사 등 기타 주거용 건물	90
B	상업용 및 업무용 건물	숙박 시설	4	• 관광호텔(특 1·2등급) : 관광진흥법상 관광 숙박시설	140
			5	• 호텔(공중위생법상 일반 숙박시설을 말한다) • 관광호텔(1등급 이하), 수상관광호텔, 한국 전통호텔, 가족호텔 및 휴양 콘도미니엄, 펜션 (관광진흥법상 관광 편의시설)	120
			6	• 여관	110
			7	• 여인숙	90
		판매 및 영업 시설	8	• 백화점	140
			9	• 소매점 중 대형점(매장면적이 3,000㎡ 이상인 것), 쇼핑센터 • 도매시장(도매 위주 매장면적이 3,000㎡ 이상인 것)	120
			10	• 운수시설 : 여객자동차터미널, 화물터미널, 철도역사, 공항시설, 항만시설 및 종합여객시설	100
			11	• 일반상점(슈퍼마켓과 일용품 소매점으로서 바닥면적 합계가 1,000㎡ 이상 ~ 3,000㎡ 미만인 것) • 위에 열거되지 않은 기타 판매 및 영업시설	90

경과연수별 잔가율

적용대상	A그룹	B그룹	C그룹	D그룹
내용연수	50년	40년	30년	20년
최종 잔존가치율	20%	20%	20%	10%
상각방법	정액법	정액법	정액법	정액법

• A그룹 : 통나무조, 철골(철골철근) 콘크리트조의 모든 건물

• B그룹 : 철근 콘크리트조, 석조, PC조, 목구조의 모든 건물

• C그룹 : 연와조, 보강 콘크리트조, 시멘트벽돌조, 철골조, 스틸하우스조, 황토조, 목조의 모든 건물

개별 건물의 특성에 따른 조정률

구분	적용 대상	번호	지수	적용 범위	비고
A	• 지붕재료 −슬라브, 기와, 토기와, 시멘트기와, 기타 신소재 −패널, 유리, 슬레이트 −함석, 자연석, 천막, 기타 이와 유사한 것	1 2 3	100 80 60	• 구조지수가 100 미만인 경우에만 적용한다.	
B	• 최고 층수 −5층 이하 −6층 이상~15층 이하 −16층 이상~24층 이하 −25층 이상 • 연면적 −1천㎡ 미만 −1천㎡ 이상~3천㎡ 미만 −3천㎡ 이상 • 인텔리전트시스템 빌딩	4 5 6 7 8 9 10 11	90 100 110 120 90 100 110 140	• 최고 층수 계산시 지하층 및 옥탑은 제외 • 건물구조가 통나무인 것은 적용 제외 • 주거용 건물은 아파트에 한해 최고 층수 기준만 적용한다.	해당하는 항목 중 가장 높은 지수 하나만 적용한다.
C	• 단독주택 −연면적 264㎡ 이상~331㎡ 미만 −연면적 331㎡ 이상 • 아파트 · 연립주택 −전용면적 49㎡ 이상~215㎡ 미만 −전용면적 215㎡ 이상 • 첨단기능 아파트	12 13 14 15 16	120 140 120 140 140	• 단독주택에는 다중 · 다가구주택은 포함하지 아니한다.	해당하는 항목 중 가장 높은 지수 하나만 적용한다.
D	• 상가의 1층 • 최고 층수 5층 이하 건물의 지하층 • 건물부속(지하 포함) 주차장 및 기계실, 보일러실, 대피소 옥탑 • 주택 간이 부속건물(창고, 화장실, 세면장 등)	17 18 19 20	120 80 60 60	• 주차전용 빌딩은 적용 제외	해당하는 항목 중 가장 낮은 지수 하나만 적용한다.

■ 산정 예(주거용 단독주택)의 경우

1) 전제조건

- 소재지 : 충북 00시 ×××
- 구조 : 통나무조, 목조지붕
- 용도 : 단독주택
- 연면적 : 342.00m²
- 양도일(상속개시일) : 2003년 2월 1일
- 공시지가 : 양도일(상속개시일) 현재 m²당 14만 원
- 신축연도 : 1999년
- 취득연도 : 1999년

2) 적용요령

단독주택이고 연면적이 342m²로 상속재산 평가시에는 개별 건물 특성 조정률 구분 C-13번(331m² 이상)을 적용(지수 140)하여 산정한다.

3) 적용지수

- 구조지수 : 140(1.통나무조)
- 용도지수 : 100(2.단독주택)
- 위치지수 : 85(2.개별 공시지가 5만 원 이상~20만 원 미만)
- 경과연수별 잔가율 : 0.936(통나무조 A그룹, 1999년 신축건물, 4년 경과)

• 개별 건물의 특성에 따른 조정률 : 140(C. 단독주택 연면적 331m² 이상)

4) 양도 당시 건물 기준시가(2003년)

• m²당 가액 : 460,000원×1.4×1.0×0.85×0.936=512,000원

• 기준시가 : 512,000원/m²×342.00m²=175,104,000원

5) 상속개시 당시 건물 기준시가(2003년)

• m²당 가액 : 460,000원×1.4×1.0×0.85×0.936×1.4 =717,000원(1,000원 미만 절사, 각종 지수는 100으로 나누어 계산)

• 기준시가 : 717,000원/m²×342.00m²=245,214,000원

6) 취득 당시 건물 기준시가(1999년)

• 2001년 1월 1일 건물 기준시가×산정기준율

• 산정기준율 : 1.002(A그룹 취득연도(99년)와 신축연도(99년)가 만나는 지점의 율)

• 153,558,000원(2001년 1월 1일 건물 기준시가)×1.002= 153,865,116원

3. 건물의 인수인계

등기이전 후 입점자들에게 건물을 인수인계해야 건축주는 완전히 공사에서 손을 뗄 수 있다. 준공 1개월 전부터 건물을 인계할 수 있도록 인수인계 계획을 수립해야 한다. 어떤 과정이 필요한지 알아보자.

■ 인수인계 서류

1) 설계도서
- 준공도면
- 건축물 관리대장(건물 전체분)
- 기타 유지·관리에 관한 서류

2) 업체 현황
- 시공회사 현황 : 업체명, 주소, 연락처, 전화번호 등과 현장소장, 주소, 연락처, 전화번호 등
- 하도급 업체 현황 : 공종별 하도급 업체의 업체명, 주소, 연락처 등
- 장비설치 리스트 : 장비설치 업체의 업체명, 사용설명서, 주소, 연락처
- 자재업체 리스트 : 자재반입 업체의 업체명, 주소, 연락처
- 기타 필요사항

■ 관리이전 계획

입주자 대표의 조기 선정

입주자 대표를 조기 선정할 수 있도록 유도하여 대표로 하여금 관리에 대한 제반 계획을 잡도록 한다. 인수인계시 입주자 대표에게 인계서류 목록을 확인받고 인계할 수 있도록 한다.

하자보수 기간

구 분		하자보수 이행기간		
		1년	2년	3년
1. 대지조성 공사	가. 토공사		O	
	나. 석축공사		O	
	다. 옹벽공사		O	
	라. 배수공사		O	
	마. 포장공사		O	
2. 옥외급수 위생 관련	가. 공동구공사		O	
	나. 지하저수조 공사		O	
	다. 옥외위생(정화조) 관련 공사		O	
	라. 옥외급수 관련 공사		O	
3. 지정 및 기초				O
4. 철근 콘크리트공사				O
5. 철공공사	가. 구조용접 철공사			O
	나. 경량철골 공사		O	
	다. 철골 부대공사		O	
6. 조적공사			O	
7. 목공사	가. 구조체 또는 바탕 재공사		O	
	나. 수장목공사	O		
8. 창호공사	가. 창문틀 및 문짝공사	O		
	나. 창호철물 공사	O		
9. 지붕 및 방수공사				O
10. 마감공사	가. 미장공사	O		
	나. 수장공사	O		
	다. 칠공사	O		
	라. 도배공사	O		
	마. 타일공사	O		
11. 조경공사	가. 석재공사		O	
	나. 잔디심기 공사	O		
	다. 조경시설물 공사	O		
12. 잡공사	가. 온돌공사		O	

구 분		하자보수 이행기간		
		1년	2년	3년
12. 잡공사	나. 주방가구 공사	O		
	다. 옥내 및 옥외 설비공사		O	O
13. 난방, 환기, 공기 조화 설비공사	가. 열원기기 설비공사		O	
	나. 공기조화기기 설비공사		O	
	다. 닥트 설비공사		O	
	라. 배관 설비공사		O	
	마. 보온공사	O		
	바. 자동제어 설비공사		O	
14. 급배수 위생설비	가. 급수 설비공사		O	
	나. 온수공급 설비공사		O	
	다. 배수 · 통기 설비공사		O	
	라. 위생기구 설비공사	O		
	마. 칠 및 보온공사	O		
15. 가스 및 소화 설비공사	가. 가스 설비공사		O	
	나. 소화 설비공사		O	
	다. 배연 설비공사		O	
16. 전기 및 전력 설비	가. 배관배선 공사		O	
	나. 피뢰침공사		O	
	다. 조명 설비공사	O		
	라. 동력 설비공사		O	
	마. 수 · 변전 설비공사		O	
	바. 수 · 배전 공사		O	
	사. 전기기기 공사		O	
	아. 발전 설비공사		O	
	자. 승강기 및 인양기 설비공사			O
17. 통신, 신호 및 방재	가. 통신신호 설비공사		O	
	나. TV공청 설비공사		O	
	다. 방재 설비공사		O	

*위의 표에도 불구하고 기둥, 내력벽(힘을 받지 않는 조적벽 등을 제외한다)의 하자보수 기간은 10년, 보, 바닥, 지붕의 하자보수 기간은 5년으로 한다.

부록

- 용어설명
- 주택의 구분
- 지역 또는 지구에서의 건축제한
- 건축 허가기준
- 교통영향 평가기준

용어설명

- **기본설계** : 실시설계에 앞서 관련 법규를 바탕으로 설계의 기본 안을 작성한 도면
- **실시설계** : 기본계획 설계를 바탕으로 공사내용을 검토한 다음 실제 시공을 위해 보다 상세하고 정확도가 높은 설계도면, 상세도면
- **연면적** : 각층 바닥면적의 합계
- **건축면적** : 건축물의 외벽 또는 기둥의 중심선으로 둘러싸인 수평 투영면적
- **전용면적** : 공유면적을 제외한 실제 사용하는 면적
- **분양면적** : 전용면적과 공유면적의 합계
- **공유면적** : 건물에서 공용으로 사용하는 계단, 지하실, 보일러실, 관리사무소, 경비실, 승강기실 등의 면적
- **공실률** : 건물 전체의 실 중에서 비어 있는 실의 비율
- **전용률** : 분양면적에서 전용면적이 차지하는 비율

- **착공** : 공사를 시작하는 것
- **분양** : 건물을 지어서 최초로 판매하는 것
- **임대** : 건물을 일정 수수료를 받고 일정 기간 동안 빌려주는 것
- **건폐율** : 대지면적에 대해 건물의 지상 1층 바닥면적의 비율
- **용적률** : 대지면적에 대한 건축물 연면적의 비율
- **연면적** : 각층 바닥면적의 합계
- **견적** : 설계시방서를 기준으로 공사비를 계산한 내역서 및 산출 금액
- **감리** : 발주자의 위탁을 받아 공사의 적정시공 여부를 점검하는 것
- **설계변경** : 설계서를 바탕으로 시공 도중 변경요인이 발생하여 설계서를 변경하는 것
- **근린생활시설**

  -슈퍼마켓, 일용품의 소매점으로 동일 건축물 안에 당해 용도로 사용되는 바닥면적의 합계가 500m² 미만인 것

  -대중음식점, 다과점, 다방, 기원 등

  -이용원, 미장원, 일반목욕탕, 세탁소 등

  -의원, 치과의원, 한의원, 침술원, 접골원, 조산원, 안마시술소 등

  -테니스장, 탁구장, 헬스클럽, 체육도장, 골프연습장 등으로 바닥면적의 합계 500m² 미만인 것

  -금융업소, 사무소, 부동산중개소 등 바닥면적의 합계가 300m² 미만인 것

　　－당구장, 청소년 유기장으로 바닥면적의 합계가 200m² 미만
　　인 것

　　－사진관, 표구점, 예능계 학원, 기술계 학원, 독서실, 장의사,
　　동물병원 등 이와 유사한 것

• **위락시설**

　　－단란주점으로서 제2종 근린생활시설에 해당하지 아니하는 것

　　－주점영업(유흥주점과 유사한 것은 포함된다)

　　－특수목욕장

　　－관광진흥법에 의한 유원시설업의 시설, 기타 이와 유사한 것
　　(제2종 근린생활시설에 해당하지 아니한 것)

　　－투전기 업소 및 카지노 업소

　　－무도장 및 무도학원

• **근저당** : 계속적인 거래관계로부터 발생하는 다수의 불특정 채
　권을 장래의 결산기에 일정한 한도까지 담보하려는 저당권을
　근저당권 내지는 근저당이라고 한다.

• **철근 콘크리트 구조** : 주요 뼈대가 철근과 콘크리트로 형성된 건
　축 구조체를 말한다.

• **철골구조** : 주요 뼈대를 철골로 형성하고 리벳, 용접, 볼트 등으
　로 접합한 구조를 말한다.

• **등기** : 부동산에 대해 새로이 거래하려는 제3자에게 거래관계
　에 대한 일정 사항을 공시하고 그 내용을 명확히 하여 거래시
　불의의 사태가 발생하지 않도록 하기 위한 공시제도의 하나로,
　등기관이 일정 사항을 등기부에 기재하는 것을 등기라고 한다.

- **등기부 등본** : 부동산의 내용 및 소유관계를 기재한 등기서류
- **보전등기** : 최초의 등기사항(원시취득)
- **소유권 이전등기** : 소유자 변경시 등기를 이전하는 것
- **공사이행 보증서** : 공제조합 또는 보증기관이 공사와 관련하여 공사의무를 이행하지 못할 경우 보증기관이 이를 대신 이행해 주는 보증제도
- **하자이행 보증** : 도급공사의 계약이행이 완료된 후 일정 기간 그 목적물의 하자보수를 보증하기 위한 제도
- **선급금이행 보증** : 선급금을 지불한 후 공사가 진행되지 않을 때 발주자의 선금을 안전하게 확보하는 제도
- **공시지가** : 지가공시 및 토지 등의 평가에 관한 법률 절차에 따라 기준지가와 과세시가 표준액 등으로 다원화된 공적 지가를 일원화하여 건설부 장관이 공시한 전국 45만 필지의 표준지에 대한 단위면적당 가격을 말한다.
- **기준시가** : 공공 · 공익사업을 시행하지 않을 경우의 상태에서 이루어진 지가대로 매수 또는 보상함으로써 공공 · 공익사업의 시행을 용이하게 하고 지가를 안정시키며, 공익사업 시행으로 인한 지가의 앙등 및 여러 가지 폐해를 방지하는 수단으로 정부가 정하는 가격
- **취득세** : 토지와 건물 등 부동산을 매매, 교환, 증여, 기부 등에 의해 취득할 때 납부하는 세금
- **등록세** : 취득한 부동산을 등기부에 권리를 설정하거나 이전, 변경 또는 소멸시킬 때 납부하는 세금

- **과세표준** : 세금을 부과할 때 기준이 되는 것
- **소득세** : 개인이나 법인이 얻은 소득에 대하여 부과하는 조세
- **양도소득세** : 재고자산 이외의 자산의 양도로 인하여 발생한 자본이익에 대한 세금
- **부가가치세** : 생산 및 유통과정의 각 단계에서 창출되는 부가가치에 대하여 부과하는 조세
- **간이과세자** : 부가가치세가 면세된 재화 · 용역의 공급자
- **감정가액** : 어떤 재산에 대하여 특정인의 특수한 산정으로 교환가치에 의하지 않고 감정기관의 객관적인 감정에 따라 평가하는 가격

주택의 구분

주택은 건축법상 단독주택과 공동주택으로 나누어볼 수 있다.

1) 단독주택

① 단독주택

② 다중주택

- 학생 또는 직장인 등 다수인이 장기간 거주할 수 있는 구조로 되어 있을 것
- 독립된 주거의 형태가 아닐 것
- 연면적 330m² 이하이고 층수가 3층 이하일 것

③ 다가구주택

다음의 요건을 모두 갖춘 주택으로서 공동주택에 해당하지 아니하는 주택을 말한다.

- 주택으로 쓰이는 층수(지하층을 제외)가 3층 이하일 것. 다만 1층 부분을 전부 피로티 구조로 하여 주차장으로 사용하는 경우에는 피로티 부분을 층수에서 제외한다.
- 1개 동의 주택으로 쓰이는 바닥면적(지하주차장 면적 제외)의 합계가 660m² 이하일 것
- 19세대 이하가 거주할 수 있을 것
- 공관

2) 공동주택

가정보육시설을 포함하며, 층수를 산정할 때 1층 전부를 피로티 구조로 하여 주차장으로 사용하는 경우에는 피로티 부분을 층수에서 제외한다.

① 아파트
주택으로 쓰이는 층이 5개 층 이상인 주택

② 연립주택
주택으로 쓰이는 1개 동의 연면적이 660m²(주차장 용도로 쓰이는 지하층 제외)를 초과하는 4개 층 이하의 주택

③ 다세대주택
주택으로 쓰이는 1개 동의 연면적이 660m²(주차장 용도로 쓰이는 지하층 제외) 이하인 4개 층 이하인 주택

④ 기숙사

기업체의 종업원과 학생 등을 위하여 사용되는 것으로, 공동취사 등의 형태를 가진 건축물로서 독립된 주거의 형태를 갖추지 아니한 것을 말한다.

지역 또는 지구에서의 건축제한(법 제53조)

1) 주거지역 안에서의 건축제한

① 전용주거지역

제1종 전용주거지역

건축제한 구분	건축물의 용도
건축할 수 있는 건축물	• 단독주택 • 제1종 근린생활시설(*1,000㎡ 이하인 것)
도시계획조례의 위임대상	• 공동주택(연립주택 · 다세대주택) • 제2종 근린생활시설(종교집회장) • 문화 및 집회시설(종교집회장 · 납골당 · 전시장 연면적 합계 1,000㎡ 미만인 것) • 교육연구 및 복지시설(초등학교 · 중학교 · 고등학교 · 아동 관련 시설(어린이집 제외) · 노인복지시설 · 사회복지시설 · 근로복지시설) • 자동차 관련 시설(주차장)

*는 당해 용도에 쓰이는 바닥면적 합계

제2종 전용주거지역

건축제한 구분	건축물의 용도
건축할 수 있는 건축물	• 단독주택 • 공동주택 • 제1종 근린생활시설(1,000㎡ 이하인 것)
도시계획조례의 위임대상	• 제2종 근린생활시설(종교집회장) • 문화 및 집회시설(종교집회장 · 납골당 · 전시장 연면적 합계 1,000㎡ 미만인 것) • 교육연구 및 복지시설(초등학교 · 중학교 · 고등학교 · 아동 관련 시설(어린이집 제외) · 노인복지시설 · 사회복지시설 · 근로복지시설) • 자동차 관련 시설(주차장)

② 일반주거지역

제1종 일반주거지역

건축제한 구분	건축물의 용도
건축할 수 있는 건축물 (4층 이하의 건축물에 한한다. 다만 4층 이하의 범위 안에서 도시계획조례로 따로 층수를 정하는 경우에는 그 층수 이하의 건축물에 한한다)	• 단독주택 • 공동주택 • 제1종 근린생활시설 • 문화 및 집회시설 중 종교집회장(교회 · 성당 · 사찰 · 기도원 · 수도원 · 수녀원 · 제실 · 사당, 기타 이와 유사한 것)과 종교집회장 안에 설치하는 납골당으로서 제2종 근린생활시설에 해당하지 아니하는 것 • 교육연구 및 복지시설 중 학교(초등학교 · 중학교 · 고등학교에 한한다), 아동 관련 시설(어린이집은 제외) 및 노인복지시설과 다른 용도로 분류되지 아니한 사회복지시설 및 근로복지시설

건축제한 구분	건축물의 용도

도시계획조례의 위임대상
 	
(4층 이하의 건축물에 한한다. 다만 4층 이하의 범위 안에서 도시계획조례로 따로 층수를 정하는 경우에는 그 층수 이하의 건축물에 한한다)
	• 제2종 근린생활시설(단란주점 및 안마시술소 제외)
	
	• 판매 및 영업시설 중 당해 용도에 쓰이는 바닥면적의 합계가 1,000㎡ 이하(너비 15m 이상의 도로로서 도시계획조례가 정하는 너비의 도로에 접한 대지에 건축하는 경우에는 2,000㎡ 이하)인 것과 기존의 도매시장 또는 소매시장을 재건축하는 경우로서 인근의 주거환경에 미치는 영향, 시장의 기능회복 등을 감안하여 도시계획조례가 정하는 경우에는 당해 용도에 쓰이는 바닥면적 합계의 4배 이하 또는 대지면적의 2배 이하인 것
	
	• 의료시설(격리병원 및 장례식장을 제외)
	
	• 교육연구 및 복지시설(유스호스텔의 경우 특별시 및 광역시 지역에서는 너비 15m 이상의 도로에 20m 이상 접한 대지에 건축하는 것에 한하며, 기타 지역에서는 너비 12m 이상의 도로에 접한 대지에 건축하는 것에 한함)
	
	• 운동시설(옥외 철탑이 설치된 골프연습장을 제외)
	
	• 업무시설(너비 12m 미만인 도로에 접한 대지의 경우에는 바닥면적의 합계가 3,000㎡ 이하인 것에 한함)
	
	• 공장 중 인쇄 · 기록매체복제업 · 봉제(의류편조업을 포함) · 필름현상 · 컴퓨터 및 주변기기 제조업 · 컴퓨터 관련 전자제품 조립업 · 두부제조업의 공장으로서 다음에 해당하지 아니하는 것과 아파트형 공장
	
	  ① 대기환경보전법 규정에 의한 특정 대기 유해물질을 배출하는 것
	
	  ② 대기환경보전법 규정에 의한 대기 오염물질 배출시설에 해당하는 시설로서 동법 시행령 별표 8의 규정에 의한 1종 사업장 내지 4종 사업장에 해당하는 것
	
	  ③ 수질환경보전법 규정에 의한 특정 수질 유해물질을 배출하는 것
	
	  ④ 수질환경보전법 규정에 의한 폐수 배출시설에 해당하는 시설로서 동법 시행령 별표 1의 규정에 의한 1종 사업장 내지 4종 사업장에 해당하는 것
	
	  ⑤ 폐기물관리법 규정에 의한 지정 폐기물을 배출하는 것

건축제한 구분	건축물의 용도
도시계획조례의 위임대상 (4층 이하의 건축물에 한한다. 다만 4층 이하의 범위 안에서 도시계획조례로 따로 층수를 정하는 경우에는 그 층수 이하의 건축물에 한한다)	⑥ 소음·진동규제법 규정에 의한 배출 허용기준의 2배 이상인 것 • 창고시설 • 위험물 저장 및 처리시설(주유소·석유판매소 및 액화가스판매소와 시내버스 차고지에 설치하는 액화석유가스충전소 및 고압가스충전·저장소에 한함) • 자동차 관련 시설(폐차장 및 매매장을 제외) • 동물 및 식물 관련 시설 • 공공용 시설

제2종 일반주거지역

건축제한 구분	건축물의 용도
건축할 수 있는 건축물 (15층 이하의 건축물에 한한다. 다만 15층 이하의 범위 안에서 도시계획조례로 따로 층수를 정하는 경우에는 그 층수 이하의 건축물에 한한다)	• 단독주택 • 공동주택 • 제1종 근린생활시설 • 문화 및 집회시설 중 종교집회장(교회·성낭·사찰·기도원·수도원·수녀원·제실·사당, 기타 이와 유사한 것)과 종교집회장 안에 설치하는 납골당으로서 제2종 근린생활시설에 해당하지 아니하는 것 • 교육연구 및 복지시설 중 학교(초등학교·중학교·고등학교에 한한다), 아동 관련 시설(어린이집은 제외) 및 노인복지시설과 다른 용도로 분류되지 아니한 사회복지시설 및 근로복지시설

건축제한 구분	건축물의 용도
도시계획조례의 위임대상 (15층 이하의 건축물에 한한다. 다만 15층 이하의 범위 안에서 도시계획조례로 따로 층수를 정하는 경우에는 그 층수 이하의 건축물에 한한다)	• 제2종 근린생활시설(단란주점 및 안마시술소를 제외) • 문화 및 집회시설 • 판매 및 영업시설 중 당해 용도에 쓰이는 바닥면적의 합계가 1,000㎡ 이하(너비 15m 이상의 도로로서 도시계획조례가 정하는 너비의 도로에 접한 대지에 건축하는 경우에는 2,000㎡ 이하)인 것과 기존의 도매시장 또는 소매시장을 재건축하는 경우로서 인근의 주거환경에 미치는 영향, 시장의 기능회복 등을 감안하여 도시계획조례가 정하는 경우에는 당해 용도에 쓰이는 바닥면적 합계의 4배 이하 또는 대지면적의 2배 이하인 것 • 의료시설(격리병원 및 장례식장을 제외) • 교육연구 및 복지시설(유스호스텔의 경우 특별시 및 광역시 지역에서는 너비 15m 이상의 도로에 20m 이상 접한 대지에 건축하는 것에 한하며, 기타 지역에서는 너비 12m 이상의 도로에 접한 대지에 건축하는 것에 한함) • 운동시설(옥외 철탑이 설치된 골프연습장을 제외) • 업무시설(너비 12m 미만인 도로에 접한 대지의 경우에는 바닥면적의 합계가 3,000㎡ 이하인 것에 한한다) • 공장 중 인쇄 · 기록매체복제업 · 봉제(의류편조업을 포함) · 필름현상 · 컴퓨터 및 주변기기 제조업 · 컴퓨터 관련 전자제품 조립업 · 두부제조업의 공장으로서 다음에 해당하지 아니하는 것과 아파트형 공장 　① 대기환경보전법 규정에 의한 특정 대기 유해물질을 배출하는 것 　② 대기환경보전법 규정에 의한 대기 오염물질 배출시설에 해당하는 시설로서 동법 시행령 별표 8의 규정에 의한 1종 사업장 내지 4종 사업장에 해당하는 것 　③ 수질환경보전법 규정에 의한 특정 수질 유해물질을 배출하는 것 　④ 수질환경보전법 규정에 의한 폐수 배출시설에 해당하는 시설로서 동법 시행령 별표 1의 규정에 의한 1종 사업장 내지 4종 사업장에 해당하는 것

건축제한 구분	건축물의 용도
도시계획조례의 위임대상 (15층 이하의 건축물에 한한다. 다만 15층 이하의 범위 안에서 도시계획조례로 따로 층수를 정하는 경우에는 그 층수 이하의 건축물에 한한다)	⑤ 폐기물관리법 규정에 의한 지정 폐기물을 배출하는 것 ⑥ 소음 · 진동규제법 규정에 의한 배출 허용기준의 2배 이상인 것 • 창고시설 • 위험물 저장 및 처리시설(주유소 · 석유판매소 및 액화가스 판매소와 시내버스 차고지에 설치하는 액화석유가스충전소 및 고압가스충전 · 저장소에 한함) • 자동차 관련 시설(폐차장 및 매매장을 제외함) • 동물 및 식물 관련 시설 • 공공용 시설

제3종 일반주거지역

건축제한 구분	건축물의 용도
건축할 수 있는 건축물	• 단독주택 • 공동주택 • 제1종 근린생활시설 • 문화 및 집회시설 중 종교집회장(교회 · 성당 · 사찰 · 기도원 · 수도원 · 수녀원 · 제실 · 사당, 기타 이와 유사한 것)과 종교집회장 안에 설치하는 납골당으로서 제2종 근린생활시설에 해당하지 아니하는 것 • 교육연구 및 복지시설 중 학교(초등학교 · 중학교 · 고등학교에 한함), 아동 관련 시설(어린이집은 제외), 노인복지시설과 다른 용도로 분류되지 아니한 사회복지시설, 근로복지시설

건축제한 구분	건축물의 용도
도시계획조례의 위임대상	• 제2종 근린생활시설(단란주점 및 안마시술소를 제외) • 문화 및 집회시설 • 판매 및 영업시설 중 당해 용도에 쓰이는 바닥면적의 합계가 1,000㎡ 이하(너비 15m 이상의 도로로서 도시계획조례가 정하는 너비의 도로에 접한 대지에 건축하는 경우에는 2,000㎡ 이하)인 것과 기존의 도매시장 또는 소매시장을 재건축하는 경우로서 인근의 주거환경에 미치는 영향, 시장의 기능회복 등을 감안하여 도시계획조례가 정하는 경우에는 당해 용도에 쓰이는 바닥면적 합계의 4배 이하 또는 대지면적의 2배 이하인 것 • 의료시설(격리병원 및 장례식장을 제외) • 교육연구 및 복지시설(유스호스텔의 경우 특별시 및 광역시 지역에서는 너비 15m 이상의 도로에 접한 대지에 건축하는 것에 한하며, 기타 지역에서는 너비 12m 이상의 도로에 접한 대지에 건축하는 것에 한한다) • 운동시설 • 업무시설(너비 12m 미만인 도로에 접한 대지의 경우에는 바닥면적의 합계가 3,000㎡ 이하인 것에 한함) • 공장 중 인쇄·기록매체복제업·봉제(의류편조업을 포함)·필름현상·컴퓨터 및 주변기기 제조업·컴퓨터 관련 전자제품 조립업·두부제조업의 공장으로서 다음에 해당하지 아니하는 것과 아파트형 공장 ① 대기환경보전법 규정에 의한 특정 대기 유해물질을 배출하는 것 ② 대기환경보전법 규정에 의한 대기 오염물질 배출시설에 해당하는 시설로서 동법 시행령 별표 8의 규정에 의한 1종 사업장 내지 4종 사업장에 해당하는 것 ③ 수질환경보전법 규정에 의한 특정 수질 유해물질을 배출하는 것 ④ 수질환경보전법 규정에 의한 폐수 배출시설에 해당하는 시설로서 동법 시행령 별표 1의 규정에 의한 1종 사업장 내지 4종 사업장에 해당하는 것

건축제한 구분	건축물의 용도
도시계획조례의 위임대상	⑤ 폐기물관리법 규정에 의한 지정 폐기물을 배출하는 것 ⑥ 소음·진동규제법 규정에 의한 배출 허용기준의 2배 이상인 것 • 창고시설 • 위험물 저장 및 처리시설(주유소·석유판매소 및 액화가스판매소와 시내버스 차고지에 설치하는 액화석유가스충전소 및 고압가스충전·저장소에 한함) • 자동차 관련 시설(폐차장 및 매매장을 제외) • 동물 및 식물 관련 시설 • 공공용 시설

③ 준주거지역

건축제한 구분	건축물의 용도
건축할 수 있는 건축물	• 단독주택 • 공동주택 • 제1종 근린생활시설(단란주점을 제외) • 문화 및 집회시설 중 종교집회장(교회·성당·사찰·기도원·수도원·수녀원·제실·사당, 기타 이와 유사한 것)과 종교집회장 안에 설치하는 납골당으로서 제2종 근린생활시설에 해당하지 아니하는 것 • 의료시설(격리병원 및 장례식장을 제외) • 교육연구 및 복지시설 • 운동시설

건축제한 구분	건축물의 용도
도시계획조례의 위임대상	• 문화 및 집회시설 • 판매 및 영업시설 • 의료시설 중 장례식장 • 업무시설 • 공장 중 별표 4 제2호 아목 (1) 내지 (6)의 1에 해당하지 아니하는 것과 아파트형 공장 • 창고시설 • 위험물 저장 및 처리시설(시내버스 차고지 외의 지역에 설치하는 액화석유가스충전소 및 고압가스충전·저장소를 제외) • 자동차 관련 시설 • 동물 및 식물 관련 시설 • 공공용 시설 • 관광휴게시설(야외음악당·야외극장 및 어린이회관에 한함)

*예외) 공장 중 별표 4 제2호 아목
• 대기환경보전법 규정에 의한 특정 대기 유해물질을 배출하는 것
• 대기환경보전법 규정에 의한 대기 오염물질 배출시설에 해당하는 시설로서 동법 시행령 별표 8의 규정에 의한 1종 사업장 내지 4종 사업장
• 수질환경보전법 규정에 의한 특정 수질 유해물질을 배출하는 것
• 수질환경보전법 규정에 의한 폐수 배출시설에 해당하는 시설로서 동법 시행령 별표 1의 규정에 의한 1종 사업장 내지 4종 사업장에 해당하는 것
• 폐기물관리법 규정에 의한 지정 폐기물을 배출하는 것
• 소음·진동규제법 규정에 의한 배출 허용기준의 2배 이상인 것

2) 상업지역 안에서의 건축제한

① 중심상업지역

건축제한 구분	건축물의 용도
건축할 수 있는 건축물	• 제1종 근린생활시설 • 제2종 근린생활시설 • 문화 및 집회시설 • 판매 및 영업시설 • 업무시설 • 숙박시설 • 위락시설 • 공공용 시설
도시계획조례의 위임대상	• 단독주택(다른 용도가 복합된 것에 한함) • 공동주택 • 의료시설 • 교육연구 및 복지시설 • 운동시설 • 창고시설 • 공장(출판 · 인쇄 및 기록매체 복제공장으로서 별표 42호 규정 중 일부는 제외) • 위험물 저장 및 처리시설(시내버스 차고지 외의 지역에 설치하는 액화석유가스충전소 및 고압가스충전 · 저장소를 제외) • 자동차 관련 시설

② 일반상업지역

건축제한 구분	건축물의 용도
건축할 수 있는 건축물	• 공동주택(주거용으로 사용되는 부분의 면적이 연면적 합계의 90/100 이하로서 다른 용도와 복합으로 건축하는 건축물에 한함) • 제1종 근린생활시설 • 제2종 근린생활시설 • 문화 및 집회시설 • 판매 및 영업시설 • 업무시설 • 숙박시설 • 위락시설 • 창고시설 • 공공용 시설
도시계획조례의 위임대상	• 단독주택 • 공동주택(1호 가목에 해당하지 아니하는 것에 한함) • 교육연구 및 복지시설 • 운동시설 • 창고시설 • 공장 중 별표 4 제2호 아목 (1) 내지 (6)의 1에 해당하지 아니하는 것과 아파트형 공장 • 위험물 저장 및 처리시설(시내버스 차고지 외의 지역에 설치하는 액화석유가스충전소 및 고압가스충전 · 저장소를 제외) • 자동차 관련 시설 • 동물 및 식물 관련 시설 • 관광휴게시설

③ 근린상업지역

건축제한 구분	건축물의 용도
건축할 수 있는 건축물	• 단독주택 • 공동주택 • 제1종 근린생활시설 • 제2종 근린생활시설(단란주점을 제외) • 문화 및 집회시설 중 종교집회장(교회·성당·사찰·기도원·수도원·수녀원·제실·사당, 기타 이와 유사한 것)과 종교집회장 안에 설치하는 납골당으로서 제2종 근린생활시설에 해당하지 아니하는 것 • 판매 및 영업시설(연면적의 합계가 3,000㎡ 이하인 것에 한함) • 의료시설(격리병원을 제외) • 교육연구 및 복지시설 • 운동시설 • 숙박시설
도시계획조례의 위임대상	• 별표 72호 마목의 공장 • 문화 및 집회시설 • 판매 및 영업시설(연면적의 합계가 3,000㎡를 초과하는 것에 한함) • 입무시실 • 위락시설 • 창고시설 • 위험물 저장 및 처리시설(시내버스 차고지 외의 지역에 설치하는 액화석유가스충전소 및 고압가스충전·저장소를 제외) • 자동차 관련 시설 • 동물 및 식물 관련 시설 • 공공용 시설

④ 유통상업지역

건축제한 구분	건축물의 용도
건축할 수 있는 건축물	• 제1종 근린생활시설 • 판매 및 영업시설 • 창고시설
도시계획조례의 위임대상	• 제2종 근린생활시설 • 문화 및 집회시설 • 의료시설 중 장례식장 • 교육연구 및 복지시설 • 업무시설 • 숙박시설 • 위락시설 • 위험물 저장 및 처리시설(시내버스 차고지 외의 지역에 설치하는 액화석유가스충전소 및 고압가스충전·저장소를 제외) • 자동차 관련 시설 • 공공용 시설

상업지역 안에서 건축 불가능한 숙박시설·위락시설

(2001. 1. 27. 개정)

공원·녹지 또는 지형지물에 의하여 주거지역과 차단되지 아니하는 일반 숙박시설, 위락시설의 경우에는 주거지역으로부터 도시계획조례가 정하는 거리 이내에 있는 대지에 건축하는 것

3) 공업지역 안에서의 건축제한

① 전용공업지역

건축제한 구분	건축물의 용도
건축할 수 있는 건축물	• 제1종 근린생활시설 • 판매 및 영업시설 • 공장 • 창고시설 • 위험물 저장 및 처리시설 • 자동차 관련 시설 • 공공용 시설 중 발전소
도시계획조례의 위임대상	• 문화 및 집회시설 중 산업전시장 및 박람회장 • 판매 및 영업시설(판매용 시설의 경우에는 당해 전용공업지역에 소재하는 공장에서 생산되는 제품을 판매하는 경우에 한함) • 의료시설(장례식장을 제외) • 교육연구 및 복지시설 중 직업훈련소(근로자직업훈련촉진법에 의한 직업훈련시설에 한함), 학원(기술계 학원에 한함), 연구소(공업에 관련된 연구소, 고등교육법에 의한 기술대학에 부설되는 것과 공장대지 안에 부설되는 것에 한함)와 아동 관련 시설(어린이집 제외), 노인복지시설과 다른 용도로 분류되지 아니한 사회복지시설, 근로복지시설 • 공공용 시설

② 일반공업지역

건축제한 구분	건축물의 용도
건축할 수 있는 건축물	• 제1종 근린생활시설 • 제2종 근린생활시설(단란주점을 제외) • 판매 및 영업시설(판매용 시설의 경우에는 당해 일반공업지역에 소재하는 공장에서 생산되는 제품을 판매하는 시설에 한함) • 공장 • 창고시설 • 위험물 저장 및 처리시설 • 자동차 관련 시설 • 분뇨 및 쓰레기 처리시설 • 공공용 시설 중 발전소
도시계획조례의 위임대상	• 단독주택 • 문화 및 집회시설, 종교집회장(교회 · 성당 · 사찰 · 기도원 · 수도원 · 수녀원 · 제실 · 사당, 기타 이와 유사한 것)과 종교집회장 안에 설치하는 납골당으로서 제2종 근린생활시설에 해당하지 아니하는 것과 전시장(박물관 · 미술관 · 과학관 · 기념관 · 산업전시장 · 박람회장, 기타 이와 유사한 것)에 해당하는 것 • 의료시설 • 교육연구 및 복지시설 • 동물 및 식물 관련 시설 • 공공용 시설

③ 준공업지역

건축제한 구분	건축물의 용도
건축할 수 있는 건축물	• 공동주택 중 기숙사 • 제1종 근린생활시설 • 제2종 근린생활시설(단란주점을 제외) • 판매 및 영업시설(판매용 시설의 경우에는 당해 준공업지역에 소재하는 공장에서 생산되는 제품을 판매하는 시설) • 의료시설 • 교육연구 및 복지시설 • 공장(당해 용도에 쓰이는 바닥면적의 합계가 5,000㎡ 이하인 것 • 창고시설 • 위험물 저장 및 처리시설 • 자동차 관련 시설 • 분뇨 및 쓰레기 처리시설 • 공공용 시설 중 발전소
도시계획조례의 위임대상	• 단독주택 • 공동주택(기숙사를 제외) • 문화 및 집회시설 • 판매 및 영업시설(제1호에 해당하는 것을 제외) • 운동시설 • 업무시설 • 숙박시설 • 공장(당해 용도에 쓰이는 바닥면적의 합계가 5,000㎡를 초과하는 것) • 동물 및 식물 관련 시설 • 공공용 시설

4) 녹지지역 안에서의 건축제한

① 보전녹지지역

건축제한 구분	건축물의 용도
건축할 수 있는 건축물	• 제1종 근린생활시설(연면적의 합계가 500㎡ 이하인 것에 한함) • 교육연구 및 복지시설 중 초등학교 • 공공용 시설 중 교도소(구치소 · 소년원 및 소년감별소를 포함) • 창고시설(농 · 축 · 수산업용에 한함)
도시계획조례의 위임대상	• 단독주택 • 제2종 근린생활시설(연면적의 합계가 500㎡ 이하인 것에 한하며, 단란주점을 제외) • 문화 및 집회시설 중 종교집회장(교회 · 성당 · 사찰 · 기도원 · 수도원 · 수녀원 · 제실 · 사당, 기타 이와 유사한 것)과 종교집회장 안에 설치하는 납골당으로서 제2종 근린생활시설에 해당하지 아니하는 것 및 전시장(박물관 · 미술관 · 과학관 · 기념관 · 산업전시장 · 박람회장, 기타 이와 유사한 것)에 해당하는 것 • 의료시설 • 교육연구 및 복지시설 중 학교(중학교 및 고등학교에 한함)와 동호 사목 내지 자목에 해당하는 것 • 위험물 저장 및 처리시설 중 액화석유가스충전소 및 고압가스충전 · 저장소 • 동물 및 식물 관련 시설 • 묘지 관련 시설

② 생산녹지지역

건축제한 구분	건축물의 용도
건축할 수 있는 건축물	• 단독주택 • 제1종 근린생활시설 • 의료시설 • 교육연구 및 복지시설 중 학교(초등학교에 한함)와 아동 관련 시설(어린이집 제외) 및 노인복지시설과 다른 용도로 분류되지 아니한 사회복지시설 및 근로복지시설, 생활권 수련시설, 자연권 수련시설 • 운동시설 • 창고시설 • 위험물 저장 및 처리시설 중 액화석유가스충전소 및 고압가스충전 · 저장소 • 동물 및 식물 관련 시설 • 공공용 시설
도시계획조례의 위임대상	• 공동주택(아파트를 제외) • 제2종 근린생활시설로서 연면적의 합계가 1,000㎡ 이하인 것(단란주점을 제외) • 문화 및 집회시설 중 집회장 · 전시장 • 판매 및 영업시설(농 · 임 · 축 · 수산업용 판매시설에 한함) • 교육연구 및 복지시설 중 학교(중 · 고등학교에 한함)와 교육원(농 · 임 · 축 · 수산업과 관련된 교육시설에 한함) 및 직업훈련소 • 공장(도정공장 · 식품공장 및 제1차 산업 생산품 가공공장과 읍 · 면 지역에 건축하는 첨단산업 공장에 한함) • 위험물 저장 및 처리시설(액화석유가스충전소 및 고압가스충전 · 저장소를 제외) • 자동차 관련 시설 중 운전학원 · 정비학원, 여객자동차운수사업법 · 화물자동차운수사업법 및 건설기계관리법에 의한 차고 및 주차장 • 분뇨 및 쓰레기 처리시설 • 묘지 관련 시설

③ 자연녹지지역

건축제한 구분	건축물의 용도
건축할 수 있는 건축물	• 단독주택 • 제1종 근린생활시설 • 제2종 근린생활시설(단란주점을 제외) • 의료시설 • 교육연구 및 복지시설 • 운동시설 • 창고시설 • 동물 및 식물 관련 시설 • 분뇨 및 쓰레기 처리시설 • 공공용 시설 • 묘지 관련 시설 • 관광휴게시설
도시계획조례의 위임대상	• 공동주택(아파트를 제외) • 문화 및 집회시설 • 판매 및 영업시설 중 다음에 해당하는 것 　① 농수산물 유통 및 가격안정에 관한 법률 제2조의 규정에 의한 농수산물 공판장 　② 농수산물 유통 및 가격안정에 관한 법률 제37조의 3 ②항의 규정에 의한 농수산물 직판장(농어촌발전특별조치법 제2조 2호·3호 또는 동법 제4조의 1에 해당하는 자나 지방자치단체가 설치·운영하는 것으로서 바닥면적의 합계가 1,000㎡ 이하인 것에 한한다) 　③ 산업자원부 장관이 관계 중앙행정기관의 장과 협의하여 고시하는 대형 할인점 및 중소기업 공동 판매시설 • 숙박시설(관광진흥법에 의하여 지정된 관광지 및 관광단지에 한함) • 공장(아파트형 공장·도정공장 및 식품공장과 읍·면 지역에 건축하는 제재업의 공장 및 첨단산업 공장에 한함) • 위험물 저장 및 처리시설 • 자동차 관련 시설

건축 허가기준

1) 허가대상

① 규모에 관계없이 허가를 요하는 지역(건축허가의 대상지역)
: 다음에 열거한 지역 또는 구역 안에서 건축물을 건축·대수
선하고자 하는 자는 미리 시장·군수·구청장의 허가를 받아
야 한다(법 제8조 제1항, 영 제8조 제2항).

　㉠ 국토의 계획 및 이용에 관한 법률에 의해 지정된 도시지
역 및 제2종 지구단위계획 구역

　㉡ 고속국도법에 의한 고속국도의 경계선 및 철도법에 의한
철도의 경계선으로부터 각각 양측 100m 이내의 구역

　㉢ 도로법에 의한 일반국도의 경계선으로부터 양측 50m 이
내의 구역

　㉣ 지역의 균형적 발전 또는 지역계획 등을 위하여 허가권자
가 필요하다고 인정하여 지정·공고한 지역

　*위의 ㉡과 ㉢에서 고속국도·철도·일반국도로부터 눈에

보이지 아니하는 곳으로서 허가권자가 지정·공고한 구역
은 제외한다.

② 지역에 관계없이 허가를 요하는 건축물(건축허가 대상의 규
모) : 다음에 열거한 건축물을 건축·대수선하고자 하는 자는
지역에 관계없이 미리 시장·군수·구청장의 허가를 받아야
한다(법 제8조 제1항 제3호).

ㄱ 연면적 200m² 이상인 건축물

ㄴ 3층 이상인 건축물

*증축의 경우에는 그 증축으로 인하여 당해 건축물의 연면적
이 200m² 이상 되거나 3층 이상 되는 경우를 포함한다.

2) 건축신고 대상

건축법 제8조의 규정에 해당하는 허가대상 건축물이라 하더라
도 다음에 해당하는 경우에는 미리 시장·군수·구청장(특별시
장·광역시장 제외)에게 신고함으로써 건축허가를 받은 것으로
본다.

① 바닥면적의 합계가 85m² 이내의 증축·개축 또는 재축

② 읍·면 지역(시장·군수가 지역계획 또는 도시계획에 지장
이 있다고 인정하여 지정·공고한 구역을 제외함)에서 농·어
업을 영위하기 위하여 필요한 소규모 주택·축사 또는 창고로
서 다음에 해당하는 건축물의 건축 또는 대수선

ㄱ 연면적의 합계가 100m² 이하인 '주택'(단독주택인 경우
에는 330m² 이하)

ⓛ 연면적이 200m² 이하인 창고

ⓒ 연면적이 400m² 이하인 축사 · 작물재배사

③ 대수선

④ 국토의 계획 및 이용에 관한 법률에 의한 제2종 지구단위계획 구역 안에 건축하는 건축물로서 연면적이 100m² 이하인 건축물의 건축

⑤ 연면적의 합계가 100m² 이하인 건축물의 건축(단독주택인 경우에는 330m² 이하)

⑥ 건축물의 높이를 3m이하의 범위 안에서 높이는 증축

⑦ 표준설계도서(법 제19조 제4항)에 의하여 건축하는 건축물로서 그 용도 · 규모가 주위 환경이나 미관상 지장이 없다고 인정하여 건축조례로 정하는 건축물의 건축

⑧ 다음의 지역 안에 건축하는 2층 이하인 건축물로서 연면적의 합계가 500m² 이하인 공장의 건축 또는 대수선

ⓐ 국토의 계획 및 이용에 관한 법률에 의한 공업지역

ⓑ 산업입지 및 개발에 관한 법률에 의한 산업단지

ⓒ 국토의 계획 및 이용에 관한 법률에 의한 제2종 지구단위계획 구역

3) 공용건축물에 대한 특례

① 허가권자와의 협의 : 국가 또는 지방자치단체는 건축허가(법 제8조) · 건축신고(법 제9조)에 의한 건축물을 건축 또는 대수선하고자 하는 경우에는 미리 건축물의 소재지를 관할하

는 허가권자와 협의하여야 하며, 협의한 경우에는 건축허가를 받았거나 신고한 것으로 본다(법 제25조).

② 사용승인의 생략 : 건축 허가권자와 사전 협의한 건축물에 관해서는 사용승인을 생략한다. 다만 건축물의 공사가 완료된 경우에는 지체없이 시장·군수·구청장(허가권자)에게 이를 통보하여야 한다(법 제25조 제3항).

4) 가설건축물의 건축허가 및 축조신고

① 가설건축물의 건축허가 : 시장·군수·구청장은 도시계획 시설 또는 도시계획시설 예정지에 있어서 다음에 열거한 기준 의 범위 안에서 당해 지방자치단체의 조례로 정하는 바에 의하 여 가설건축물의 건축을 허가할 수 있다(법 제15조 제1항, 영 제15조 제1항).

　㉠ 철근 콘크리트조 또는 철골 철근 콘크리트조가 아닐 것

　㉡ 존치기간은 3년 이내일 것(다만 도시계획사업이 시행될 때까지 그 기간을 연장할 수 있음)

　㉢ 3층 이하일 것

　㉣ 전기·수도·가스 등 새로운 간선공급 설비의 설치를 요 하지 아니할 것

　㉤ 국토의 계획 및 이용에 관한 법률에 의한 단계별 집행계 획에 적합할 것

② 가설건축물의 축조신고

　㉠ 기준 : 허가를 받아 건축하는 가설건축물 외에 '재해복

구·흥행·전람회·공사용 가설건축물 등의 용도의 가설건축물'을 축조하고자 하는 자는 그 건축물의 존치기간을 정하여 착공 5일 전에 시장·군수·구청장에게 축조 신고하여야 한다(법 제15조 제2항, 영 제15조 제5항).

㉮ 재해가 발생한 구역 또는 그 인접 구역으로서 시장 등이 지정하는 구역 안에서 일시 사용을 위하여 건축하는 것

㉯ 시장 등이 도시미관이나 교통소통에 지장이 없다고 인정하는 가설흥행장·가설전람회장, 기타 이와 유사한 것

㉰ 공사에 필요한 규모 범위 안의 공사용 가설건축물 및 공작물

㉱ 전시를 위한 견본주택, 기타 이와 유사한 것

㉲ 시장 등이 도로변 등의 미관정비를 위하여 필요하다고 인정하여 지정·공고하는 구역 안에서 건축하는 가설점포(물건 등의 판매를 목적으로 하는 것을 말한다)로서 안전·방화 및 위생에 지장이 없는 것

㉳ 조립식 구조로 된 경비용에 쓰이는 가설건축물로서 연면적이 10m² 이하인 것

㉴ 조립식 경량구조로 된 외벽이 없는 임시 자동차 차고

㉵ 컨테이너 또는 폐차량, 그밖에 이와 유사한 것으로 된 가설건축물로서 임시사무실·임시창고 또는 임시숙소로 사용되는 것(건축물의 옥상에 건축하는 것은 제외)

㉶ 도시지역 중 주거지역·상업지역 또는 공업지역에서 설치하는 농·어업용 비닐하우스로서 연면적이 100m² 이상

인 것

㉗ 연면적이 100m² 이상인 간이축사용 · 가축운동용 · 가축의 비가림용 비닐하우스 또는 천막구조의 건축물

㉘ 농업용 고정식 온실

㉙ 공장 안에 설치하는 창고용 천막, 기타 이와 유사한 것

㉚ 유원지 · 종합휴양사업 지역 등에서 한시적인 관광 · 문화행사 등을 목적으로 천막 또는 경량구조로 설치하는 것

㉛ 기타 건축조례로 정하는 건축물

교통영향 평가기준

1) 평가대상 사업

구분	대상사업의 범위
도시의 개발	(가) 도시개발법 제2조 제1항 제2호의 규정에 의한 도시개발사업 　–지방교통영향심의위원회 심의대상 : 부지면적 10만m^2 이상 (나) 도시재개발법 제2조 제2호의 규정에 의한 재개발 사업 　–지방교통영향심의위원회 심의대상 : 부지면적 10만m^2 이상 (다) 도시계획법 제3조 제6호의 규정에 의한 도시기반 시설 중 다음의 시설에 관한 도시계획시설 사업 1) 도로 　–지방교통영향심의위원회 심의대상 : 총길이 5km 이상 신설노선 중 인터체인지 · 교차부분 및 다른 간선도로와의 접속부 2) 유통업무 설비 　–지방교통영향심의위원회 심의대상 : 건축 연면적 1만 5천m^2 이상 또는 부지면적 5만 5천m^2 이상 3) 공원 　–지방교통영향심의위원회 심의대상 : 부지면적 30만m^2 이상 4) 유원지 　–지방교통영향심의위원회 심의대상 : 부지면적 15만m^2 이상

구분	대상사업의 범위
도시의 개발	(라) 주택건설촉진법 제20조 및 제21조의 규정에 의한 아파트지구 개발사업 　－지방교통영향심의위원회 심의대상 : 부지면적 10만m^2 이상 (마) 주택건설촉진법 제33조 제1조의 규정에 의한 대지 조성사업 　－지방교통영향심의위원회 심의대상 : 부지면적 10만m^2 이상 (바) 택지개발촉진법 제9조의 규정에 의한 택지 개발사업 　－중앙교통영향심의위원회 심의대상 : 부지면적 300만m^2 이상 　－지방교통영향심의위원회 심의대상 : 부지면적 10만m^2 이상 300만m^2 미만 (사) 유통단지개발촉진법 제2조 제4호의 규정에 의한 유통단지 개발사업 　－중앙교통영향심의위원회 심의대상 : 부지면적 300만m^2 이상 　－지방교통영향심의위원회 심의대상 : 부지면적 5만m^2 이상 300만m^2 미만 (아) 화물유통촉진법 제2조 제7호의 규정에 의한 화물터미널 설치 　－지방교통영향심의위원회 심의대상 : 부지면적 2만 5천m^2 이상 (자) 도시계획법 제3조 제4호의 규정에 의한 지구단위계획에 관한 도시계획의 결정 　－지방교통영향심의위원회 심의대상 : 부지면적 5만m^2
산업입지 및 산업 단지의 조성	산업입지 및 개발에 관한 법률 제2조 제6호의 규정에 의한 산업단지 개발사업 　－중앙교통영향심의위원회 심의대상 : 부지면적 500만m^2 이상 　－지방교통영향심의위원회 심의대상 : 부지면적 20만m^2 이상 500만m^2 미만
에너지 개발	전원개발에 관한 특례법 제2조 제2호의 규정에 의한 전원 개발사업 　－중앙교통영향심의위원회 심의대상 : 부지면적 300만m^2 이상 　－지방교통영향심의위원회 심의대상 : 부지면적 15만m^2 이상 300만m^2 미만
항만의 개발	항만법 제2조 제1호의 규정에 의한 항만 건설 　－중앙교통영향심의위원회 심의대상 : 연간 하역능력 600만 톤 이상 　－지방교통영향심의위원회 심의대상 : 연간 하역능력 150만 톤 이상 600만 톤 미만

구분	대상사업의 범위
도로의 건설	도로법 제11조의 규정에 의한 다음 도로의 건설 (가) 고속국도 · 일반국도 　－중앙교통영향심의위원회 심의대상 : 총길이 30km 이상 신설노선 중 인터체인지 · 분기점 · 교차부분 및 다른 간선 도로와의 접속부 　－지방교통영향심의위원회 심의대상 : 총길이 5km 이상 신설노선 중 인터체인지 · 분기점 · 교차부분 및 다른 간선 도로와의 접속부 (나) 특별시도 · 광역시도 · 지방도 · 시도 · 군도 · 구도 　－지방교통영향심의위원회 심의대상 : 총길이 5km 이상 신설노선 중 인터체인지 · 교차부분 및 다른 간선도로와의 접속부
철도의 건설	(가) 철도법 제2조 제1항 또는 공공철도건설촉진법 제2조의 규정에 의한 철도의 건설 　－중앙교통영향심의위원회 심의대상 : 정거장 1개 소 이상을 포함하는 총길이 20km 이상 　－지방교통영향심의위원회 심의대상 : 정거장 1개 소 이상을 포함하는 총길이 5km 이상 20km 미만 (나) 도시철도법 제3조 제1호의 규정에 의한 도시철도 건설 　－중앙교통영향심의위원회 심의대상 : 정거장 1개 소 이상을 포함하는 총길이 20km 이상 　－지방교통영향심의위원회 심의대상 : 정거장 1개 소 이상을 포함하는 총길이 3km 이상 20km 미만
공항의 건설	항공법 제2조 제4호 및 제5호의 규정에 의한 비행장 및 공항의 설치 　－중앙교통영향심의위원회 심의대상 : 연간 여객처리 능력 500만 명 이상 　－지방교통영향심의위원회 심의대상 : 연간 여객처리 능력 30만 명 이상 500만 명 미만
관광단지의 개발	(가) 관광진흥법 제2조 제6호 및 제7호의 규정에 의한 관광지 및 관광단지의 조성사업 　－중앙교통영향심의위원회 심의대상 : 시설 계획면적 20만m^2 이상 또는 부지면적 300만m^2 이상 　－지방교통영향심의위원회 심의대상 : 시설 계획면적 5만m^2 이상 20만m^2 미만 또는 부지면적 5만m^2 이상 300만m^2 미만

구분	대상사업의 범위
관광단지 의 개발	(나) 온천법 제2조의 규정에 의한 온천 개발사업 　－중앙교통영향심의위원회 심의대상 : 부지면적 300만㎡ 이상 　－지방교통영향심의위원회 심의대상 : 부지면적 10만㎡ 이상 300만㎡ 미만
특정지역 의 개발	(가) 지역균형개발 및 지방중소기업육성에 관한 법률 제2조 제2호의 규정에 의한 지역 개발사업 　－중앙교통영향심의위원회 심의대상 : 부지면적 300만㎡ 이상 　－지방교통영향심의위원회 심의대상 : 부지면적 10만㎡ 이상 300만㎡ 미만 (나) 지역균형개발 및 지방중소기업육성에 관한 법률 제2조 제5호의 규정에 의한 복합단지 조성사업 　－중앙교통영향심의위원회 심의대상 : 부지면적 300만㎡ 이상 　－지방교통영향심의위원회 심의대상 : 부지면적 10만㎡ 이상 300만㎡ 미만
체육시설 의 설치	(가) 체육시설의 설치·이용에 관한 법률 제2조 제1호의 규정에 의한 체육시설의 설치공사 　－중앙교통영향심의위원회 심의대상 : 부지면적 300만㎡ 이상 　－지방교통영향심의위원회 심의대상 : 부지면적 15만㎡ 이상 300만㎡ 미만 (나) 경륜·경정법 제2조 제1호·제2호의 규정에 의한 경륜 또는 경정시설의 설치사업 　－중앙교통영향심의위원회 심의대상 : 부지면적 300만㎡ 이상 　－지방교통영향심의위원회 심의대상 : 부지면적 15만㎡ 이상 300만㎡ 미만 (다) 한국마사회법 제4조의 규정에 의한 경마장 　－중앙교통영향심의위원회 심의대상 : 부지면적 300만㎡ 이상 　－지방교통영향심의위원회 심의대상 : 부지면적 15만㎡ 이상 300만㎡ 미만
민간 투자사업	사회간접자본시설에대한 민간투자법 제2조 제5호의 규정에 의한 민간투자사업 －중앙교통영향심의위원회 심의대상 : 부지면적 300만㎡ 이상 －지방교통영향심의위원회 심의대상 : 해당 사업 또는 시설규모 이상

2) 평가대상 시설

단일 용도의 시설(지방교통영향심의위원회 심의대상)

용도구분	대상시설의 범위
주거시설	• 공동주택 : 건축 연면적 6만m² 이상
종교시설	• 교회 · 성당 · 사찰 · 기도원(향교를 제외한다) : 건축 연면적 1만 5천m² 이상 • 수도원 · 수녀원(사당 · 제당을 제외한다) : 건축 연면적 5만m² 이상
의료시설	• 종합병원 · 병원 · 의원 · 한의원(격리병원을 제외한다) : 건축 연면적 2만 5천m² 이상
업무시설	• 일반업무시설 : 건축 연면적 2만 5천m² 이상 • 국가 또는 지방자치단체의 청사 : 건축 연면적 6천m² 이상
관람 집회시설	• 공연장 · 집회장 · 관람장(운동장 면적을 포함한다) : 건축 연면적 1만 5천m² 이상 • 예식장 : 건축 연면적 1,300m² 이상
전시시설	• 전시장 : 건축 연면적 1만 5천m² 이상 • 동 · 식물원 : 부지면적 2만m² 이상
판매시설	• 시장 · 도매센터 : 건축 연면적 1만 1천m² 이상 • 대형점 · 백화점 · 쇼핑센터 : 건축 연면적 6천m² 이상
숙박시설	• 호텔 · 여관 · 기타 관광 숙박시설 : 건축 연면적 3만 3천m² 이상
위락시설	• 주점영업, 근린생활시설에 포함되지 아니하는 단란주점 · 특수목욕탕 · 당구장 · 유기장 : 건축 연면적 1만 1천m² 이상 • 무도장 · 무도학원 · 투전기 업소 · 카지노 업소 : 건축 연면적 6천m² 이상
자동차 관련 시설	• 세차장 · 매매장 · 폐차장 · 운전 · 정비학원 : 부지면적 2만 5천m² 이상 • 검사장 · 정비공장 · 주차장 : 건축 연면적 1만 3천m² 이상 • 여객자동차 터미널 : 건축 연면적 1만 1천m² 이상
방송 · 통신 시설	• 방송국 · 전신전화국 · 촬영소 : 건축 연면적 3만 6천m² 이상

구분	대상사업의 범위
공장	• 일반공장 · 공해공장 : 건축 연면적 7만 5천㎡ 이상
교육연구 시설	• 교육원 · 직업훈련소 · 연구소 · 도서관 · 학원 : 건축 연면적 3만 7천㎡ 이상 • 전문대학 · 대학 · 대학교(초 · 중 · 고등학교를 제외한다) : 건축 연면적 10만 ㎡ 이상
저장시설	• 창고 : 건축 연면적 5만 5천㎡ 이상 • 하역장 · 적치장(컨테이너 야적장 면적을 포함한다) : 부지면적 5만 5천㎡ 이상 • 저장탱크(유 · 출입관로 이용탱크를 제외한다) : 저장용량 4만㎡ 이상
관광 · 휴게시설	• 야외음악당 · 야외극장 : 건축 연면적 1만㎡ 이상 • 어린이회관 · 휴게소 · 관망탑 · 유원지 부속시설 : 건축 연면적 3만㎡ 이상
체육시설	• 체육관 · 운동장(운동장 부속건축물을 포함한다), 근린생활시설에 해당되지 아니하는 시설 : 건축 연면적 1만㎡ 이상 또는 관람석 2천 석 이상
사회복지 시설	• 아동시설 · 노인시설 : 건축 연면적 6만㎡ 이상
위험물 판매시설	• 주유소 · 액화석유가스충전소 : 부지면적 1,500㎡ 이상
근린생활 시설	• 정수장 · 양수장 · 변전소(대피소 · 무인변전소를 제외한다) : 건축 연면적 3만 7천㎡ 이상 • 기타 제1종 및 제2종 근린생활시설 : 건축 연면적 1만 2천㎡ 이상
장례 · 묘지 관련 시설	• 장례식장 : 건축 연면적 6천㎡ 이상 • 화장장 · 납골당 · 공원묘원 : 부지면적 1만 2천㎡ 이상
청소년 수련시설	• 유스호스텔 · 생활권수련시설 · 자연권수련시설 : 건축 연면적 4만㎡ 이상
동물 관련 시설	• 가축시장 · 도축장 · 도계장 · 동물검역소 : 부지면적 2만 5천㎡ 이상
공공용 시설	• 발전소, 교정시설, 국방 · 군사시설 : 건축 연면적 2만 5천㎡ 이상

중앙경제평론사
중앙생활사

Joongang Economy Publishing Co./Joongang Life Publishing Co.

중앙경제평론사는 앞서가는 오늘, 보다 나은 내일이라는 신념 아래 설립된 경제·경영 전문 출판사로서
성공을 꿈꾸는 직장인, 경영인에게 전문지식과 자기계발의 지혜를 주는 책을 발간하고 있습니다.

땅따로? 집따로? 함께 보는 부동산투자

초판 1쇄 발행 | 2005년 11월 28일
초판 2쇄 발행 | 2006년 1월 18일

지은이 | 이완기(Woangi Lee)
펴낸이 | 최점옥(Jeomog Choi)
펴낸곳 | 중앙경제평론사(Joongang Economy Publishing Co.)

대   표 | 김용주
편   집 | 한옥수·최진호
디자인 | 박근영·유문형
마케팅 | 임교택
인터넷 | 김회승

잘못된 책은 바꾸어 드립니다.
가격은 표지 뒷면에 있습니다.

ISBN 89-88486-85-4(03320)

등록 | 1991년 4월 10일 제2-1153호 주소 | ⑦100-430 서울시 중구 흥인동 3-4 우일타운 707·708호
전화 | (02)2253-4463(代) 팩스 | (02)2253-7988
홈페이지 | www.japub.co.kr 이메일 | japub@unitel.co.kr | japub21@empal.com
♣ 중앙경제평론사는 중앙생활사와 자매회사입니다.

▶홈페이지에서 구입하시면 많은 혜택이 있습니다.

※ 이 도서의 국립중앙도서관 출판시도서목록(CIP)은 e-CIP 홈페이지(www.nl.go.kr/cip.php)에서
   이용하실 수 있습니다.(CIP제어번호: CIP2005002237)